사일런트 랜드

사일런트 랜드

신경심리학자 폴 브룩스의 임상 기록

폴 브룩스 지음 | 이종인 옮김

into the Silent Land

연암서가

내가 이 세상을 떠나가도 나를 기억해주세요.

조용한 땅 속으로 아주 사라져 버렸을지라도.

당신이 더 이상 나의 손을 잡아줄 수 없을 때,

내가 머무르기 위해 몸을 절반이라도 돌리지 못할 때.

— *크리스티나 로제티,* 「*기억해 주세요*」

역자의 말

꽈

    사고나 질병 혹은 정신적 충격으로 뇌를 다친 사람들은 이상 행동을 보인다. 가령 아내를 모자로 착각한다든가, 자신의 머릿속에 물고기가 헤엄친다고 생각하든가, 자신의 오장육부가 남한테 투명하게 보인다고 생각하거나, 딸의 결혼식에 분명 참석했는데도 불참한 느낌이 든다거나, 자신이 죽은 사람처럼 느껴진다거나, 목 아랫부분이 모두 마비되었는데 다음 주말에 암벽등반을 가겠다고 계획하거나, 교통사고로 두 다리와 오른손이 잘려나갔는데도 여전히 자신의 오른손으로 악수하겠다고 나서거나, 페니스가 이상할 정도로 오랫동안 발기 상태를 유지한다든가, 자신의 온몸의 피가 밤사이 다 말라 버렸다거나, 자신의 똥을 자꾸 먹어보고 싶은 충동에 시달린다든가 한다. 이런 사례들을 대중적으로 잘 소개한 사람으로는 러시아의 신경심리학자 알렉산드르 R. 루리야와 영국의 신경외과 의사 올리버 색스가 있다.

이 두 학자는 우선 환자의 상태를 먼저 묘사하고 이어 해당 뇌 손상 부위를 지적한 다음, 결론에 들어가 의학적인 진단을 내린다. 환자들의 사례는 대부분 기이하고 파격적인 것이어서 독자들의 흥미와 관심을 사로잡는다. 그러나 이 두 학자의 책들은 시종 환자를 3인칭 시점에서 바라보고 있다. 환자 자신이 그런 이상 행동을 할 때 어떤 느낌을 갖고 있는지, 어떤 심정인지, 그런 자신의 인생을 어떻게 생각하는지 등은 별로 언급하지 않는다. 다시 말해 환자의 1인칭 시점은 제외되어 있다. 어디까지나 환자는 환자이고, 의사는 의사일 뿐이다.

폴 브룩스의 『사일런트 랜드』는 이러한 전통적 입장에 대하여 파격적으로 벗어나 환자 1인칭 시점에서 이상행동의 증세를 묘사하려고 애쓴다. 그리하여 환자들의 다양한 사례들을 독특한 방식으로 제시하고, 그 밑을 받치는 저자의 독특한 관점도 함께 설명한다. 먼저 저자는 이렇게 말한다. 모든 문장의 주어는 나(I)이다. 그래서 "I am happy"라고 쓸 수 있다. 그런데 "He is happy"라고 쓰는 것이 가능할까? 내가 그가 아닌데 어떻게 그의 행복한 상태를 그 사람처럼 생생하게 알 수 있을까? 그러면서 모든 3인칭 문장의 앞에는 "I think"라는 주절이 들어 있다고 본다. "지구가 자전한다", "광화문 네거리에 이순신 장군의 동상이 있다", "공부를 열심히 하면 좋은 직장에 들어갈 수 있다" 등의 문장도 실은 그 앞에 "나는 생각한다"가 붙어 있는데, 편의상 생략되어 있을 뿐이라는 것이다.

폴 브룩스는 이처럼 나(I)의 입장을 중시하기 때문에 환자의 용태를 설명할 때에도 그의 입장에 서려고 애쓴다. 프랑스의 곤충학자 파브르는 단 하루라도 곤충의 눈으로 세상을 바라볼 수 있으면 좋겠다는 희망을 말했는데, 브룩스도 환자의 눈으로 세상을 바라볼 수 있기를 간절히 바란다. "내게 거울을 가져와 봐요"나 "모든 것이 투명하게 보이는 남자"가 그런 대표적인 글이다. 3인칭과 1인칭을 서로 조화시키려는 것은 어쩌면 무망해 보이지만, 폴 브룩스는 프란츠 카프카와 밀란 쿤데라의 소설 기법을 가져와 이런 시시포스의 노력을 계속한다. 바로 이 노력을 영국 언론들은 새로운 목소리의 출현이라고 평가했다. 기존의 3인칭 서술 방식을 그대로 답습한 것이 아니라 환자의 눈으로 병증을 보려고 애쓰면서 새로운 해석을 내놓고 있다. 어떤 비평가는 이런 시도를 가리켜 "아름다운 구상, 아름다운 집필, 아름다운 마무리"라고 칭찬했는데 조금도 과장되지 않은 평가이다.

그런데 "I think"는 세상의 객관적 현실과 빈드시 일치하는 것은 아니다. 특히 환자의 경우가 그러하다. 나의 뇌가 투명하게 보인다거나, 내 몸의 피가 밤사이 다 없어졌다는 얘기는 환자의 생각 속에서는 현실성 있을지 모르지만, 우리가 보기에는 부조리한 헛소리에 지나지 않는다. 그러나 여기에서도 폴 브룩스는 우리의 상식과는 다르게 실은 누구나 이야기를 꾸며낸다는 주장을 펼친다. 우리 인간은 따지고 보면 호모 사피엔스(머리를 쓰는 인간)도 호모 파베르(도구를 사용하는 인간)도 호모 루덴스(놀이하는 인간)도 아닌 호모 파불라토르(homo fabulator: 이야기를 말하는 인간)라는 것이다. 저자는 정상적인 사람도 밤에 꿈을 꾸면 전혀 다른 사람이 되어 버리고, 또 각성 중에서도 자신의 의지와는 상관없이 꿈같은 에피소드가 머릿속을 스쳐 지나가는 현상을 지적한다. "유령나무"와 "로버트 루이스 스티븐슨의 꿈"은 이것을 상세히 설명하고 있다. 이처럼 이야기를 꾸며내는 것은 정도의 차이가 있을 뿐, 환자든 정상인이든 똑같다. 이 정도의 차이에 대하여 브룩스는 이런 사례를 하나 제시하고 있다.

매기와 돈은 부부인데 아내가 뇌손상으로 병을 앓고 있다. 부부는 휴양지에서 외식을 하기 위해 외출을 했다. 그런데 난데없이 두 젊은 남자가 거리에서 남편에게 달려들어 격투가 벌어졌다. 남편이 노상강도들과 피 튀기며 격투하는 동안 매기는 그런 살벌한 현장과는 아랑곳없이 온화하게 웃었다. 간신히 노상강도를 제압하고 호텔로 돌아와서도 남편은 여전히 동요된 상태였다. 매기는 남자들이 그저 장난을 쳤다고 생각하면서 아주 평온했다. 이어 매기는 텔레비전 앞에 앉았다. 텔레비전에서는 연속극이 나오고 있었다. 두 여성 인물들 사이에 적대감의 불꽃이 튀고 있었다. 하지만 극단적이거나 비상한 갈등은 아니었다. 그럼에도 그녀는 안절부절 못했고 숨을 제대로 쉬지 못했으며 심장이 두근거렸다. 그녀는 소리쳤다. "안 돼, 그러지 마. 제발, 안 돼!" 그녀는 얼굴 근육이 팽팽히 당겨지고 입을 딱 벌릴 정도가 될 때까지 심한 공포를 느꼈다. 피 튀기는 상황은 아랑곳하지 않던 매기가 텔레비전 드라마의 사소한 긴장은 생사의 문제인 양 심각하게 반응했다.

매기는 뇌의 한 부분인 편도에 문제가 있는 여성이지만, 뇌에 아무런 문제가 없는 정상인도 얼마든지 이런 반응을 보일 수 있다. 진지하게 대해야 할 중요한 문제는 그냥 지나쳐 버리면서도 사소한 일에 격렬하게 분노하는 사례를 우리는 자주 목격한다. 이러한 행동은 겉에서 보면 엉뚱한 것이지만, 그 사람 개인의 관점으로 보면 일관된 스토리의 한 부분이다. 이런 점에서 "I think"의 I는 본질적으로 하나의 스토리이다. 어떤 사람이 갖고 있는 일관된 (꾸며낸 혹은 꾸며내지 않은) 스토리가 곧 그 사람의 자아이다. 그리하여 우리가 통상 생각하는 것처럼 내가 먼저 있는 게 아니라 이야기가 먼저 있고 그 다음에 그것을 말하는 내(자아)가 있게 된다. 다시 말하면 우리가 스토리를 말하는 게 아니라 스토리가 우리를 만들어낸다. 일찍이 미국의 여류시인 뮤리엘 루카이서는 "이 세상은 원자로 구성되어 있는 것이 아니라 스토리로 구성되어 있다"라고 말했는데, 바로 '나'의 이야기적的 특성을 지적한 것이다.

그렇다면 이처럼 중요한 나는 뇌의 어디에 있는가? 안타깝게도 뇌의 그 어디를 찾아보아도 자아(I)의 처소는 발견되지 않는다. 그래서 두뇌가 자아라는 의식(마음)을 만들어내는 과정은 하나의 신비로 남게 된다. 이 신비는 폴 브록스가 처음 제기한 것은 아니다. 책의 전편에 걸쳐서 설명되어 있듯이, 마음-신체의 문제는 인류 역사가 시작된 이래 진지한 철학적 주제였다. 플라톤은 마음(영혼)과 신체가 2원적 구조를 갖고 있고 그래서 영혼은 갑이라는 인간이 태어나기도 전에 있었고 갑이 사망하면 그의 몸을 빠져나간다고 보았다. 아리스토텔레스는 같은 2원론이지만 약간 다르게 물질이 영혼으로 바뀔 수 있다고 주장했고 이것은 중세에 토마스 아퀴나스에 의해 수용되었다. 영혼이라는 것은 없고 아예 물질(두뇌)의 작용만 있다고 보는 입장을 유물론이라고 하는데, 대표적 학자는 마르크스이다. 이와는 정반대로 영국의 버클리 주교는 물질이라는 것은 아예 없고 그것을 인식하는 사람의 마음과 그 심적 구성물이 곧 세상의 본 모습이라는 주장을 폈다.(관념론) 모든 심리적 사건에는 그에 대응하는 물질적 사건이 있다고 스피노자와 라이프니츠는 주장했다.(심신평행설) 폴 브록스는 두뇌, 마음, 자아의 관계에 대해서 환자들의 구체적 사례를 제시하며 탐구하는데, 컴퓨터의 비유를 가져와 두뇌를 하드웨어, 마음을 소프트웨어, 자아를 모니터 위의 텍스트라고 생각해 보면 어떻겠느냐고 제안한다.

나는 이 책을 번역하면서 올리버 색스의 저서와 비슷한 내용일 거라고 예상했으나, 오히려 다른 점이 더 많다는 것을 알게 되었다. 폴 브룩스의 『사일런트 랜드』는 환자들의 사례를 충분히 인용하되, 새로운 시각으로 그것을 관찰하면서, 환자의 입장을 더욱 생생하게 전달한다는 점이 훌륭하다. 영국과 미국 평론가들은 저자가 아름다운 산문을 구사한다고 평가했는데, "태양의 칼", "갈매기들" 같은 글은 기억과 감정, 환자의 고통, 그것을 바라보는 의사의 입장 등이 잘 종합되어 있는 아름다운 글이다. 이 책은 뇌 손상 환자들의 이상행동, 자아, 의식, 마음, 마음-신체의 문제 등에 관심 있는 독자들에게 좋은 읽을거리가 될 것이다.

2009년 7월
이종인

차례

into the Silent Land

제1부 어둠을 삼키기

서로 다른 인생들

마이클 · 스튜어트 · 마틴 · 엘리 · 오그레이디 부인

☙

"왜 날고기를 먹으면 거시기가 빳빳해지는 거지?"

마이클은 냄비같이 생긴 중국식 프라이팬에 집어넣을 안심을 썰다가 느닷없이 말했다. 그는 지금 멋진 점심 식사를 준비 중이다. 해선海鮮 소스(간장 · 마늘 · 스파이스 등으로 만든 중국 요리용 조미료 —옮긴이)에 찍어먹는 쇠고기 요리. 그는 캔 맥주도 몇 개 사왔다. 우리는 캔을 들고 직접 마셨다. 그의 동거녀인 에이미는 주방에 앉아서 잡지를 읽고 있었다.

"마이클, 입 조심!" 그녀가 고개를 쳐들지 않은 채 말했다.

마이클이 주사위 모양으로 썬 고기를 중국 냄비에 집어넣자 기름 속에서 지글지글 끓기 시작했다.

"에이미, 별 거 아니야. 한번 해본 소리야." 그는 내게 윙크를 해보였고 잠시 하던 일을 멈추고 방밖으로 나갔다. "이걸 한번

들어보세요." 그가 등 뒤로 소리쳤다. 곧 방안으로 폭포수 같은 음악 소리가 흘러들어왔다. 곧 부서질 것 같은 아르페지오(화음을 이루는 음을 연속하여 급히 연주하는 것—옮긴이), 마구 내달리는 파편 같은 멜로디. 아주 굉음이었다.

마이클이 손가락 끝으로 관자놀이를 가볍게 찌르고 고개를 뒤로 젖힌 채 다시 방안으로 들어왔다.

"고토, 일본 거문고예요. 아주 끝내줘요."

이 각도에서 보면 그의 오른쪽 눈썹에서 3인치 정도 윗부분의 머리가 움푹 들어간 것이 잘 보였다.

그 다음날 나는 스튜어트의 집에 들렀다. 우리는 공기가 잘 통하지 않는 그의 거실에 앉아 있었다. 장식이 요란한 검은색 시계(그가 조기은퇴 기념으로 받은 선물)가 거대한 파리처럼 벽에 달라붙어 있었다. 내가 우유가 많이 들어간 차를 힘들게 마시고 있는 동안, 스튜어트는 나를 뚫어져라 쳐다보았다. 그는 뭔가 말하려고 입술을 달막거렸으나 아무 말도 하지 않았다. 오랜 침묵. 드디어 그가 입을 열었다.

"난 당신을 더 이상 사랑하지 않아. 그렇지 않아, 여보?"

그 말은 나한테 한 것이 아니고 그의 옆에 앉아 있는 아내 헬렌에게 한 것이었다.

"그래요, 사랑하지 않아요. 당신이 그렇게 말했어요." 헬렌이 대답했다.

다시 침묵. 거대한 파리 같이 생긴 시계의 찰카닥거리는 소리. 스튜어트의 머리는 왼쪽 눈썹 윗부분이 움푹 들어가 있다.

마이클은 나뭇가지에 걸린 연을 회수하기 위하여 나무에 올라갔다. 결과만 놓고 본다면 당시 바람이 세게 불어 연이 저절로 떨어졌기 때문에 그렇게 힘들여 올라갈 필요도 없었다. 하지만 연이 저절로 떨어졌을 때 그는 이미 나무의 우듬지 가까이 올라간 상태였다. 그는 에이미를 향하여 뭐라고 크게 소리쳤으나 그녀는 알아들을 수가 없었다. 그녀는 그 후 밤중에 자주 꿈을 꾼다. 잘 안 들리는 그의 목소리가 갑자기 나뭇가지의 우지끈 부러지는 소리에 파묻혀 더 잘 안 들리는 꿈. 그의 몸이 나뭇가지들 사이로 자유 낙하하면서 풍속風速을 내재內在시키던 침묵. 떨어지는 그를 영접하려는 듯이 비죽 나와 있던 풀밭의 돌부리. 그의 머리가 돌부리와 맞부딪치면서 나던 파열음. 에이미는 늘 그 소리와 함께 잠에서 깨었다.

추락으로 마이클의 머리는 두개골절을 당했고 뇌 안에서 출혈이 발생하여 피가 오른쪽 전두엽으로 흘러들었디. "생명지표가 위험수치를 넘었어요." 신경외과의사는 내게 말했다. 의사는 혼수상태의 마이클을 간호하던 에이미에게 벌써 같은 말을 한 바 있었다. "빙빙 돌려서 말할 것도 없어요." 의사가 말했다. 하지만 사흘 낮과 밤이 지나간 뒤, 마이클은 소생했다. 생명지표도 회복

되었다.

스튜어트의 운명을 뒤바꾸어 놓은 것은 고속도로에서의 접촉 사고였다. 앞 차로부터 자그마한 쇳덩어리가 총알처럼 날아왔다. 그것은 자동차의 앞 유리창을 뚫고 들어와 그의 이마를 파고 들더니 왼쪽 전두엽에 깊숙이 들이박혔다.

뇌 물질의 위치에 급격한 변화가 왔음에도 불구하고 스튜어트는 잠깐 의식을 잃었다가 다시 회복했다. 그건 날아온 발사물發射物에 부상당한 환자들에게서 자주 벌어지는 현상이었다. 그는 구조요원들에게 이제 괜찮으니 집에 가겠다고 말했다. 하지만 그들은 흘러나온 뇌수가 머리카락 사이에 엉겨 붙어 있는 것을 보았고 그를 앰뷸런스에 태웠다. 외과의사들은 곧 그의 머릿속에 들이박힌 이물질을 뽑아냈으나 그 과정에서 인근 뇌세포들도 함께 제거해야만 되었다. 그와 함께 스튜어트의 인성人性 일부가 사라졌다.

이런 우연들을 통하여 신은 일부러 뇌를 손상시킨 것과 똑같은 효과를 창조한다. 신경심리학자인 내가 하는 일은 그런 뇌손상의 결과들을 서로 비교하는 것이다. 스튜어트는 이제 뭐든지 일을 시작하려면 어려움을 느낀다. 아내 헬렌이 아침에 침대에서 기상하는 것을 도와주고, 화장실 가는 길을 가르쳐주고, 그의 옷을 가져다주고, 아침을 차려주고 그런 다음 출근을 한다. 그녀는 하루 종일 집에서 해야 할 일의 리스트를 그에게 건네주고 또 시간 때우기용 퍼즐 책과 잡지들을 놓아준다. 하지만 그녀가 퇴근해서 와보면 그는 아침에 출근할 때 그대로이고 침묵 속에 조용히 앉아 있다. 그녀는 남편에게 다가가 포옹을 한다. 그도 같이 포옹을 해오지만 거기에는 아무런 감정도 들어가 있지 않다.

그는 아내를 더 이상 사랑하지 않는다. 그건 너무나 명백한 사실이고 헬렌도 그것을 받아들인다. 그렇다고 스튜어트를 뭐라고 할 수도 없다. 그는 아내에게만 그런 것이 아니라, 그 자신을 포함하여 모든 사람에게 그렇게 무관심하다. 그렇다. 완벽한 무관심이다. 감정이 전혀 없기 때문에 그는 자유롭게 진실을 말한다.

"난 당신을 더 이상 사랑하지 않아. 그렇지 않아, 여보?"

스튜어트는 다른 사람의 감정이나 분위기나 동기 등은 읽을 수가 있지만 그에 대한 정서적 반응은 없다. 나는 그에게 지난해 유괴되어 납치된 어린 소녀를 어떻게 생각하느냐고 물었다. 그는 끔찍한 사건이 벌어졌다는 것은 안다. 그런 살인자는 목매달아 죽여야 한다거나 불알을 확 까버려야 한다고 대꾸하기도 한다. 하지만 거기에는 감정의 소용돌이가 없다. 그저 해보는 말일 뿐이다. 그리고 그는 덧붙여 말했다. 이거 좀 웃기는데. 난 사형제를 지지해본 적이 없는데.

반면에 마이클은 뭐든지 일을 벌이면 멈추지 못해서 문제이다. 에이미가 옆에서 제지해 주어야 한다. 그는 길거리에서 낯선 사람들에게 말을 건다. 그들이 아름답다거나, 그들의 애가 예쁘다거나, 그들의 애완견이 멋지다고 말을 건넨다. 그는 또 뭐든지 만지고 싶어 한다. 모든 것을 축하해 주고 싶어 한다. 거지들을 보면 곧바로 눈에 눈물이 맺힌다. 그는 한번은 남자 거지에게 윗옷을 벗어주고 10파운드 지폐도 주었다. 사람들은 그런 그를 교활하게 이용해 먹는다.

마이클의 정서적 반응은 너무, 너무 예민하다. 그래서 복잡한 사회적 이해타산은 그를 늘 어리둥절하게 만든다. 그가 재활센터에서 퇴원하여 집으로 돌아왔을 때, 그의 입맛은 아주 평범했다. 에이미는 그가 피시 핑거(가늘고 긴 생선토막에 빵가루를 묻혀 튀긴 것―옮긴이)와 레드 제플린의 음악, 이렇게 두 가지만 가지고 살았다고 말했다. 마이클은 그렇게 생활하니 어릴 적 시간으로 되돌아간 것 같다고 말했다. 그는 이 두 가지를 늘 사랑해 왔는데 이제 다른 것들도 좋아하는 것처럼 위장할 필요를 느끼지 않았다. 좋아요, 난 괜찮아요, 하고 에이미는 말했다. 하지만 포르노 비디오는 허용하지 않았다. 마이클은 더 이상 자신의 감정을 위장하지 않는다. 그건 스튜어트도 마찬가지이다.

"스튜어트, 당신 자신에 대해서 어떻게 생각합니까?" 내가 물었다.

"아무 문제 없어요."

"당신은 비참합니까?"

"아니요."

"당신은 행복합니까?"

"그렇다고 생각하지 않습니다. 여보, 내가 행복한가?" 그가 헬렌에게 물었다.

그의 아내는 나를 쳐다본다. 나는 스튜어트를 쳐다본다. 그 질문은 동그라미처럼 맴돈다.

마이클은 나를 현관 앞에서 전송했다. 그는 거의 눈물을 흘리기 직전이었다. 그러더니 나를 와락 끌어당겨 내 뺨에다 키스를 했다. 잠시 동안 나는 마이클이 이러다 나를 사랑한다고 말하는 게 아닌가 하는 생각이 들었다.

* * *

환자들이 모여 있는 휴게실. 마틴의 번쩍거리는 대머리가 가볍게 돌아간다. 그의 커다란 목소리가 자동차의 클랙슨 소리처럼 휴게실에 퍼진다. "난 말이야, 실수를 하는 법이 없다고." 신문들을 넘기는 소리와 헛기침하는 소리.

마틴은 아주 우수한 지능을 갖고 있다. 내가 그를 테스트하여 확인한 결과이고, 게다가 그는 기계공학 석사학위 소지자이다. 하지만 그는 자폐증이 있고, 부피 측정을 잘 하지 못한다. 그렇다고 해서 그가 자판기를 다루어서는 안 된다는 법이라도 있는 가? 없다. 우리는 그가 뽑아온 커피를 즐긴다.

그는 자신의 장기인 요일 맞추기 기술을 뽐내고 있다. 마틴은 날짜만 대면 그게 무슨 요일인지 금방 알아맞힌다. 대답이 나오는데 2초도 걸리지 않는다. 그는 질문해주는 것을 아주 고맙게 생각하며 내가 확실히 요일을 아는 날짜가 달려서 물어보지 못하면 실망하는 기색이 역력하다.

"마틴, 어떻게 그리도 잘 알아맞히지요? 마지막 질문에 대해서는 생각조차 하는 것 같지 않데."

내가 물어본 날짜는 1988년 3월 18일(우리 아들의 생일)이었다. "금요일" 하고 즉시 대답이 나왔다.

"그건 쉬워요. 내가 그 전날 치과에 갔었거든요." 그는 만족스럽다는 듯이 환히 웃었다.

그의 나이를 짐작하기는 어렵다. 얼굴은 주름졌지만 세월의 풍상을 느끼게 하지는 않는다. 그는 어깨를 부풀린 은빛 상의, 복사뼈가 나오는 빳빳하게 풀을 먹인 짧은 바지, 그리고 운동화를 착용했다. 마흔여덟인 사람이 열네 살 소년의 행색을 하고 있다. 그 중에서도 운동화가 눈에 띈다. 그는 오른쪽에만 신발을 신고 있다.

"신발은 한 짝만 신고 있네요?" 내가 물었다.

"그래요. 수요일이니까." 나는 추가 설명을 기다렸으나 더 이상 대꾸하지 않았다.

내가 임상 평가를 위해 마틴을 처음 만났을 때 부모님이 그를 데리고 왔었다. 그는 당시 양복을 입고 있었다. 신발은 반짝반짝 빛났고 두 짝 다 신고 있었다. 그는 거의 말을 하지 않았다. 오늘 그는 캐주얼 복장을 하고서 아주 말이 많다. 곧 그는 자신의 주특기를 보여줄 터이다. 그의 개인기는 여러 가지이다. 그 중 한 가지는 비틀스이다. 그는 이 보컬 그룹의 모든 앨범과 그 발매 날짜를 암기하고 있다. 또 다른 개인기는 철도이다. 그는 각 지방의 기차 운행 시간표를 모두 암기하고 있다. 그가 가장 재미있게 여기는 것은 석탄 화물차의 운행 시간표이다. 그리고 마지막으로 천문학에 소상한데, 현재는 이 학문이 그의 주된 관심사이다.

"우주에 얼마나 많은 별이 있는지 아세요? 10의 22제곱이에요." 그가 으쓱거리며 말했다.

나는 감탄사를 연발하면서 고개를 가볍게 흔든다. 그는 만족한 표정이다.

"어디서 읽은 건데 우주의 별들을 각각 모래 한 알이라고 보면 이 지구상에 있는 모든 해변과 사막의 모래알을 다 끌어다 모아야 숫자가 얼추 맞는다던데요." 내가 말했다.

나는 내 말이 그에게 강한 인상을 주었을 것이라고 생각했으나 그는 내 말을 무시했다. 그는 갑자기 마음이 동요되더니 의자의 앞부분에 엉거주춤 내려놓은 몸을 좌우로 흔들기 시작했다. 그는 곧 동작을 멈추면서 말했다. "난 그렇게 생각하지 않아요."

나는 그에게 그 모래알들에 지능을 가진 생명체가 살고 있으리라고 보느냐고 물었다. 그가 당황하는 표정을 지었고 나는 그가 내 질문을 문자 그대로 받아들이는 것을 알고서 다시 해명했다. 그러자 활짝 피어나는 미소.

"그래요. 있어요." 그의 미소는 계속되었다. 그건 분명 그에게 위안을 주는 생각이었다.

그때 연구실의 여자 조교인 베스가 우리의 대화에 끼어들었다. 검사 결과에 대하여 회의를 하기 위해 실험실로 가야 하는 시간이다. 마틴의 얼굴이 환해졌다. 그는 베스를 좋아한다.

"그 동안 뭐하고 지내셨어요?" 베스가 그에게 물었다.

"딸딸이(수음)를 아주 많이 쳤어요." 그가 탄노이 스피커처럼 우렁찬 목소리로 말했다. 나는 터져 나오는 웃음을 막으려고 주먹으로 내 입을 가렸다. 그래도 별 효과가 없었다. 나는 자꾸 웃음이 나왔고 그래서 그걸 막아보려고 기침을 했다.

"죄송합니다." 나는 그렇게 말하고 한참 기침을 했다. 그건 전문가답지 못한 행동이었다. 하지만 그가 나를 웃겼다. 나도 어차피 인간이다. 나는 마틴을 우스꽝스럽게 보이지 않게 하려고 애를 썼다. 하지만 마틴은 우스꽝스럽다. 어린애 같은 옷을 입고서, 딸딸이에 대해서 커다란 목소리로 말하고 그러다가는 석탄 화물차 운행 시간표와 우주에 있는 별의 숫자에 대해서 말하는 마틴. 그의 우스꽝스러움은 부인하지 못할 사실이다. 그의 이런 상태를 인정하지 않는다면 임상적으로 어려움을 느끼게 될 것이다. 마틴과 교제하려 든다면 어느 정도까지는 그의 세계로 들어가 주어야 한다.

"마틴, 이거 좀 우스운데요. 내가 웃어도 괜찮을까요?" 내가 말했다.

"괜찮아요. 마음껏 웃으세요."

하지만 그렇게 허락을 받고 보니 유머감각이 사라졌고, 나는 얼굴이 붉어진 채 의자에 그냥 앉아 있었다. 그때 눈물이 내 뺨을 따라 흘러내렸다. 이제 사람들이 그가 아니라 나를 쳐다보기 시작했다. 나는 외계인이 분명 존재한다고 말한 마틴의 강력한 주장을 멍하니 생각하고 있었다. '우리는 이 우주에서 모두 혼자야. 그렇지 않으면 존재하지 못해.' 하고 나는 생각했다. '어느 쪽이든 정말 놀라운 일이야.' 마틴과 나는 서로 마주보며 빙그레 웃었다.

그는 뇌가 크기 때문에 머리도 자연 크다. 나는 동료들과 그 머리의 치수를 재어본 적이 있다. 우리는 그의 인지능력과 제한사항들을 알아내어 그것들을 그의 두뇌 MRI(자기 공명 영상) 사진들과 비교해본다. 그는 열성적인 연구 참여자였고 자기 자신을 신경공학의 모범 사례라고 생각했다.

그는 하나의 독특한 이론을 갖고 있다. 그가 볼 때 자폐증은 결국 유체 역학과 관련 있다. 대부분의 경우 그의 사고과정은 왼쪽 뇌에서만 이루어진다. 따라서 그의 생각은 경직되어 있고 단언적이며 분석적이다. 그가 왼쪽과 오른쪽의 두 뇌를 연결시켜 주는 뇌량腦梁의 터널을 뚫을 수 있다면, 좌뇌와 우뇌의 흐름이 합쳐질 것이고 그는 다시 온전한 사람이 될 것이다. 정상적인 의식意識이 꽃피어날 것이다. 그는 이런 일이 가끔 벌어진다고 믿는다. 그러면 잠시 동안 세상은 아주 다른 모습을 띄게 된다. 그는 아주 느긋해지고 사람들과 교제하는 데에도 별 어려움을 느끼지 않는다. 바로 이때 딸딸이 치기가 발생한다. 그의 오른쪽 뇌에서는 오르가슴이 댐을 터트리는 힘처럼 강력하게 솟구친다.

베스가 마틴을 문 앞까지 전송하는 사이에 나는 두 사람의 대화를 일부 엿듣는다.

"당신의 남자 친구가 헤어지자고 하면……" 그가 말했다.

"어디 두고 봐요." 베스의 대답.

마틴의 웃음은 천상의 아름다움을 지녔다.

* * *

딸아이의 일곱 번째 생일이었고 아주 청명한 4월의 오전이었습니다, 라고 엘리의 아버지가 내게 말했다. 부녀는 어떤 이웃 사람을 만나 잠시 잡담을 나누었다. 하지만 엘리는 조급했다. 새로 산 자전거를 너무나 타고 싶었다. 아버지는 지금도 그 광경을 눈앞에 선히 본다. 푸른색과 은색의 크롬으로 된 자전거였는데 그게 햇빛을 받아 반짝거렸다. 이어, "딸아이가 길 한가운데 누워서 죽은 것처럼 미동도 하지 않았어요. 나를 빼놓고 온 세상이 갑자기 정지해 버린 것 같았어요. 내가 가까이 다가가자 사람들이 말했어요. 자동차 타이어가 급정거하는 끼이익 소리가 났고 자전거가 붕 떴다가 길 한가운데로 떨어졌다는 거예요. 누군가 말했어요. 아, 이를 어째!"

누워 있는 딸아이를 내려다보는 아버지의 마음은 두 갈래로 찢어졌다. '딸애가 크게 부상을 당했구나.' 이어 '딸애가 죽었구나.' 둘 다 사실이 아니었다. 후자에 대해서 말해보자면, 지금 이렇게 처녀로 성장하여 아버지의 팔꿈치를 꼬집고 있기 때문이다. 전자도 아니었다. 팔에 찰과상을 입었지만 심각한 것은 아니었고 얼굴은 전혀 다치지 않았다. 하지만 아버지가 보지 못한 것이 있었다. 엘리의 정수리뼈가 부서졌고 흘러나온 피가 두뇌의 우반구 쪽으로 천천히 스며들었다.

엘리는 일주일 동안 혼수상태로 있다가 눈을 떴다. 죽지 않은 것이다. 엘리가 혼수상태로 집중치료실에 누워 있는 동안, 아버지는 깊은 죄의식으로 괴로워했지만 마지막 용기를 발휘하여 신에게 기도를 올리지 않았다. 그의 기도 없는 철야 간호는 보답을 얻었다. 엘리는 회복했고 몇 달 뒤 학교로 돌아갔다. 딸아이를 학교 정문 앞에 내려놓고 직장으로 차를 몰고 오는 동안 아버지는 자꾸 눈물이 솟구쳐서 몇 번이나 차를 노견에 멈춰 세워야 했다. 그 한없는 기쁨은 거의 슬픔 같은 것이었다.

엘리는 왼쪽 팔과 다리의 힘을 온전히 회복하지 못했고 쉬 피로를 느꼈다. 그래도 다른 아이들과 어울려 노는 것을 멈추지 않았다. 그녀는 정신집중에 애를 먹었고 일부 학과의 진도를 잘 따라가지 못했다. 하지만 그건 예상된 일이었다. 아무도 그녀를 채근하지 않았다. 그녀가 자기 자신을 닦달했다. 그녀는 언어에 재능이 있었고 현재 대학 진학을 준비 중이다. 그래, 뭐가 문제입니까?

"평행 주차와 추월하기에 애를 먹고 있어요." 엘리가 대답했다.

그녀는 속도와 거리 측정이 잘 되지 않았다. 그래서 운전 시험에서 두 번이나 떨어졌다. 이것이 그녀의 두뇌 부상과 관련이 있는 것일까? 그렇다면 내가 도움을 줄 수 있는가?

나는 다음번 만남에서 그녀에 대한 평가를 끝냈다. 엘리는 공간지각, 근육운동, 정신집중, 반응시간 등에서 문제를 드러냈다. 그것은 두뇌 부상의 후유증이었다. 그녀는 이것을 눈치 챘고 절망적인 심정으로 자신의 운전을 내가 직접 관찰하면 어떻겠냐는 제안을 했다. 나는 받아들였다.

"애야, 나도 함께 갈까?" 그녀의 아버지가 물었다.

"아닙니다. 가서 차나 한잔 하고 계세요." 내가 대답했다.

처음에 엘리는 차가 어디에 주차되어 있는지 잘 기억해내지 못했다. 토마토 색깔의 낡은 시트로앵이었다.

"어디로 갈까요?" 그녀가 물었다.

"아무데나. 그냥 한번 몰아봐. 여기서 좌회전한 다음에 그 다음에서 우회전해."

그렇게 우리는 떠났다. 내가 방향을 지시하면서. 그녀는 운전을 꽤 잘 했다. 운전한 지 10분이 되어도 아무런 불상사가 벌어지지 않자 나는 과연 테스트가 필요할까 하는 의문이 들었다. 그녀의 두뇌에 문제가 있는 건 분명하지만 여기 실제 세상에서 그녀는 아주 씩씩하게 운전하고 있는 것이었다.

엘리는 도로 한 가운데 있는 비보호 좌회전 차선에 들어서서 다가오는 차량들을 저울질하며 좌회전하여 병원 주차장으로 들어갈 계획이었다. 우리가 기다리는 동안 시트로앵의 방향지시등이 깜빡거렸다. 그건 아늑한 소리를 냈다. 째깍, 째깍, 째깍. 거의 최면을 일으킬 정도였다. 반대편 방향에서 차가 계속 오기 때문에 엘리는 기다렸다. 그러다 틈새가 생겼다. 50야드 전방에 차가 보이지 않았다. 충분히 좌회전을 할 수 있는 간격이었다. 하지만 그녀는 움직이지 않았다. 째깍, 째깍, 째깍. 또 다른 차량의 흐름이 우리 쪽으로 다가왔다. '신속한 이동!'이라는 문구가 새겨진 하얀 이삿짐센터 트럭이 선두에서 달렸다. 째깍, 째깍, 째

깍. '신속한 이동!'

내 망막을 통해 두뇌 속으로 들어온 트럭의 이미지가 재빨리 시상하부를 거쳐 측두엽 깊숙한 곳에 위치한 편도로 전달되었다. 행동 중지! 고등 피질 중추를 동원할 필요조차 없었다. 하지만 웬일인지 엘리는 차를 좌회전시켰고 우리는 이삿짐 트럭과 충돌하는 길로 나아가고 있었다. 의식적으로 재고 말고 할 것도 없었다. 죽느냐 사느냐 하는 순간이었다. 나의 양팔은 자동적으로 위로 올라갔고 머리는 본능적으로 옆으로 돌아갔다. 편도는 뇌간腦幹에 비명을 내지르는 지시를 내렸고 화학물질이 혈류 속으로 뛰어들기 시작했으며 신경전달 물질의 반사적인 작동으로 신경계는 자동으로 움직였다. 경보, 경보, 적색경보!

그때 나는 끼이익 하고 아스팔트 바닥을 불태우는 타이어의 비명 소리를 들었다. 그것은 트럭에서 나는 소리였을 뿐 우리 차는 아니었다. 나의 대뇌 피질은 온라인 상태에 돌입했고 반사적 의식은 다시 회복되었다. 우리는 천천히 좌회전해서 갔고 나는 등 뒤로 트럭이 사라져가는 것을 보았다. 엘리는 전혀 당황하지 않았다.

우리는 다시 나의 진찰실로 돌아왔다. "아주 아슬아슬한 상황이었어." 내가 말했다.

"예?"

"난 트럭이 우릴 치는 줄 알았어."

"무슨 트럭이요?"

나는 그녀의 운전 능력에 대하여 좀더 정밀하게 평가를 해야 한다고 말했다. 또 그녀가 운전면허 발급 당국에 현재 상태를 신고하는 것도 필요하다고 일러주었다.

"난 이미 신고했어요." 그녀가 시무룩한 목소리로 말했다.

하지만 나는 그녀에게 운전해도 좋다고 말해줄 수가 없었다. 나는 1톤 무게의 쇳덩어리 안에 들어 있는 손상된 두뇌를 보았다. 그 쇳덩어리는 러시아워에 고속도로를 질주할 수도 있고, 주택가 이면도로에서 생일 선물 자전거를 타고 다니는 어린아이들 쪽으로 내달릴 수도 있었다. 그녀의 두뇌 손상은 치유될 수 없는 것이었다.

"난 선생님한테 도움을 받으러 왔는데요." 엘리가 말했다. 그녀의 아버지는 딸을 데리고 떠나면서 공허하게 "감사합니다"라고 말했다.

몇 달 뒤 나는 엘리로부터 전화를 받았다. 그녀는 운전면허 시험에 세 번째로 도전하여 합격했다. "선생님께서 궁금해하실 것 같아서요."

나는 그녀 옆에 서 있는 아버지의 모습을 상상했다. 그의 얼굴에 씌어져 있는 저 표정은 무엇일까? 이제 죄의식으로부터 면제되었다는 느낌인가?

* * *

오그레이디 부인은 나에게 사진들을 보여주었다. 커피 테이블 위에는 세 권의 앨범이 놓여 있었다. 그녀는 딸 케이티의 결혼식에 참석했다. 키가 자그마하고 긴장하는 기색이 역력한 부인은 연초록 양장을 입고 있었다. 두 달 뒤 그녀는 또 다른 딸 스테파니의 결혼식에 참석했다. 이번에는 베이지색 양장을 입었다.

"난 죄의식을 느껴요. 스텝(스테파니의 애칭)의 결혼식에 참석하지 않았다니. 딸애에겐 아직 말하지 않았어요. 내가 말해야 한다고 생각하세요?" 부인이 말했다.

"말하세요. 따님은 이해할 겁니다." 내가 대꾸했다.

나는 두 번째 커피를 가져다주겠다는 제안을 거절하고 진찰 문서를 챙겨서 떠날 준비를 했다. 하지만 부인이 내 팔을 붙잡는 바람에 그렇게 하지 못했다. 그녀는 나를 방안 한쪽 구석으로 데리고 가더니 뜨악한 표정을 지으며 뒤로 물러섰다. 그녀는 나를 빤히 쳐다보는 것만으로는 성에 차지 않는 듯, 앞으로 나섰다가 다시 뒤로 물러서며 찬찬히 뜯어보더니 여기 웬 사람이 뜬금없이 등장했느냐는 표정을 지었다. 부인은 전혀 나를 알아보지 못했다. 얼굴 근육이 당황하는 표정으로 실룩거렸고 이어 공포가 몰려오다가 다시 텅 빈 공백으로 바뀌었다.

그녀는 방의 다른 쪽 구석으로 걸어가며 입맛을 다시더니 목

칼라를 잡아당겼다. 내가 그녀를 따라 주방에 들어서자 그녀는 가스레인지 옆에 서서 콧구멍을 후볐다. 이어 전기 주전자에 물을 부었으나 전원을 올리지는 않았다. 그녀는 찬장에서 머그 잔 두 개를 가져와 쟁반 위에 올려놓았다. 때때로 그녀는 방안에 사람이 있다는 것을 의식하는 듯했다. 그녀는 나를 쳐다보지만 내가 거기 없는 것같이 행동했다. 나는 갑자기 투명인간이 된 느낌이었다. 아무튼 그녀에게서 아무런 반응도 나오지 않는다. 내가 과연 여기에 있기는 한 걸까?

그녀는 전기 주전자를 가져와 머그잔에 차가운 물을 붓고서 쟁반을 거실 안으로 가져왔다. 우리는 아무 말 없이 앉아 있었다. 나는 이 상황이 갑자기 거품을 물며 물건을 마구 집어던지는 발작으로 급변하지 않은 것을 너무 다행스럽게 여겼다. 잠시 뒤 그녀는 세 번째 앨범 쪽으로 손을 뻗었다.

"이건 휴가 가서 찍은 사진들이에요. 테네리페(아프리카 북서부 해안에 있는 카나리아 제도 중 가장 큰 섬―옮긴이)." 하지만 그녀는 머그 잔에 맹물이 들어 있는 것을 보고서 뭔가 잘못되었다는 것을 깨달았다.

오그레이디 부인의 정신이 잠시 그녀의 몸을 떠나 소풍을 갔다 온 것이었다. 이것을 가리켜 자동운동automatism이라고 하는데 그녀가 앓고 있는 간질의 한 특징이다. 의식의 전원이 꺼져버리자 필름 끊긴 육체는 제멋대로 움직이는 것이다. 고양이에게 먹이를 주고, 슈퍼마켓의 통로를 걸어가고, 버스를 타지만, 그것은 살덩어리가 자동으로 움직이는 동작일 뿐이다. 이런 상태의 부인이 주방용 칼을 집어 들고 내 가슴을 깊숙이 찔렀다고 하더라도 그녀는 유죄판결을 받지 않을 것이다. 형법은 이런 상태를 감안하는 조항을 두고 있다.

정신이 빠져 나간 오그레이디 부인의 살덩어리(육체)가 방안을 돌아다니는 것을 보면서 나는 그녀가 좀비 같다고 생각했다. 인간의 의식을 연구하는 학생들은 좀비를 좋아한다. 좀비는 아이티의 살아 있는 시체도 아니고 텔레비전 드라마 〈여명 지대〉에 나오는 어슬렁거리는 유령도 아니다. 좀비는 철학적 추론의 세계에서 존재하는 아주 기이한 거주민이다. 좀비들은 평범한 시민들처럼 보인다. 걸어 다니고, 말을 하고, 노래를 부르고, 웃고, 울고, 연애를 하고, 가정을 꾸려 아이들을 키우고, 술에 취하고, 정치에 대하여 토론을 벌인다. 그들은 모든 면에서 우리와 똑같은데, 단 하나 의식이 없다는 점만이 다르다.

그들의 두뇌는 신체의 내적 상태를 규제하고 겉으로 드러나는 행동을 통제하지만 작용은 거기까지뿐이다. 보통 사람들은 의식이라는 엔진을 중심으로 움직이지만, 좀비는 그냥 움직인다. 그들의 존재는 마음-신체의 철학적 문제를 극명하게 제시한다. 원활하게 작동하는 두뇌로부터 정신을 배제하는 것이 논리적으로 가능한가? 그럴 경우 좀비가 활동할 공간이 있게 될 것이다.(이원론) 두뇌 활동과 의식(정신)은 둘이 아니고 하나이다.(유물론) 오그레이디 부인은 이 문제에 대하여 뭔가 해줄 말이 있을지 모른다.

문제는 그녀의 소풍(정신 나감)이 잠깐 잠깐 벌어지는 일이 아니라는 것이다. 이 때문에 부인은 딸 스테파니의 결혼식에 대하여 죄책감을 느낀다. 그녀의 기억 속에는 딸애의 결혼식이 전혀 들어 있지 않다. 물론 그녀는 육체적으로 그 결혼식에 참석했다. 결혼식 사진이 그것을 증명한다. 하지만 그녀의 마음은 딴 데 가 있었다. 아무튼 온전하게 몸과 마음이 다 거기에 가 있었던 것은 아니다. 그것은 장기간에 걸친 일이라 간질성 자동운동의 전형적 사례라고 볼 수도 없다. 어쩌면 그녀의 두뇌 기능부전이 약간 안정된 패턴, 그러니까 가끔 낮은 강도의 간질성 전류를 내보내는 패턴으로 굳어졌는지 모른다. 그런 전류가 흐르면 감각 정보가 기억 속으로 흘러들어오는 것이 막히게 된다. 이 경우 그녀의 의식은 아주 취약한 막膜이 되어 그 위로 '지금'과 '과거'의 인상들이 둥둥 떠다닐 뿐 서로 연결되지는 않는다.

때때로 사람들이 자의식 없이 행동하는 것처럼 보이는 싱황들이 있다. 몽유병이 좋은 사례이다. 나는 10대 시절 학생 군사 훈련단에서 활동한 적이 있었다. 어느 날 밤, 나는 부대에서 잠을 자던 중 몽유병 환자가 되어 막사 주위를 돌아다니다가 부사관 막사를 화장실로 착각하여 그 안으로 들어갔다. 나는 자고 있던 한 부사관을 향해 오줌을 누었다. 불행하게도 그 다음날 아침 나는 완전하게 의식을 회복했다.

때때로 의식意識의 전원電源을 마음대로 꺼버리고 평상시의 활동을 해나갈 수 있다면 얼마나 편할까. 가령 골치 아프고 까다로운 일이 예상되는 날에는 전원을 확 꺼버리고 망각 속에 빠져버리는 것이다. 그래도 나의 육체는 잘 작동하여 하루 일과를 거뜬히 소화해낸다. 아무도 그것을 눈치 채지 못한다. 하지만 재미있는 영화나 흥분되는 축구 구경을 해야 할 때에는 사전 입력해 놓은 자명종이 작동하여 의식을 원상으로 되돌려 놓게 한다. 이런 잘 통제된 자동운동 상태는 신체적으로나 정신적으로나 불편한 시기 혹은 아주 따분한 시기를 피하는 데 아주 좋을 것이다. 만약 모든 사람이 껐다 켰다 할 수 있는 의식의 스위치를 갖고 있다면, 이 세상은 대부분의 시간 동안 좀비들로 가득 차게 될 것이다. 어쩌면 이미 그런지도 모른다.

오그레이디 부인의 문제는 케이티의 결혼식은 기억나는데, 스테파니의 결혼식은 기억나지 않는다는 것이다. 그것은 딸들에게 불공평한 일이다. 그녀는 기억을 못한다기보다 거기에 갔었다는 느낌이 전혀 안 든다고 말했다. 그러니까 솔직히 말하면 귀찮아서 안 갔다는 그런 느낌이라는 것이다. 나는 그 문제를 더 이상 부인과 의논하지 않았다. 하지만 마음의 평화를 얻기 위해서라도 부인이 두 딸과 얘기를 해보는 게 좋겠다고 조언했다. 하지만 딸들이 그런 미세한 차이를 알아차리지 못한다면 말해본들 무슨 소용이 있겠는가? 사진에는 결혼식에 참석한 것으로 나와 있는데.

　그날 밤 늦게 나는 침대에 누워 나의 아내에게 실은 내가 좀비라고 고백했다. 우리 부부는 뇌 속에 들어 있는 자기磁氣 자극에 기능 부전이 발생하여 말다툼을 했다. 그것이 나의 의식 모듈(뇌 기능의 단위)을 살짝 긁어놓았고 나는 화를 벌컥 냈다. 나는 아내가 알고 있는 게 좋을 듯하여 고백했으나, 아직 아이들에게는 비밀로 하는 게 좋겠다고 생각했다. 이것 때문에 아내가 나한테 갖고 있는 감정이 바뀌지 않았으면 좋겠다는 말도 했다. 아내는 이미 잠이 들어 내 말을 듣지 못했다.

얼굴 뒤의 공간

⟋

그 환상은 물리치기 어려운 매력을 갖고 있다. 모든 얼굴 뒤에는 자아自我가 있다는 환상. 우리는 반짝거리는 눈빛에서 의식意識의 신호를 보면서 두개골 안쪽에 영기靈氣 가득한 공간이 있다고 상상한다. 그 공간은 의도가 실려 있는 느낌과 생각의 다양한 패턴으로 환하게 불 밝혀진다. 인간의 '본질'이라고나 할까. 하지만 자세히 살펴볼 때 우리는 얼굴 뒤의 공간에서 무엇을 발견하는가?

노골적으로 말해보자면 거기에는 물질밖에 없다. 살, 피, 뼈, 그리고 뇌. 나는 그것을 직접 보았다. 절개된 머리, 펄떡거리는 뇌, 외과의사는 바늘로 여기저기를 찔러본다. 나는 그 광경을 지켜보면서 거기에는 물질 이외에는 아무것도 없다고 확신하게 되었다. 그것은 환상으로부터 해방되는 경험이었다.

그 환상은 물리치기 어렵지만 그렇다고 해소 불가능한 것도 아니다. 내가 신경장애 환자들이 입원하는 재활병원에서 임상 훈련을 시작한 것은 20년도 더 되었다. 당시 나는 임상심리학을 전공하는 학생이었으나 무엇보다도 신경내과에 깊이 매료되어 있었다. 오래 전부터 두뇌의 작동에 관심이 많았고, 임상 분야 혹은 기초과학자로서 두뇌와 마음을 연구하는 학문인 신경심리학 분야에서 성공하고 싶었다. 신경재활센터는 그런 경력을 시작하기에 알맞은 곳이었다.

환자 중에 17세 소년이 있었다. 그는 엘리베이터 수직갱에서 10미터 가까이 떨어져 거의 죽을 뻔하다가 살아났다. 신경외과 의사들은 최선을 다하여 그의 머리를 봉합했다. 하지만 면도한 그의 머리 정수리 부분은 높낮이가 달랐다. 오른쪽은 움푹 들어갔고 왼쪽은 약간 솟아올랐으며 가운데 부분은 숟가락으로 찌그러트린 삶은 계란 껍질처럼 타원형이었다.

그의 얼굴 근육은 쉴 새 없이 움직이면서 분노와 공포를 번갈아 표현했다. 그는 으르렁거리거나 툴툴대기 일쑤였고 때때로 비명을 질렀으며 산발적으로 욕설을 퍼부었다. 그는 말을 하지 못했다. 이런 일은 그리 이례적인 것도 아니었다. 뇌손상으로 일상 언어를 말하지 못하는 사람들은 때때로 욕설은 기가 막히게 잘 했다. 나는 당시에 이런 사실을 알지 못했다. 그것은 하나의 충격이었다. 그런 환자들은 때때로 노래를 부르기도 했다. 하지만 이 소년은 노래를 부르지 않았다. 그는 휠체어에 앉은 온몸을 전후좌우로 불편하게 꼬아댔고 때때로 심한 경련이 엄습해와 사지를 부르르 떨었고 입 가장자리에서는 끊임없이 침이 흘러내렸다.

지속적인 발기 상태는 소년의 운명을 더욱 비참하게 만드는 결정타였다. 뇌신경에 가해진 손상 때문에 소년은 고통스러울 정도로 발기 상태가 오래 지속되었다. 그를 보살피는 젊은 간호사, 물리치료사, 직업치료사는 그것을 못 본 체했다.

나는 그를 불쌍하게 여겼으나 동시에 혐오했다. 그런 분위기에 아직 익숙하지 않은 신입 신경심리학 연수생이었던 나는 그 소년이 기괴하다고 생각했다. 나를 가장 심란하게 만들었던 것은 펄떡거리는 스크린 같은 그의 얼굴이었다. 거기에는 고통 받는 영혼의 이미지들이 황량하게 펼쳐졌다. 나는 과연 저기에 '영혼'이나 '자아'가 남아 있는지 의문이 들었다. 소년의 얼굴 뒤 공간에서는 아무것도 벌어지지 않는다고 생각하기 시작했다. '저 애는 차라리 죽는 게 나아.' 그런 생각을 했다. 그건 소년 자신만을 위한 것은 아니었다. 저런 모습이 소년의 어머니에게는 어떻게 보일까? 과연 어머니는 저런 모습을 보고 참아낼 수 있을까?

소년의 괴기하고 혼란스러운 얼굴은 나의 동정심을 싹 달아나게 했다. 그건 우리가 알고 있는 상식을 깨트리는 것이었다. 사람의 얼굴은 그 개인의 자아에 이르는 공식적 접근로이다. 그것은 인류의 오래된 상식이다. 얼굴은 보편적 신호의 체계이다. 하지만 소년의 얼굴은 하나의 위장막이었고 그 뒤에 놓여 있는 공간에 대해서 전혀 알 수가 없었다. 어쩌면 그 뒤에는 아무것도 없을지 몰랐다.

그러던 어느 날 우연히도 병원을 찾아온 어머니와 함께 있는 소년을 보았다. 그녀는 아들의 손상된 머리를 품안에 꼭 끌어안고 있었다. 별로 오랜 시간은 아니었지만, 어머니와 함께 있는 동안 소년의 얼굴에 커다란 변화가 왔다. 표정이 진정되었고 분노가 가라앉았다. 그는 사람다운 모습을 되찾은 것 같았다. 어머니와 머리가 손상된 아들이 있는 함께 있는 것이 아니라, 두 자아가 함께 있었다. 전체는 두 사람의 합보다 컸다.

어머니가 떠나간 후 소년에게서 다시 자아가 사라지는 듯했다. 이런 생각을 한 것은 어쩌면 내가 상상력이 부족해서인지도 모르겠다. 아무튼 내가 어떤 인간을 인격체로 보지 않으려 한다는 생각은 오싹한 깨달음이었다. 이런 상황에서 우리는 동정심의 결핍과 객관적 상황 관찰을 어떻게 구분할 것인가? 어쩌면 이 둘은 같은 것일지도 모른다.

이제 내 아들이 계란 껍질 소년처럼 17세가 되었다. 소년 환자기 엘리베이터 수직갱에서 불운하게 추락했던 그 당시 내 아들은 아직 태어나기도 전이었다. 아직 비존재의 상태에 있던 아이를 존재하게 만든 것은 엄청난 책임을 수반하는 일이다. 이 세상에서는 무슨 일이 벌어질지 모르지 않는가.

아들이 네 살일 적에 함께 있던 기억이 난다. 한 겨울이었다. 우리는 함께 밖에 나갈 일이 있었고 그래서 따뜻한 방을 떠나 얼어붙은 밤공기 속으로 들어갔다. 마을에는 불이 켜진 인가가 별로 없었고 하늘에는 별들이 총총했다. 우리가 막 현관문을 나서자 아들이 기침을 하기 시작했다.

"괜찮니?"

"괜찮아요. 난 어둠을 조금 삼켰을 뿐이에요." 아들이 대답했다.

아들은 어둠이 실체인 것처럼 생각했다. 한 번에 어둠을 너무 많이 삼키면 기침을 하게 된다는 얘기였다. 나는 한 모금의 어둠이 아니라 차가운 공기가 기침반사를 일으킨다는 멋대가리 없는 설명을 해줄 수도 있었을 것이다. 하지만 그렇게 하지 않았다. 나는 그 멋진 이미지를 마음속에 갈무리했고 어린 두뇌가 만들어낸 환상적 현실 감각을 아들이 그냥 간직하도록 내버려두었다.

우리의 현실은 늘 검토를 당한다. 23세기 전 아리스토텔레스는 그 역동적 활동과 온기溫氣 때문에 심장이 정신력의 원천이라고 생각했다. 두뇌의 기능은 피를 식히는 것이라고 그는 생각했다. 지구가 우주의 중심에 가만히 서 있고 그 주위로 태양과 달과 별들이 돈다고 생각했다. 아리스토텔레스의 이러한 생각들은 모두 틀린 것으로 입증되었으나, 직관과 환상의 산물인 그런 믿음은 그가 일상생활을 영위하는 데 큰 도움을 주었다. 우리는 이제 신체의 기능과 우주의 구조에 대하여 아리스토텔레스보다 더 많이 알고 있으나, 정신적 진화의 종점에 와 있다고 생각하지 않는다. 그런 생각으로 우리 자신을 속이는 일은 하지 않는다.

그래서 우리는 아직도 직관과 환상에 의존하여 살아나간다. 특히 우리의 생각이 우리의 내면을 성찰할 때에는 더욱 그러하다. 주관적 체험의 밝고 이해하기 쉬운 특질은 두뇌 속의 검은 물질과 아직 완벽한 조화를 이루지 못하고, 얼굴 뒤의 공간은 여전히 마음의 눈에 의해 불 밝혀진다. 우리는 아직도 사람들의 눈빛에서 마음의 불꽃을 보는 것이다. 우주 이론은 오고 가는 것이지만, 이 환상이 사라지면 관찰자의 자아라는 것도 사라지고 만다.

* * *

나는 한참 동안 계란 껍질 소년의 이름을 생각해 내려고 애썼다. 내가 소년에게 이름을 지어 주었을 수도 있기 때문이다. 다른 환자들은 모두 가명을 썼으니까. 소년에게 이름을 안 지어 수겠다고 결정한 것은 의도적인 것은 아니었다. 하지만 그의 스토리가 끝났을 때, 그 소년에게 이름을 지어 주지 않았다는 것을 깨달았다. "소년에게 이름을 지어 주면 훨씬 인간적인 분위기가 풍기게 될 거예요." 당시 누군가가 말했다. "그를 존, 스티븐, 혹은 리처드라고 불러보세요……."

　지금 다시 생각해보니 그 반대로 한 것도 잘 한 일이었다는 생각이 든다.

해마와 편도

와인에 위스키를 섞어 마신 것은 잘못한 일이었다. 오늘 아침 내 기분은 영 좋지 않다. 내 머리의 무게와 움직임을 자꾸 의식하게 되고 혓바닥이 너무 칼칼하다.

잠의 두터운 지층을 뚫고 올라와 깨어보니 거의 여덟시가 다 된 시각이었다. 반 시간 뒤 나는 직장까지 걸어갔다. 거리의 차량들과 보조를 맞추며. 직장까지는 2마일 정도 거리였다. 걷다보면 기분이 상쾌해질 터였다. 가게들이 죽 늘어선 거리를 지나, 서로 안 어울리는 카지노와 장의사가 함께 있는 구역을 지나서, 공원 가장자리에 있는 테라스 형 주택들을 지나, 완만한 언덕 위에 있는 일면암一面岩같이 생긴 병원으로 걸어 올라갔다. 그 지구 종합 병원은 도시의 어디에서도 잘 보였다. 오늘은 병원 바로 위까지 시멘트 빛깔의 하늘이 내려와 있었다.

나오미는 그 병원 깊숙한 곳에 있다. 오늘은 그녀의 열아홉 번째 생일이다. 그녀는 병원 직원이 끄는 병상에 누워 바닥이 반짝거리는 복도를 지나가 엘리베이터에 들어서고 다시 반짝거리는 복도로 나온다. 그녀는 동틀 무렵부터 깨어 있었기 때문에 피곤하다. 아침 일찍 신경생리학 기사들이 그녀의 병실로 찾아와 두피에 전극을 붙여 놓았다. 그 때문에 나오미의 머리는 메두사 혹은 성난 뱀의 머리 같다.

아홉시에 병원에 도착한 나는 직접 혈관조영실로 갔다. 그곳에서는 나오미의 수술을 위한 준비가 한창이었다. 중앙 수술실은 조그마하여 교외 중산층 주택의 거실 정도 크기이다. 환하게 불이 켜져 있고 X-선 장비, 모니터, 통제 패널 등이 빽빽이 설치되어 있다. 정중앙에는 환자가 도착하면 눕게 될 수술대가 있다. 한쪽 끝이 가늘어지는 수술대는 꼭 다리미판같이 생겼다. 한쪽 구석에는 의학 자료실 소속의 조용한 남자가 비디오카메라를 설치하고 있었다. 하얀 옷을 입은 EEG(뇌파) 기사와 푸른 옷을 입은 방사선 기사가 방안으로 들어와 바쁘게 돌아쳤다.

우리는 빠르게 작용하는 마취제인 아미탈을 주사하여 두뇌의 각 반구를 마취시킨 다음, 나오미의 뇌 활동에 개입할 계획이었다. 나오미의 좌뇌와 우뇌를 번갈아 따로따로 검사해보는 것이 목적이었다. 엄밀하게 말하면 '마취'는 정확한 용어가 아니다. 두뇌는 감각 수용기관이 없기 때문이다. 그것은 언제나 마비의 상태로 있다.

방사선 기사가 나타나더니 물었다. "오늘 환자가 있습니까?" 있다. 나오미는 이동식 베드에 일어나 앉아 있었다. 그 베드는 통로 한쪽 끝에 놓여 있었다. 일정 시간이 지나면 자동으로 찍히는 사진기의 영상처럼 그 베드가 갑자기 등장했고, 그녀는 이제 수술실 안으로 들어와 있었다. 그녀는 외로워 보였다. 나는 그녀에게 다가가 잠시 잡담을 했다. 그리고 생일 축하한다고 말했다.

나는 나오미를 좋아한다. 지난 몇 달 동안 그녀가 각종 검사(EEG, MRI, 비디오 원격측정, 신경심리)를 받는 모습을 관찰해 왔다. 그런 검사를 다 받고 나면 먼저 외과의사 수술 명단에 등재되고 마지막으로 수술대에 올라 미세하게 손상된 뇌 세포를 제거할 수 있으리라고 그녀는 기대했다. 그 손상 세포 때문에 나오미는 가끔 간질 발작을 일으켰다.

그녀는 의사와 신경외과의사를 절대적으로 믿는다. 그들이 자신의 발작을 멈추게 해줄 것이라고 철석같이 믿고 있다. 간질의 발작에서 벗어나면 그녀는 대학에도 진학할 것이고 1년쯤 휴학을 하면서 오스트레일리아로 여행도 갈 것이다. 곧 운전면허 신청도 할 것이다. 그녀는 인생의 계획이 많다. 그녀는 못 말릴 정도로 낙천적이다. 그런 성격은 간질의 한 특징일 수도 있다.

지금 이름이 잘 기억나지 않는데 그녀의 남자 친구는 그리 낙천적이지 못했다. 그는 수술이 별 효과 없을 수도 있음을 잘 알았다. "자기는 너무 비관적이야." 나오미와 남자 친구가 함께 병원에 있을 때 그녀가 그런 말을 하는 것을 들은 적이 있다. 나는 그 남자 친구와 비슷한 생각을 갖고 있다. '나오미, 조금 더 신중해야 돼. 신경외과의사가 수술을 하기로 한다면 그는 네 머리를 절개한 다음 너 자신의 일부를 떼어내는 거야. 너무 믿고 기대하다보면 실망이 클지도 몰라.' 나는 이런 생각을 하지만 지금은 그런 근심을 표시할 때가 아니다. 무조건적인 확신을 가져야 할 때이다. 나는 그런 확신이 부족한 사람이지만, 환자에게는 절대로 필요한 레퍼토리이고 또 그 효능이 잘 입증되어 있다.

방사선 기사는 장비를 챙기다가 뭔가 빠져 있는 것을 발견한다. "아미탈이 준비되어 있습니까?" 아니, 아직 준비되어 있지 않았다. 우리가 현재 갖고 있는 것은 색깔이 흐릿하여 오염되었을지 모른다. 하지만 문제없다. 약국에 전화만 한 통 넣으면 금방 가져오니까. 그 약이 래드클리프 병원으로부터 수송되어 오는 중이라는 전갈이 왔다. 왜 그걸 꼭 멀리 옥스퍼드에서 가져와야 하는지 나는 잘 모르겠다. 하지만 물어보지는 않았다.

오늘 아침에 해야 할 일은 와다 테스트로서 수술로 가는 마지막 관문이다. 만약 나오미가 이 테스트를 통과한다면 신경외과의사의 수술자 명단에 오르게 될 것이다. 그녀는 마음의 준비가 되어 있다. 어제 그녀는 신경심리실에서 나온 내 동료와 함께 이 테스트를 미리 예행연습했다. 그녀는 등을 대고 똑바로 누워서 양팔을 공중에 번쩍 들어 올렸고, 스물까지 세었으며, 열까지 셀 즈음에는 왼쪽 팔이 마비가 되었다고 상상하면서 그 팔을 침대 위로 내렸다. 아미탈이 그녀의 두뇌 우반구에 도달하면 실제로 이런 일이 벌어지게 된다. 그런 식으로 나오미와 내 동료는 예행 연습을 했다.("당신의 코를 만져보세요…… 눈을 감아보세요…… 숨을 내 쉬세요…….") 그녀는 한 주간의 요일 이름을 말했고 숫자 열을 거 꾸로 세었다. 그녀는 그림을 묘사했다.("사다리 위에 올라가 있는 남 자, 공을 든 소년, 소녀, 연, 개와 고양이, 연못, 오리…….") 물건들의 이름 을 대고 문장을 읽었으며 암산을 했다. 지시와 질문은 속사포처 럼 빨랐다. 아미탈은 약효가 빠르게 번지는 만큼 지속 시간이 짧 았다. 실제 테스트에서 아미탈이 주사된 두뇌의 반구는 겨우 2~3분 수면을 취할 뿐이다. 우리 검사 팀은 그 짧은 시간에 약 물을 주사하지 않은 나머지 반구를 상대로 작업을 벌여야 한다.

나의 동료들이 클립보드(종이 끼우는 판), 스톱워치, 두 개의 검 은색 서류 파일을 들고 검사실 안으로 들어왔다. 혈관조영실 안 으로 들어오던 내 여자 동료는 미소를 지으며 나오미와 간단한 인사말을 주고받았다. 그녀가 누워 있는 침대는 이제 검사실 문 앞까지 와 있다. 그녀는 나에게도 미소를 지어 보였다. 그녀는 아미탈이 안 오는 바람에 검사가 늦어지고 있음을 알고 있다. 커 피를 마시는 시간. 우리는 X-레이 필름을 뽑아내는 기계 옆에 앉아서 나오미의 진찰 기록들을 살펴보았다. 그녀의 병력은 특이한 것이 없었다. 간질은 그녀가 아주 어릴 때 고열로 시작되었다. 그녀는 한 이틀 상태가 안 좋다가 곧 정상을 회복했다. 그녀의 어머니는 어떻게 해야 할지 망설이다가 괜찮겠지 하는 마음으로 출근길에 그녀를 유아원에 맡겼다.

오전 중에 나오미는 유아원의 놀이용 모래밭에서 쓰러졌다. 유아원 교사들은 장난하다가 쓰러진 거겠지 하고 생각했다. 하지만 그녀를 일으켜 세울 수가 없자 그들은 앰뷸런스를 불렀다. 그녀는 깊은 잠에 쓰러지기 전에 온몸을 부르르 떨었다고, 다른 어린아이들이 말했다. 의사는 고열로 인한 경기일 거라고 생각했다. 너무 걱정하지 마세요. 많은 애들이 체열이 올라가면 이렇게 발작 증상을 보인답니다. 좀 크면 저절로 없어져요. 의사의 말이 맞는 듯했다. 그녀에게서 그런 증상이 사라졌다. 하지만 발작은 초경初經이 시작되면서 다시 나타났다.

발작은 유령 같은 존재, 피부를 지져대는 전기의 냄새를 풍기며 왔다. 분명 누군가 나를 데리러 왔다는 느낌을 주지만 찬찬히 돌아다보면 거기에 아무도 없다. 발작의 냄새를, 피부를 지져대는 전기의 냄새라고 표현하는 것은 좀 이상하다. 왜냐하면 전기는 냄새가 없기 때문이다. 하지만 두뇌 속에서 범람하는 전기의 광풍狂風을 묘사하기에는 딱 알맞은 말이다.

이러한 허깨비 방문자는 간질의 전조 중 하나이다. 감각이 아주 민감하게 팽창하고 그것이 다가오는 발작을 미리 알아보는 것이다. 발작은 그것보다 더 절박한, 또 다른 육체적 증상을 갖고 있다. 나오미는 참새가 자신의 뱃속에서 날개를 펴고 마구 퍼덕거리는 느낌이 든다고 말했다. 참새는 위로 날아올라 오다가 그녀의 목구멍에 갇히고, 거기서 빠져나오려고 필사적으로 용을 쓴다는 것이다. 이 순간까지, 그러니까 광풍의 어두운 먹구름과, 허깨비 방문자의 느낌과, 목구멍에 갇힌 참새의 날갯짓에 이르기까지 그녀는 아직 의식이 있고 그래서 자신의 체험을 분명하게 표현할 수 있다. 그러다가 광풍과 해일이 동반하여 공격해오면 그녀는 의식 없는 상태로 휩쓸려버린다. 그녀의 눈은 텅 빈채 번들거리고 마구 돌아간다. 자신의 옷을 마구 잡아당기고, 거세게 입맛을 쩝쩝 다시면서, 손등으로 사정없이 코를 비벼댄다. 나는 이런 상태에 빠진 그녀를 본 적이 있다. 그녀의 영혼이 바람처럼 사라진 것이다. 영혼이 빠져나간 몸은 자동인형이 되어 아무 목적도 없는 로봇 같은 동작을 계속한다.

서정적인 전조 증상—형체가 없는 이미지들, 뭐라고 형언할 수 없는 냄새들—과 반복적인 자동인형의 동작 다음에 때때로 아주 파국적인 동작이 따라 나온다. 그녀는 다섯 번 발작 중에 한번 꼴로 전신적 발작을 일으켰는데 이것을 가리켜 대발작이라고 했다. 대발작이 오면 그녀의 온 근육이 격렬하게 수축하면서 땅에 쓰러진다. 때때로 턱을 땅에 부딪쳐 피가 나고 자신의 이빨로 혀를 깨문다. 그녀는 숨을 쉬지 못하고 무의식 상태에 빠져

오줌을 싼다. 이어 경기가 온다. 사지가 3~4분 가량 기계적으로 전율한다. 그런 다음 악령의 손아귀에서 벗어나 평온한 짐에 빠져든다.

간질약을 여러 종류 섞어 먹고 또 거의 치사량을 복용해도 나오미의 간질 발작 빈도는 점점 높아졌다. 이제 그녀는 거의 매일 발작을 일으켰다. 그녀는 이 병을 꼭 고쳐야겠다는 간절한 소망을 갖고 있었고 그 어떤 모험도 마다하지 않았다.

그녀에게 예정된 수술은 편도-해마 절제술이다. 아미그달라(편도)와 인근 뇌 조직인 히포캄푸스(해마)를 일부 떼어내는 수술이기 때문에 그런 이름이 붙었다. 두뇌의 좌우반구는 각각 편도와 해마를 갖고 있다. 와다 테스트는 편도-해마 절제술을 위한 예비 단계이다. 우리는 나오미의 오른쪽 뇌에 손상이 있기 때문에 그것이 간질을 일으킨다는 걸 알았다. 두뇌 스캐닝 사진과 임상 기록이 서로 일치하기 때문이다. 우리는 그녀의 좌뇌가 정상적으로 작동하고 있다고 추측한다.(그렇지만 근거 없는 추측일 수도 있었다) 와다 테스트는 이러한 추측이 사실인지 결정해줄 것이다. 금방 진찰 노트를 보니 WADA라고 기록되어 있는데 흔하게 범하는 실수이다. 이것은 Wada라고 써야 옳다. 일본계 캐나다 신경학자가 이 테스트를 처음 고안했기 때문에 그런 이름이 붙었다. 원조의 표시를 약어 처리하면 당사자는 아마도 기분이 나쁠 것이다.

우리는 정상으로 추정된 좌뇌에 "미발견의 손상"이 없음을 최대한 확인해야 되었다. 달리 말해 두뇌 스캐닝 사진에 나오지 않은 기능 부전이 있는지 확인해야 한다. 외양처럼 사람을 잘 속이는 건 없기 때문이다. 뇌 세포는 깨끗하고 튼튼하게 보일 수 있지만, 테스트를 해보기 전에는 그 온전함에 대하여 확신할 수가 없다.

신경외과 수술 대상인 해마는 두뇌 기억 회로의 핵심 장치로서 새로 들어온 기억의 흔적들을 간직한다. 우리는 무엇보다도 나오미 좌뇌에 있는 해마가 기본적인 기억 기능을 제대로 수행하는지 확인해야 되었다. 인간이라는 존재는 결국 기억의 총합이기 때문에 해마는 우리가 개성을 정립하는 필수적 수단이다. 의식적인 회상回想과 관련된 모든 사항이 해마의 채널을 통하여 접수되고 기록되는 것이다.

당신은 10분 전에 무엇을 했는가? 당신이 맨 마지막으로 대화를 나눈 사람은 누구인가? 아침으로 무엇을 먹었는가? 지난 주말인 어제 무엇을 했는가? 맨 마지막으로 운 건 언제이고 그 이유는? 초등학교의 기억, 선생님의 얼굴, 제일 친한 친구 등의 이미지를 말해보라. 첫 키스를 기억해보라. 이어 개인적 체험의 좋고 나쁨을 벗어나 심리적 지평으로 질문의 범위를 확대하여, 공공 영역의 정보들을 상상해보라. "엔트로피"라는 단어는 무슨 뜻인가? 전화기는 어떻게 사용하나? 미국의 대통령은 누구인가?

물은 몇 도에서 어나? 누가 「리어 왕」을 썼나? 간의 기능은 무엇인가? 이런 공사간의 정보가 해마를 통하여 기억 속에 저장되는 것이다.

회상에 대한 보조 수단으로서, 중세의 스콜라 철학자들은 심리적 이미지의 정교한 건축 시스템을 구축했다. "기억의 극장" 혹은 "기억의 궁전"이 그것이다. 그들은 이 건물을 천천히 걸으면서 전략적 위치에 놓여 있는 정보를 회수하거나 아니면 저장했다. 그러나 이 건물의 문지기는 해마만큼이나 허약한 존재이다. 그것을 처치하여 영원히 출입을 봉쇄하는 일은 식은 죽 먹기이다. 외과의사의 칼질 한번이면 끝난다. 그러면 정보의 흐름은 막혀 버린다.

우리의 계획대로 신경외과의사가 나오미의 우뇌 해마를 제거했는데, 좌뇌의 해마 기능이 시원치 않다면, 그 제거 수술은 나오미의 인성人性을 완전 중지시키는 것이 되어 버린다. 인간의 성격이란 결국 기억의 총합이니까. 그렇게 된다면 그녀는 19세 이후의 사건이나 정보에 대하여 새로운 기억을 가지지 못하게 된다. 물론 그런다고 해서 그녀가 나이 들지 않는 것은 아니다. 하지만 그녀의 늙은 몸은 19세 소녀의 마음만 간직할 뿐이다.

이러한 일들이 간질 수술 초기에 발생했었다. 그런 소수의 사람들 중 가장 유명한 사례가 젊은 기능공인 MH이다. 그는 결국 회복불능의 대규모 기억상실증에 빠졌고 3분 이전의 새로운 정보를 보유하지 못했다. 그러니 기억이 아예 없었다. 가령 당신이 MH를 일 년 동안 매일 방문해도 그는 당신을 낯선 사람으로 여기는 것이다. 가령 어떤 일로 병실을 10분 비웠다가 다시 돌아오면 누구인지 알아보지 못하는 것이다.

그때 이후 신경외과의사들은 좌우 반구 중 어느 한쪽에만 개입을 했다. 하지만 이렇게 할 경우에도 건드리지 않는 반구가 정말 튼튼하다는 확증이 없으면, MH와 똑같은 재앙이 발생할 수 있었다. 그래서 오늘 우리는 나오미에게 이런 괴상한 검사 절차를 받게 하려는 것이다. 우리는 나오미가 비록 한쪽 뇌를 정지시켰어도 남아 있는 뇌를 가지고 몸과 마음이 온전히 그 검사를 견뎌낼 수 있기를 바랐다.

해마가 기억으로 가는 관문이라면 편도는 정서적 반응의 저장고이다. 이것은 고등 대뇌피질의 정보가공 활동—언어, 지각, 이성적 생각 등—을, 정서와 동기를 규제하는 더 오래된 심층 구조와 연결시킨다. 간단히 말해서 우리가 생각하고 지각하는 행위에 대한 정서적 반응, 우리의 느낌에 바탕을 둔 행동 반응을 규제한다. 양뇌의 편도에 손상이 있는 환자는 정서적 형체와 색깔이 없는 세상에서 살아간다. 자기 자신의 느낌과 행동을 이처럼 통찰하지 못하기 때문에 자연 남들의 정서적 생활에 대하여 엉뚱한 반응을 보인다.

기억과 정서. 나오미에 대한 와다 검사는 이 두 가지와 깊은 관련이 있다. 우리는 이것을 잘 보존하도록 신경 써야 한다.

아미탈이 오토바이 택배에 의해 도착했다. 택배원이 부드러운 패킹으로 채운 종이 백을 건넸고 간호사는 거기서 투명한 액체가 들어 있는 아미탈 두 병을 꺼냈다. 이 약물이 곧 나오미의 두뇌에서 위력을 발휘할 것이다. 이제 나오미는 방 한가운데의 특별 침상에 누워 기다리고 있다. 자그마한 네모꼴 베개가 그녀의 머리를 받쳐주고 있다. 그녀는 목까지 초록색 수술 시트가 덮여 있다. 그녀의 사타구니 일부만 노출되어 있고 이미 국소 마취를 해서 피부를 약간 절개했다. 방사선 기사가 그녀의 사타구니 동맥에 관을 꽂기 위해 준비하고 있다. 초록색 시트 윗부분의 창백한 나오미 얼굴, 노출된 하얀 사타구니 살, 그 주위의 음모, 그리고 절개된 부분에서 흘러나오는 피, 이런 것들은 서로 상관이 없어 보인다. 많은 사람들이 사타구니 혈관을 통해서 두뇌에 주사약을 집어넣는다는 사실에 놀라곤 한다.

아주 가느다란 플라스틱 관(카테터)을 절개된 동맥 안으로 집어넣어 조금씩 밀어붙여 배를 지나 가슴에 도달하게 한다. 그 여정은 X-레이 모니터에 알갱이 모양의 회색 그림자로 떠오른다. 나는 그 관이 나오미의 가슴에 도달하는 과정을 지켜본다. 거기서 다시 출발하여 내부 경동맥과 만나는 지점까지 갈 예정이다. 그녀 또한 지켜본다. 그녀는 머리 위에 매달린 모니터를 통하여 자신의 내부를 쳐다볼 수 있다. 방사선 기사는 그 모니터를 보면서 눈과 손을 민첩하게 움직여 가슴에서 두뇌로 이르는 길을 찾아낸다. 이어 흐릿한 방사선 염료를 플라스틱 관을 통해 넣고서 두뇌의 혈관 속으로 흘러 들어가게 한다.

방사선 기사는 X-레이 사진을 몇 번 찍어서 우리가 계획했던 뇌혈관 지도地圖의 한 지점에 카테터가 도착했음을 확인한다. 나오미의 허리께에 서 있던 방사선 기사는 가끔 안심시키는 말을 그녀에게 건네면서 그녀 쪽을 돌아다보았다. 그는 선의에서 그렇게 한 것이지만 두 사람 사이의 눈빛 교환은 기계적인 것이다. 그녀는 훌륭한 환자이다. 그녀의 몸은 수동적인 상태에서 뭐든지 다 받아들일 준비가 되어 있다. 그녀의 얼굴은 아무런 감정의 흔적도 보이지 않는다. 하지만 간호사가 이마에 흘러내린 머리카락을 쓸어주자 나오미의 눈이 잠시 젖는다.

우리는 여기 침대 위에 나오미의 육체, 나오미의 정신, 나오미의 인격을 확보하고 있다. 이곳에 모인 전문가들 사이에는 노동의 분업이 이루어져 있다. 방사선 기사는 육체의 영역을 다룬다. 그는 복잡한 혈관 시스템을 잘 알고 있고 X-레이 기계를 능숙하게 다룬다. 신경심리학자인 나는 곧 약물 처방을 지시하면서 나오미의 정신을 해체할 것이다. 현재는 간호사가 나오미의 인격을 상대하고 있다.

이제 준비 완료. 나오미는 양팔을 공중에 들어 올리고 숫자를 세기 시작한다. 나는 검은 서류철, 스톱워치, 클립보드를 들고 건너편에 서 있는 내 여자 동료를 쳐다본다. 그녀는 검사 도중 필요한 장비를 즉시 건네주고 나오미의 반응을 기록할 것이다. 그녀보다 몇 발자국 뒤에 있는 신경생리학자는 나오미의 머리에 신부 화관처럼 꽂혀 있는 다양한 색깔의 전극들에서 흘러나오는 뇌파 활동을 감시한다.

내가 고개를 끄덕이자 방사선 기사는 아미탈을 주입하기 시작했다. 몇 초 뒤 약효가 발생하자 나오미의 팔이 밑으로 쳐졌고 내가 그것을 잡아 부드럽게 침대 위에 올려놓았다. 나오미가 마취에 빠져들고 그녀의 생기 없는 팔을 잡아 내려놓는 순간, 내 안에서 뭔가 허물어졌고 내 머릿속으로 빠르게 이런 생각이 스쳐 지나갔다. '난 지금 여기서 뭘 하고 있는 거지?'

나는 차라리 다른 곳에 가 있고 싶었다. 남의 정신에 기계적으로 개입하는 일로부터 멀리 떨어지고 싶었다. 하지만 나오미가 여기 이렇게 누워 있는 이상, 해야 할 일이 있었다. 사랑하는 가족한테 이런 일을 하는 것보다는 그래도 가족이 아닌 사람에게 이런 작업을 하는 것이 한결 덜 괴롭다. 만약 가족을 상대해야 한다면 그것처럼 참기 어려운 일도 없으리라. 그녀의 오른쪽 두뇌가 일시 활동 정지되어 있음에도 불구하고 그녀는 놀라울 정도로 침착하고 평온했다. 그녀는 정말 '평온해' 보였다.

나는 이 검사의 목적을 잘 안다. 하지만 의학적 관심사와는 좀 관계가 없는 문제, 즉 "나오미의 인격"에 어떤 일이 벌어지는지 알고 싶었다. 지금 검사는 약리적인 것이지 신경외과적인 것은 아니다. 두뇌의 변화 상태는 일시적인 것이다. 하지만 약효가 지속되는 동안 우리는 두뇌의 한쪽을 효과적으로 절단했다. 그렇다면 두뇌의 반쪽이 작동 중지 상태이니까 우리는 반쪽 인격만 상대로 하고 있는 것일까.

심리학자들은 두뇌의 2원성으로 인해 오랫동안 골머리를 앓아왔다. 내가 대학생이던 1970년대에 "기능적 불균형"은 아주 뜨거운 화제였다. 이것은 두뇌의 좌우반구가 뚜렷하게 다르지만 서로 상보적인 기능을 발휘한다는 이론이었다. 좌뇌는 언어, 리듬, 합리성, 분석을 담당하고 우뇌는 공간감각, 멜로디, 직관, 종합을 담당한다는 것이었다.

그 당시 화제의 중심은 소위 "분할된 두뇌"의 연구였다. 이것은 과학적으로 또 문학적으로 많은 사람들의 생각을 사로잡았다. 분할된 두뇌 수술은 중증 만성 간질 환자—간질 발작이 하도 자주 일어나서 기존의 치료 방법으로는 통제되지 않는 환자—를 치료하는 급진적 방법이었다.

간질 발작은 두뇌의 전기활동이 갑자기 폭주하는 바람에 발생하는 병이다. 분할 두뇌 수술의 이론적 근거는 좌우 양뇌를 연결하는 뇌량을 절단하여 비정상적인 전기활동이 좌우반구 중 어느 한쪽에서만 일어나게 함으로써 대발작을 미리 예방하자는 것이었다.

학부 시절 나는 이 수술의 임상적 측면에는 별 관심이 없었다. 간질에 대해서 특별한 관심이 있는 것도 아니었다. 분할 두뇌 수술을 받는 환자가 일종의 '생체 실험'이라고 느껴졌기 때문에 흥미를 느꼈다. 그것은 "통 속에 든 두뇌", "두뇌 이식" 같은 철학적 수수께끼의 범주에 들어가는 것이었다. 또 공상과학 소설에서는 정신 텔레포테이션(teleportation: 염력에 의하여 순간적으로 멀리 이동하는 것)이나 정신 복제 같은 얘기가 많이 나왔었다.

생각에 대한 실험은 "만약에 ~이라면"이라고 가정하면서 우리의 일상적 직관에 도전하려는 시나리오이다. 17세기 철학자 존 로크는 황태자와 구두장수 사이에 두뇌를 교환하는 장면을 상상하면서 개인의 아이덴티티(자기 동일성)라는 개념을 탐구하려 했다. 그는 아이덴티티에서 중요한 것은 심리적 연속성이라고 결론 내렸다. 황태자가 두뇌를 가지고 구두장수의 몸속에 들어가 있기 때문에 그는 여전히 황태자라는 것이었다.(그 반대도 진리여서 구두장수의 두뇌를 가지고 황태자의 몸에 들어간들 그는 여전히 구두장수이다) 하지만 분할 두뇌 수술로 야기된 최근 연구는 그렇게 분명한 결론을 내리지 못한다.

만약 어떤 사람의 좌우반구를 두 개(기억, 특징 등이 그대로 남아 있는 반구)로 나누어서 두 사람의 머리에 하나씩만 이식한다면 어떻게 될까? 만약 당신의 반구를 당신의 가장 친한 친구 혹은 최악의 적수와 교환한다면 어떻게 될까? 어느 쪽이 진정한 당신인가? 이럴 경우 일정한 심리적 연속성은 있겠지만 통일성은 없는 것이다. 그리하여 전통적인 개인의 아이덴티티 개념은 심하게 도전을 받게 되었다.

하지만 두뇌 분할 환자는 철학적 공상의 주제가 아니다. 그 환자들은 외과적 수술에 의해 두뇌가 분할된, 실제로 살아 있는 사람이다. 그들은 과학적 흥미뿐만 아니라 철학적 흥미도 불러일으킨다. 다른 많은 사람들과 마찬가지로 대학생 시절 나는 이런 생각을 했다. 외과의사의 수술 칼은 의식을 갈라놓을 뿐만 아니라 인격을 갈라놓는 것이다. 생생하게 살아 있고 의식 활동을 하는 두뇌의 한 가운데를 잘라놓는다는 것은 괴기하면서도 부조리한 생각이었다. 그것은 음산한 괴기소설, 공포가 가득한 실험실을 연상시켰다. 신경장애의 세계에는 온갖 괴상한 사람들이 많지만 분할 두뇌 환자는 정말로 기이한 사람이었다. 나는 그들에게 매혹되었다.

면밀히 관찰해 보면 "기이한 사례들"은 신경학 문헌에서 중요한 위치를 차지한다. 신경심리학의 역사에서 중요한 위치를 차지하는 인물인 알렉산드르 R. 루리야는 사례 제시의 대가였고 "낭만적 과학"의 적극적인 지지자였다. 그는 이렇게 말했다.

"적절히 수행된 관찰은 관련 사실들을 잘 설명해주는 고전적 기능을 발휘할 뿐만 아니라, 주체(환자)의 다양한 풍요로움을 고스란히 보존해주는 낭만적 목적에도 봉사한다."

나는 학생들에게 신경심리학의 입문서로 루리야, 올리버 색스, 기타 대중적 서적들을 적극 권한다. 하지만 이 학문의 매력, 특히 "주체(환자)의 다양한 풍요로움" 부분은 과학이나 철학과는 아무런 상관도 없다. 그것은 일탈적이고 괴기한 행동이나 언행에 대한 매혹이다. '병적인 매혹'이라고 해도 그리 틀린 말은 아닐 것이다.

이렇게 볼 때, 신경과 사례들은 음침한 고딕 소설의 매력을 갖고 있다. 전형적인 고딕 소설에는 중세의 어두운 숲, 험준한 산, 폐허가 된 수도원, 폭풍우 몰아치는 저녁 등이 등장한다. 이러한 무대를 황량한 도시의 풍경으로 바꾸어 넣어보라. 미로 같은 통로, 어둠침침한 동굴, 고문실 등을 갖춘 허물어진 중세의 고성古城 대신에 반짝거리는 복도가 있고 신음소리가 터져 나오는 응급실이 있고 고요하기가 해저 같은 수술실을 갖춘 현대의 종합병원으로 바꾸어 넣어보라. 낡은 발전기, 조명장치, 화학 실험기구 등이 갖춰진 거미줄 낀 실험실에 앉아 있는 하얀 가운의 미친 과학자 대신에, 수술실의 백열하는 전등, 에테르로 마취당한 환자, 두뇌의 회색 세포 조직을 향해 나가가는 수술 칼, 이런 것들로 둘러싸인 초록 수술복의 외과의사를 바꿔 넣어보라. 거미줄 낀 실험실 한가운데에는 천상으로부터 생명의 줄이 내려오기를 바라는 괴물(프랑켄슈타인)이 있다면, 현대 수술실의 한 가운데에는 머리를 절개 당한 채 수술 칼을 기다리는 19세의 여자 환자가 있다.

그리고 나는 지금 여기서 프랑켄슈타인 박사를 흉내 내며 나오미의 두뇌 절반을 따로 떼어내어 그것과 대화를 시도하려는 것이다. 나는 지금 인격을 대하고 있는 것인가? 아니면 절반만의 인격을 상대하는 것인가?

하지만 그 실험은 훼손된 자아의 일부만을 상대하고 있다는 느낌은 주지 않았다. 나오미의 정신은 날아오르는 듯했다. 그녀는 내 질문에 온순하게 대답했고 잠시도 주저하지 않고 내 지시를 따랐다. 그렇게 3분이 지나갔다. "나오미, 아주 잘 하고 있어." 내가 그녀에게 말했다.

아미탈의 약효가 사라졌다. 왼쪽 팔의 마비가 풀렸고 EEG(뇌파)는 정상으로 돌아왔다. 두 눈을 감은 나오미는 잠든 것처럼 보였다. 우리는 그녀가 아직도 EEG 리듬에서 깨어나지 않았다는 것을 확인했다. 그녀의 두뇌는 안락한 알파 리듬 속에서 휴식을 취하고 있는데 그건 이완된 각성상태를 의미했다. 이제 검사의 다음 단계로 돌입하여 그녀가 아미탈 약효 상태에서 입력한 정보를 기억하는지 확인할 차례였다. 나오미로서는 이 단계가 가장 중요하다. 이 단계에서 실패하면 전 단계에서 성공한 것은 아무 소용이 없다. 수술 대상자 명단에 오르려면 나의 기억 검사를 통과해야 한다.

그녀는 잘 기억하지 못했다. '자, 힘을 내, 나오미, 기억해봐.' 나는 속으로 중얼거렸다. "나오미, 그림들 중에서 뭐가 기억나?"

그녀는 잠시 당황하더니 정보를 쏟아놓았다. "사다리 위에 있는 남자, 고양이를 쫓아가는 개, 오리들이 노니는 연못, 연을 날리는 소녀, 공차고 노는 소년." 하지만 그 그림은 어제 그녀가 예행 연습하면서 본 것들이었다.

공식 검사가 끝나자 나는 그녀에게 어떤 기분이었냐고 물었다. "아무 문제 없었어요. 봄바람 같았어요." 그녀가 대답했다.

두뇌의 언어 회로는 보통 좌반구에 위치해 있다. 그래서 좌반구에 아미탈을 주사하면 말을 더듬거나 말을 아예 못하는 것이 통상적 반응이다. 달리 말해, 약물의 효과가 예측 가능하지 않은 것이다. 어떤 환자는 당황하면서 방향 감각을 잃어버리고, 어떤 환자는 동요를 일으키고, 어떤 환자는 탈脫 억제 상태가 되고, 어떤 환자는 나오미처럼 황량한 상태에 빠져버린다.

그녀의 머리는 움직이지 않으나 눈알은 좌우로 빠르게 움직였다. 그녀는 나의 간단한 지시에도 반응하지 않았다. "나오미, 네 코를 만져봐. 네 코를." 무반응. 한 주의 요일 맞추기에서는 더욱 힘들어했다. "파-파-파-파-파……"라고 말하는 것이 전부였다. 숫자 열을 거꾸로 세기에서는 일정 숫자까지는 세었으나 같은 숫자를 계속 반복했다. "열, 아홉, 여덟, 여덟, 여덟, 여덟……." 그녀는 그림 쳐다보고서 말을 하지는 못하고 자꾸 사물을 가리키려 했다. "저거, 저거, 저거……."

한 순간 그녀는 지시 사항에 집중하며 따라 오는 듯했으나 곧 집중력은 사라져버렸다. 어느 순간 그녀는 나의 눈을 빤히 쳐다보더니 사악하게 웃음을 터트렸다. 이어 또 다른 감정의 물결이 얼굴 위로 몰려와 시무룩한 표정이 되었다. 그녀의 눈알은 좌우로 심하게 움직였다. 그녀는 겁먹은 표정이었고 궁지에 몰린 야생동물 같았다.

"나오미, 잘 했어. 아주 좋아." 나는 검사를 끝내며 말했다. "자, 느긋한 마음을 가져. 거의 끝나 가." 우리는 나오미가 휴식을 취하며 약효에서 깨어나도록 놔두고 옆방으로 갔다.

검사 중의 언어 장애는 나오미의 언어 통제 센터가 주로 좌뇌에 있음을 확인해 주는 것이었다. 이 사실은 신경외과의사들에게 아주 중요하다. 그래야 언어 기능 손상 없이 오른쪽 측두엽을 좀더 과감히 수술할 수 있다는 자신감을 심어주기 때문이다. 기억 검사와 관련해서는 돌발적인 사항이 없었다. 그녀가 대부분의 질문 사항들을 기억하거나 알아보지 못한다는 것은, 우리가 손상된 우뇌의 편도와 해마에 과도한 부하를 걸고 있다는 뜻이기도 했다.

한 가지 예외 사항이 있다면 그녀가 숫자 암산을 정확히 기억했다는 것이다. 약물에 취한 상태에서 그녀는 테스트 카드에 인쇄된 숫자를 쳐다보면서 중얼거렸다. "일곱, 다섯, 넷……." 그리고 그녀는 정확히 기억했다. "다섯 더하기 넷은 아홉." 나는 전에도 이런 반응을 본 적이 있었다. 숫자 정보는 언어정보와는 다르게 뒷문을 통하여 좌반구로 몰래 들어올 수 있는 것 같았다.

좌뇌에 약물을 주사한 상태에서 정보를 기억하는 것은, 우뇌를 기능 정지시켰을 때에 비해 결과 예측이 쉽지 않다. 일부 환자들은 전혀 사건들을 기억하지 못한다. 아무튼 그 사건들을 말로 표현하지 못하는 것이다. 어떤 환자들은 일시적인 언어 상실에 대한 파편적인 통찰을 갖고 있다. 어떤 환자들은 아예 나오미처럼 얘기를 꾸며댄다. "봄바람 같았어요." 어쩌면 그녀는 처음에 약간의 언어 장애가 있었다가 나중에 괜찮아졌을지 모른다. 처음보다 약간 달라졌을 수는 있으나 별 차이는 없었을 것이다. 하지만 봄바람 같다고 말하는 것이다. 이것은 좌뇌의 얼버무리기 행위이다. 모든 사람의 좌뇌는 각성 중에 이런 행위를 한다. 우리의 의식 체험을 편집하고 이해 가능하고 용납할 만한 이야기로 꾸며주는 것이다. 좌반구는 두뇌의 홍보담당 책임자이다.

* * *

그날 밤중에 두 가지 사항이 나를 심란하게 했다. 하나는 길 아래쪽으로 걸어내려 가며 저음으로 세 번 연속 소리를 지르는 도시의 취객이었고 다른 하나는 꿈의 파편이었다. 그것은 너무 날카로워 잠에서 깨게 했다. 나는 아셀로트론이라고 하는 거대한 기계에서 빙빙 돌려지다가 현기증을 느꼈고 온몸이 비틀거렸다.

그 기계의 회전 덕분인지 나는 잠시 투명인간이 되었다. 나는 정원에 앉아 있는 내 딸을 보고서 그녀에게 다가갔다. 그녀는 나를 쳐다보았으나 뭔가 다른 것을 열심히 찾고 있었다. 나는 정말로 투명인간이 되어 있었고 그녀는 나를 보지 못했다. 내가 딸애를 안심시켜 줄 수 있는 길은 없었다. 내가 딸애의 손을 만지자 그애는 겁을 집어먹었다. 그 바람에 나도 겁이 더럭 났다.

그 다음날 아침 나는 출근하자마자 나오미의 와다 테스트 비디오를 틀었다. 환자의 반응에서 중요한 세부사항을 놓치기가 쉽기 때문에 늘 비디오 체크를 다시 한다. 정말 내가 놓친 것이 있었다. 좌뇌는 약물로 억압되어 있었고 나오미의 혼란스러운 언어장애의 근원은 불확실했다. 그것은 억압상태로 공회전하는 좌반구 탓일 수도 있었고 아니면 우반구가 심하게 부하를 당한 탓일 수도 있었다. 어느 쪽이든 그녀가 하는 말은 잘 알아듣기가 힘들었다. 잠시 그녀의 언어 혼란은 진정되는 듯했고, 그녀의 눈빛에 비난의 불꽃이 일렁거렸다.

그녀는 말했다. "Watafm dooneer."

나는 두 번 세 번 그 말을 면밀히 귀 기울여 들었고 그리고 마침내 그 말뜻을 알아냈다. 그건 비난의 질문이었다.

"What the fuck am I doing here?(아이, 씨팔, 난 여기서 뭘 하고 있는 거야?)"

태양의 칼

🐿

나는 아버지의 외국 억양을 별로 느끼지 못했던 것처럼 아버지의 의안義眼도 별로 의식하지 못했다. 아버지와 나는 해안에서 좀 떨어진 곳에서 수영을 하고 있었다. 당시 나는 열네 살이었고 아버지보다 훨씬 앞서서 헤엄치고 있었다. 나를 부르는 소리에 뒤돌아보니 아버지가 오른손으로 텅 빈 오른쪽 안구를 가리고서 성한 왼쪽 눈으로 열심히 물속을 살피고 있었다. 황혼의 햇살이 바닷물 위에서 반짝거렸다. 달아난 의안은 바다의 모랫바닥에 파묻힌 채 우리를 노려보고 있었다. 나는 그 응시하는 시선을 따라서 진주 채취자처럼 물속 깊이 잠수하여 한 줌의 모래와 함께 그것을 건져냈다.

그날 저녁 나는 상상 속에서 황혼이 내려앉은 바다로 되돌아가 바닷물 위로 돌을 던져 물수제비를 만들었다. 해변은 차갑고 외로운 곳이었다. 그러다가 응시하는 눈이 없다면 바다는 아무 것도 아니라는 생각이 들었다. 그 응시하는 눈의 범상치 않은 힘! 내가 눈을 감으니 그것은 사라졌다.

여러 해 전 나는 이탈리아 소설가 이탈로 칼비노의 『팔로마르 씨』라는 소설을 읽었다. 주인공은 어느 날 저녁 수영을 나갔다. 태양은 서쪽으로 떨어지면서 바다 위로 현란한 햇살을 보내주었 다. 팔로마르는 해안을 돌아다보면서 물위에 반사된 햇빛이 빛 나는 칼 같다고 생각했다. 그는 그 칼을 잡기 위해 해안 쪽으로 헤엄쳤다. 하지만 그가 다가갈수록 칼은 뒤로 물러섰고 따라잡 을 수가 없었다. 그것은 그를 따라왔고 "시곗바늘처럼 그를 가리 켰고 시계의 중심축은 태양이었다." 그는 바다에서 수영하는 사 람은 누구나 그런 빛의 효과를 체험한다는 것을 깨달았다. 서핑 보드는 반사된 빛을 통과할 때 그 모습이 바뀐다. 색깔은 어두워 지고 서퍼의 신체는 실루엣이 된다. 모든 수영꾼과 윈드서퍼가 동시에 해안으로 돌아오면 어떻게 될까? 태양의 칼은 어디서 끝 나는 걸까? 하고 팔로마르는 생각한다.

팔로마르는 자신이 본 것이 실은 자연 중에 존재하지 않는다 는 것을 안다. 자연은 힘의 장場에서 부유하는 추상의 덩어리이 다. 태양, 바다, 칼, 윈드서퍼 등이 모두 그의 머릿속에 들어 있는 생각일 뿐이다. 팔로마르는 허깨비 속을 떠다니는 것이다.

태양의 칼은 세상을 두 쪽으로 갈라놓는다. 하나는 객관적 현실로 아무런 관점도 없는 막연한 추상물의 세상이다. 다른 하나는 팔로마르의 개인적 세상, 곧 인간 지각知覺이 만들어내는 신기루의 세상이다. "나는 내 마음 속에서 헤엄을 치고 있다. 이 빛의 칼은 오직 거기(마음)에 존재할 뿐이다." 그렇다면 지각하는 사람 팔로마르는 어떤 존재인가? 물론 그는 나처럼 자신의 자아를 인식할 것이다. 단독자單獨者, 통합된 존재, 아버지의 의안을 주워 주었던 어릴 적 기억을 그대로 유지하고 있는 연속적 존재. 고정된 과거로부터 불확실한 미래로 나아가는 여행자. 하지만 이것은 태양의 칼처럼 환상에 지나지 않는다.

혈관조영실에 나오미를 상대로 와다 검사를 벌이는 나는 환상을 가진 자였다. 두뇌에 주입한 약물은 나오미를 둘로 쪼갠다. 이제 좌뇌 나오미는 우뇌 나오미와 다르다. 좌뇌는 수다스럽고 쾌활한 반면에 우뇌는 불안하고 시무룩하고 퉁명스럽다. 마침내 말이 터져 나왔을 때 그녀는 자기가 어디에 있는지 알지 못했다. "아이, 씨팔, 난 여기서 뭘 하고 있는 거야?" 나는 좌뇌 나오미가 욕설을 하는 걸 본 적이 없다. 약효가 완전 사라진 후에 좌뇌 나오미는 온전한 인격을 가진 사람의 목소리로 말했다. "그건 봄바람이었어요." 우뇌 나오미가 불편해하며 비난의 욕설을 내뱉었던 것을 기억하지 못했다. 그것은 그녀의 스토리에서 편집되어 삭제되었다.

이런 상황에서 인간의 자아가 분할될 수도 있다고 생각하기

쉽다. 하지만 이것은 통합성의 환상을 품는 것이다. 다시 말해 당초 분할 가능한 "온전한 자아"가 있었다고 미리 전제하는 것이다. 하지만 온전한 자아라는 것은 없다. 신경과학의 관점에서 볼 때 인간은 누구나 분할되어 있는 불연속적 존재이다. 우리의 자아의식을 뒷받침하는 심리과정—느낌, 생각, 기억 등—은 두뇌의 여러 영역에 흩어져 분포되어 있다. 특별한 집결점 또한 없다. 영혼의 조종실도 없고 영혼의 선장도 없다. 그런 것들은 허구의 작품에서나 통합된다. 그래서 인간은 스토리를 말하는 기계이다. 자아는 곧 스토리이다.

  물론 이렇게 말한다고 해서 우리의 생활이 허구라는 얘기는 아니다. 소설 속 주인공인 로빈슨 크루소나 엠마 보바리와는 다르게, 우리는 물리적ㆍ도덕적 차원을 가진 세상 속에 살고 있다. 그 세상 속에서는 생각과 행동이 수천만 가지의 방식으로 충돌한다. 플로베르의『보바리 부인』을 읽는 독자들은 여주인공이 소설 속에서 인생을 살아나가는 방식에 대하여 저마다 다르게 반응한다. 하지만 보바리 부인의 생활과 생각은 고정되어 있다. 그녀는 결국 샤를과 결혼할 것이고, 사기꾼 로돌프의 유혹에 넘어갈 것이며, 끔찍한 죽음을 맞이하게 될 것이다. 하지만 피와 살을 가진 인형인 우리는 사정이 좀 다르다. 우리는 우리의 인생이 어디로 흘러가는지 알지 못한다. "아이, 씨팔, 난 여기서 뭘 하고 있는 거야?" 나는 종종 이런 생각을 한다.

누가 자아의 스토리를 말하는가? 그건 누가 벼락을 치고 누가 비를 내리느냐고 묻는 것과 비슷하다. 중요한 문제는 우리가 스토리를 말하는 게 아니라 스토리가 우리를 말해준다는 거다.

얼마 전 나는 아버지에게 바다 밑바닥에서 아버지의 의안을 찾아주었던 때를 기억하느냐고 물어보았다.

아버지는 기억하지 못한다고 대답했다.

뇌 속에는 영혼이 있는가

강의실에서의 질문

🐎

내가 과거에 만난 어떤 젊은이는 자신의 머리에 물이 가득 차 있고 머리 안에는 뇌가 있는 것이 아니라 물고기가 들어 있다고 확신했다. 그것은 송어처럼 꽤 덩치가 있는 놈인데 그런 물고기가 비좁은 두개골 안에서 답답하게 살고 있는 것을 생각하면 마음이 어지러워진다고 말했다. 그럼 당신의 뇌는 어디에 있느냐는 질문에 자신은 뇌가 전혀 필요 없다고 대꾸했다. 그 까닭은 그의 모든 생각과 행동이 CIA의 통제를 받고 있기 때문이었다.

대부분의 사람들은 머릿속에 인격, 즉 자아가 들어 있다고 생각한다. 여기 연단에 서 있는 교수도 하나의 자아이다. 그는 어디서 오는지 알 수 없는 무수히 많은 말들을 지껄인다. 그리고 저기 강의실에는 200개의 자아가 앉아 있다. 머리들이 빽빽이 도열해 있다. 이런 머리들이 각자 의식 있는 자아를 대변하기 위해서는 추론의 과정이 필요하다. 다시 말해 그 어떤 힘으로도 말릴 수 없는 심리적 과정이 작동해야 한다.

이러한 문제는 우리의 아이덴티티(자기 주체성)를 고려할 때에도 동일하게 적용된다. 우리는 의식적이든 자동적이든 추론에 의하여 우리 자신을 창조한다. 그렇게 하는 데 있어서 우리는 가장 오래된 인간적 관습의 레일을 타고 달려간다. 아무튼 마음의 저 밑바닥에는 레일(철도)과 비슷한 관습이 자리 잡고 있다. 하지만 자아는 두뇌의 본질적 특징이 아니므로 얼마든지 탈선할 수 있다. 가령 정신병에 걸리면 자기 머릿속에 물고기가 산다고 말하게 되고, 두뇌에 부상을 당해도 그런 일탈이 벌어진다. 인성이 파괴되는 일은 신경병동에서는 다반사이다.

50세의 가정주부인 메리는 뇌출혈이 있었다. 보다 정확하게 말하면 앞쪽 뇌혈관에 동맥류가 발생했다. 메리의 뇌혈관 벽은 오래 전부터 결함이 있었다.(하지만 그녀 자신은 그것을 전혀 의식하지 못했다) 나이 쉰이 되자마자 뇌혈관의 낭포가 터졌고 그 피가 전두엽으로 흘러내렸다. 신경외과의사들은 그녀의 두개골을 절개하여 터진 혈관을 봉합하여 출혈을 막았다. 그녀는 사망 일보 직전까지 갔었다. 수술 3주 뒤 내 사무실을 찾아온 그녀는 끊임없는 말의 흐름을 억제하지 못했다.

"어제좋은시상이떠올라서시를하나썼어요.썼다기보다시가내

머리속에그냥막떠올랐어요.내가창가에앉아잔디밭을내다보고 있는데글쎄까치란놈이어디선가나타났어요.그놈들은위험해 요.그럴때잔디밭에아이를내놓으면안돼요.까치란놈이양떼의 눈을공격하듯이애눈을파버려요.떼를지어서공격해내려오는데 순간적으로양과아이를착각하여아이눈을파버리는거예요.새끼 고양이가사과나무위로올라갔는네아글쎄까치란놈들이공격하 려고하지않아요.아이고불쌍한거.겁을팍집어먹더군요.내가까 치란놈을향해돌을던졌고새끼고양이를내려오게하기위해비스 킷통을흔들어댔어요."

그녀는 말을 멈추었다. 시 얘기는 까마득히 잊어버린 채.

"내가 무슨 얘기 했었지요?" 그녀가 말했다.

나는 검사 장비가 들어 있는 검은 상자에 손을 뻗으면서 아무 말도 하지 않았다. 그녀와 눈을 마주치는 것도 피했다. 내가 침묵하면서 쳐다보지도 않으면 메리는 잠잠히 가만있을 것이었다. 말이나 눈짓이 없으면 그녀는 아주 조용하게 앉아 있었다. 하지만 블라우스의 단추는 쉴 새 없이 만지작거렸다. 아무튼 네기 부주의하게 말이나 눈짓을 보내면 그건 홍수의 말문을 여는 거나 마찬가지였다. 나는 재빨리 검은 상자의 자물쇠를 풀고서 내 책상 위에 있는 서류쟁반으로부터 아무것도 적혀 있지 않은 병력 시트를 몇 장 집어 들었다. 메리는 이제 전혀 미동도 하지 않았다. 심지어 단추를 만지작거리는 것도 그만두었다. 나는 이렇게 아무 동작도 없이 묵묵히 앉아 있는 걸 얼마나 오래 할 것인지 의아했다. 그런 침묵은 전혀 메리를 괴롭히지 못했다.

그녀는 내 책상 뒤쪽에 있는 벽걸이에 꽂혀 있는 그림엽서를 열심히 쳐다보았다. 그것은 지중해 해안 마을의 풍경이었다. 소나무가 울창한 황금 해변, 푸른 바다, 다채로운 가게와 식당들이 늘어선 해변 산책로. 왼쪽 상단에는 노란 대문자로 '마요르카'라는 글자가 비스듬하게 씌어져 있었다. 그 엽서는 여름부터 거기 꽂혀 있었는데 이제 연말이 다가와 내 비서가 그 주위에 설치한 반짝이 장식과 플라스틱 감탕나무와는 좀 어울리지 않는 풍경이었다. 바로 옆의 서류함 위에는 여러 장의 카드에 둘러싸인 자그마한 크리스마스 트리가 세워져 있었다.

우리는 지남력指南力에 대한 질문으로 시작했다. 시간, 장소, 사람. 이것은 개인의 지각 상태를 알려주는 언제, 어디서, 누가에 대한 질문이다. 이런 검사를 하는 데에는 조심성을 발휘해야 한다. 너무 간단한 질문을 던져 환자에게 모욕감을 느끼게 해서는 안 된다. 하지만 메리의 경우 아주 기본적 사항으로부터 시작해야 되었다. 그녀는 사람에 대한 지남력에 문제가 있었다.

"오늘은 무슨 요일이죠?"

"수요일."

"좋아요. 날짜는?"

"24일."

"아니에요, 16일이에요. 무슨 달?"

"7월 달."

"왜 7월 달이라고 생각하죠?"

"여긴 덥잖아요." 그녀는 단추를 하나 끄르더니 다시 또 하나를 끌렀다.

"그래도 블라우스를 입고 있어요, 메리." 우리는 다시 진도를 나갔다.

"우린 지금 어디에 있지요?"

"호텔."

"우리는 지금 어느 도시에 있지요?"

"몰라요. 마요르카 근방인가?"

나는 그녀에게 이름을 물었다. 그녀는 한심하다는 표정을 지었다.

"내 이름? 그것도 몰라요? 난 메리 까치 새예요."

* * *

나는 강의실에 설치된 대형 스크린에 뇌의 이미지들을 투사했다. 처음에 그것들은 아주 사실적인 3차원 이미지였고 해부학적 위치를 표시하기 위하여 레이블을 붙이고 색깔을 달리했다. 뇌의 좌우반구는 반짝거리는 플라스틱으로 만들어진 것처럼 보였다. 하지만 곧 뇌의 구조를 보여주는 그림을 투사했다. 내 뒤로 겨자 같은 노란색의 덩어리가 흘러내리면서 하얀 스크린 위에 트롱프 뢰유(실물과 매우 흡사하게 그린 그림)의 그림자를 던졌다. 거기에는 '두뇌 피질'이라는 글씨가 대문자로 새겨져 있는데 이는 의식적意識的 자아를 대표하는 부분이다.

강의실을 가득 메운 학생들은 그 그림을 열심히 들여다보았다. 그들은 스크린을 흘러가는 그림과 글자들에 매혹된 듯했다. 그 그림은 뇌가 어떻게 구성되어 있는지 아주 정밀하게 보여주었다. 나는 그 그림에 만족했다. 그건 하나의 예술 작품이었고 강의실은 화랑이었다.

환히 밝혀진 스크린 옆에 있기 때문에 잘 안 보이는 테이블 위에는 또 다른 전시물이 있었다. 학생들은 아직 그것이 무엇인지 알지 못했다. 잠시 뒤 나는 그것을 들어 올려 학생들에게 보여줄 계획이고 그러면 다들 감탄할 터였다. 우선은 다이어그램에 집중했다. 그 그림은 뇌를 후두後頭, 중두中頭, 전두前頭로 나누고 이어 뇌량, 시상, 뇌저, 신피질 등의 중요 구성요소를 보여주는 것이었다.

그건 신경과학 입문 강의였다. 나는 강의를 간결하게 진행하려 했다. 하지만 놀이터에서 사닥다리를 오르는 아이처럼 낮은 단계를 재빨리 지나 맨 꼭대기로 올라가고 싶어 했다. 나는 제일 높은 단계 그러니까 지각과 생각, 기억과 정서를 다루는 서로 연결된 지역에 가장 관심이 많았다. 그래서 후두와 중두에 대한 나의 설명은 간결했다. 나는 학생들에게 우리가 지금 두개골 산의 산록을 오르는 중이며 조금 더 올라가 뇌간으로 가야 한다고 말했다. 뇌간은 참나무 껍질처럼 울퉁불퉁한 표면을 가졌다. 거기서 조금 더 올라가 이제 좌우반구의 두엽頭葉들의 그림자 속으로 들어갔다. 그것들은 번개구름처럼 솟아올랐다. 이제 저 그림자를 뚫고 올라가면 최고봉으로 가는 것이다. 나는 학생들에게 정상에 오르면 무엇이 보일 것 같으냐고 물었다.

"아무것도 안 보입니다. 칠흑 같은 어둠뿐." 한 학생이 정확하게 대답했다.

"그럼 거기에 빛을 비추세요." 내가 말했다.

"메리, 당신은 몇 살이에요?"

"스물넷."

"그럼 당신 아이들은요? 각각 몇 살이에요?"

"엠마는 스물둘, 톰은 열아홉이에요."

나는 메리에게 여기는 병원이라고 말해 주었다. 왜 여기 와 있는지 아세요. 그녀는 안다고 말했다. 동맥류 때문인데 병원에서 고쳐줄 예정이다. 또 곧 집에 갈 거라는 말도 했다. 이 검사가 끝나는 대로 집으로 갈 예정이라는 것이었다. 메리는 자기 언니가 아직 퇴원을 하지 못하는 게 유감이라는 말도 했다. 언니, 무슨 언니요? 언니도 동맥류인데 경과가 좋지 못해 병실에 더 있어야 해요. 그녀는 있지도 않은 얘기를 천연덕스럽게 했다.

메리는 이제 심하게 동요했다. 갑자기 일어서더니 문 쪽으로 달려갔다.

"빨리 가봐야 해요. 어린아이를 놔두고 왔어요."

"무슨 아이?"

"내 아이 말이에요. 그 아이를 마당에다 놔두고 왔어요. 저 빌어먹을 놈의 까치들이 아이의 눈을 파버릴지 몰라요."

그녀의 계속되는 설명은 이러했다.

아이가 지난달에 태어났어요. 병원에서 내 머리를 절개했는데 그때 내 머리에서 아이를 꺼냈어요. 순산이었지요. 아주 예쁜 어린애였어요. 하지만 아이의 머리에 문제가 있어요. 동맥류일지도 모른대요. 만약 그렇다면 병원에서는 아이의 머리도 절개해야 한대요.

측두엽의 반짝거리는 밑 부분에 불을 비추면 그 외피가 절묘한 천으로 짜놓은 듯 시트에 둘러싸여 있음을 볼 수 있다. 그 다음 슬라이드는 "회색 물질"이다. 이것이 전두엽, 측두엽, 후두엽의 모든 부분을 커버한다. 실제로 그것은 회색이라기보다 회색과 갈색이 섞인 흐릿한 색깔이지만 우리는 여기에다 은빛 투사광을 비춘다. 그러자 회색 물질의 섬유 조직이 드러난다. 먼저 잘 조명된 이국적 정원을 상상해보라. 무엇이 그것을 번쩍거리게 만드는지 생각해보라. 이 주위의 포진한 뉴런(뇌신경세포의 기본 단위)은 식물같이 생겼다. 뉴런의 가운데에 구형의 센터가 있고 거기서 수지상樹枝狀 돌기들이 나뭇가지처럼 밖으로 뻗쳐나간다. 그 끝에는 축색돌기가 있다. 축색돌기는 다시 미세한 가지들로 분화하는데, 각 가지는 단추처럼 생긴 끝부분이 있고 이것이 다시 또 다른 뉴런의 수지상 돌기에 연결된다.

이러한 뉴런들이 촘촘한 연결망을 형성한다. 위로 아래, 가까이 그리고 멀리서 뉴런들이 반짝거리면서 펄떡거리고 그에 따라 전기화학적 신호가 기다란 축색돌기를 통해 전달되어 해당 뇌세포에 영향을 미친다. 다음 슬라이드. 여기에서는 학생들의 이해를 돕기 위하여 축색돌기를 통과한 빛이 해당 세포에 도착하는 과정을 푸른색과 빨간색으로 반짝거리도록 해놓았다. 붉은색은 흥분 상태의 신호이다. 해당 세포는 이제 그 자체의 축색돌기를 동원하여 네트워크의 더 먼 곳에 있는 세포들에게 신호를 전달한다. 푸른색은 억제 신호이고 따라서 해당 세포는 전달을 중지한다. 사실 긱 뉴런은 온/오프 시스템으로 뇌 신호를 일으키거나 아니면 중지시킨다. 뉴런은 뇌의 기본적 기능 단위이고 주로 하는 일은 전원(뇌 신호)을 올리거나 아니면 끄는 것이다. 대뇌 피질의 어느 부분이든 작동 요령은 동일하다.

이 뉴런과 신경섬유들의 다발 중 어디에 마음이 깃들어 있는가? 거길 아무리 뒤져봐도 마음은 없다. 그럼 자아는? 자아라니 웬 말인가? 빈 유리병에서 요정을 건져내겠다는 건가?

18세기의 철학자이자 수학자인 고트프리트 라이프니츠는 유사한 '생각' 실험을 했다. 그는 "생각할 수 있고, 느낄 수 있고, 지각할 수 있는 능력을 지닌 기계"를 상상했다. 그리고 이 기계가 그런 기능을 그대로 유지한 채, 아주 커다란 구조물로 확대되었다고 상상했다. 그리하여 사람이 풍차 안으로 들어가는 것처럼 그 기계 안으로 들어갈 수 있게 되었다. 그렇다면 사람은 이 마음을 만들어내는 기계 안에서 무엇을 발견하게 될까? 그 사람은 서로에게 작동하는 기계의 부분들만 발견할 뿐, 지각知覺을 설명해주는 어떤 것은 결코 발견하지 못한다."

개인의 주체성이라는 수수께끼는 어두운 측면을 갖고 있다. 「미안해요, 하지만 당신의 영혼은 금방 죽었어요」라는 수필에서 토머스 울프는 가까운 미래의 묵시록을 상상한다. 그 미래에서는 두뇌 영상화 기술이 고도로 발달하여 자아의 환상을 완전히 걷어낸다. 사람들은 상대방을 자아, 마음, 영혼이 완전 제거된 기계라는 것을 깨닫게 된다. 울프는 말한다. "이렇게 되면 새로운 니체가 등장하여 영혼의 죽음을 선언하게 될 것이고, 그에 뒤따르는 괴상함의 카니발 때문에 '모든 가치의 총체적 붕괴'라는 말이 오히려 허약한 표현이 되고 말 것이다."

기술이 발전한다는 것은 사실이다. 신경과학은 기술적·개념적 수단을 신속하게 발전시켜 마음의 신경 생물학적 지층地層을 아주 세세히 정밀하게 밝혀낼 수 있게 되었다. 그렇게 되면 자아와 영혼의 환상을 파괴해 버릴지도 모른다. 그리고 우리는 위험한 게임의 초기 단계로 돌입하게 된다. 우리의 윤리와 정의 체계, 도덕적 질서는 개성적 자아를 갖춘 개인들의 집단(사회)을 바탕으로 하는 것이다. 자율적이고 반성적이며 책임질 줄 아는 행동 주체들이 사회를 구성한다. 그런데 이런 자기 반성적이고, 도덕적인 행동 주체가 환상인 것으로 밝혀진다면 그 다음은 과연 어떻게 될까?

인간의 가치들은 '기계 속의 유령(영혼)ghosts in machines'이라는 원시적 개념과 상당한 관련이 있다. 신경과학이라는 도구를 사용하여 자아를 해체해 버린다면, 우리는 사회의 원자(atom: 개인)를 쪼개어서 현재로서는 그 폭발력을 가늠하기 어려운 원자력을 방출시킬 수도 있다. "신경과학의 한 세기"가 정말로 자아의 죽음과 모든 가치의 붕괴를 예고하는가? 나는 토머스 울프가 신경과학을 지나치게 높이 평가했다고 생각한다. 그는 기계장치와 화려한 이미지의 유혹에 넘어간 듯하다. 인간의 두뇌 속에 살〔肉〕 덩어리밖에 없다는 노골적 사실을 폭로하기 위해 미래의 테크놀로지를 동원할 필요조차 없다. 우리는 이 사실을 오래 전부터 알고 있었다.

얼마 전부터 나는 더 이상 뇌에 대해서는 특별한 흥미를 느끼지 못한다. 그보다는 나의 흥미가 뇌 그 자체에서 더 넓은 분야로 확대되었다고 말할 수 있으리라. 나는 복잡한 도시 한 가운데서서 수많은 군중과 건물과 차량들을 멍하니 쳐다보는 그런 느낌이 들었다. 이제 나는 그 건물과 거리를 넘어서서 새로운 전망을 보기 시작했다. 나는 그 너머의 교외와 들판과 강들을 볼 수 있었고 더 멀리 있는 다른 마을과 도시들을 보았다. 도시들은 진공 상태에 있지는 않았고 그것은 두뇌도 마찬가지였다.

그러니까 이런 사실이 분명해졌다. 두뇌를 하나의 절연된 대상으로만 취급해서는 두뇌의 기능을 온전하게 이해하지 못한다. 두뇌의 기능은 신체의 다른 부분과 밀접하게 연결되어 있고, 또 심신의 관계가 그보다 더 넓은 물리적·사회적 풍경에 의해 지탱되는 것이다. 그 어떤 두뇌도 저 혼자 떨어져 있는 섬이 아니다.

메리의 남편이 병실을 찾아오면 그녀는 다소 진정이 되었다. 부부는 하나의 단위로 기능을 발휘하는 듯했다. 메리의 행동은 파트너십의 네트워크로 짜여 들어갔고 그녀의 언행은 보다 안정적이고 일관성 있게 되었다. 그 어떤 인간관계든 개인 각자는 다른 사람들과의 관계에 의해 존재가 결정된다. 가령 메리의 경우 남편은 그녀의 자아를 규정해주는 안내자이다. 그는 메리에게 하나의 기준을 제시한다. 남편도 메리로부터 행동의 레퍼토리와 심리적 구조를 언어와 자신의 행동과 심리를 보충한다. 이렇게 하여 부부 사이에는 중력의 중심이 존재한다. 안정감 혹은 균형 감이 형성되는 것이다. 이러한 효과는 그가 의도적으로 만들어 내는 것이 아니다. 그냥 그런 식으로 발생하는 것이다.

만약 메리의 심장, 폐, 간 등이 일차적 병소였다면 이런 기관이 신체의 다른 기관들에 미치는 효과의 측면에서 그녀의 질병을 묘사할 수가 있었을 것이다. 심장은 피를 뿜어내고, 간은 간즙을 분비하여 해독작용을 하고, 폐는 혈액에 산소를 공급한다. 이러한 개별 기관을 묘사하는 기준점은 이런 기능들이다. 하지만 두뇌의 기능을 정의하려면 신체와의 연관을 넘어서는 기준점을 마련해야 한다.

두뇌는 유기체와 세상(환경) 사이에서 적응의 상호작용을 조율하는 수단으로 발달해 왔다. 이런 기능을 잘 수행하기 위하여 두뇌는 내적·외적 방향감각을 유지하고 다양한 내적 시스템을 감시하고 규제하는 한편, 외부 세계에서 벌어지는 사건들의 흐름에 적절하게 대응해야 한다. 사실 두뇌는 신체의 내적 환경을 감시하는 것은 물론이고 두 가지 종류의 외적 환경과도 상호작용을 해야 한다.

자연과 문화를 구분하는 서양의 지적 전통에 의거하여 우리는 기이하면서도 이중적인 존재의 양식을 운영해 왔다. 우리는 시간, 공간, 물질의 자연 영역에서 활동하는 동시에, 사람과 사상의 사회·문화적 차원에서도 살고 있다. 후자의 세계는 각종 관습과 믿음, 예식, 전통, 법률, 규약, 패션, 언어, 예술, 과학 등으로 가득 들어차 있다. 전자의 세계에서 우리는 물리적 법칙에 종속되지만 후자에서는 관습, 사상, 예식, 전통 등의 영향을 따르게 된다.

따라서 신경심리학은 이 두 가지 세계를 동시에 다루어야 한다. 두뇌는 어떤 유기체(개인)의 일부이면서 그 유기체의 전체 모델을 장악하고 나아가 다른 유기체들(사람들)과의 관계에서 그 개인이 차지하는 위치를 대변한다. 이런 과정의 일환으로 두뇌는 '자아'를 조립하고, 인간은 사회 환경에 대응하는 수단으로서 이 자아라는 개념을 활용한다.

언어와 밀접한 관계를 갖고 있는 두뇌의 메커니즘은 생물학이 문화적으로 표현되는 채널이고, 마음을 생물학의 경계로 넘어가게 해주는 수단이다. 하지만 이런 식으로 문화를 생물학의 외연 확대라고 볼 경우 하나의 의문이 제기된다. 신경과학도 일정한 경계가 있어서 두뇌의 기능을 완벽하게 이해하지 못하는 것은 아닐까? 달리 말해서 신경과학은 뇌의 이해라는 일차적 기능을 감당할 수 있는가? 자기의식이라든가 개인의 주체성 등과 관련된 '커다란' 질문을 해결하기 위해서는 다른 학문과 연구에 시선을 돌려야 하는가?

메리의 상태를 제대로 이해하려면 우리는 생물학과 사회의 불분명한 경계를 통과해야 한다. 신체적 병리학의 관점에서 그녀의 질병을 파악하고 그것이 그녀의 인성에 미치는 결과를 평가한 다음, 생물적인 것(두뇌)과 사회적인 것(자아)이 서로 교차하는 지점에 어떤 메커니즘이 작동하고 있는지 이해해야 한다. 21세기의 신경과학이 직면한 가장 큰 도전은 두뇌와 자아가 어떻게 협력하는지 알아내는 것이다.

우리는 언어, 기억, 체험의 원 자료를 가지고 우리 자신의 스토리를 만들어낸다. "이야기를 꾸며내는 자아"라는 개념은 오랜 역사를 갖고 있고 그 뿌리는 불교 철학이다. 아나타바다(Anattavada : 諸法無我)*라는 불교의 가르침에 의하면 자아는 개인의 생각, 느낌, 지각, 행동의 축적물에 지나지 않는다. 개인의 핵심 혹은 '자아'라는 것은 없다. 18세기의 영국 철학자 데이비드 흄도 이와 유사한 생각을 했다. 순간적인 인상 너머로까지 자아를 확대시키는 것은 허구라는 것이다. 미국의 심리학자 대니얼 데닛은 현대적 자아관을 내놓으면서 일정 기간에 걸친 우리의 체험에 일관성을 부여해주는 것은 언어의 힘이라고 말했다. 데닛에 의하

---

* 제법무아는 제법개공(諸法皆空)이라고도 하는데, 사물과 마음은 항존성이 없는 것으로 모두 공으로 돌아간다는 뜻. 사물과 마음은 모두 인연으로 생긴 것이므로 이것을 분석해 보면 공에 지나지 않는다. 인연으로 생긴 것은 실재성을 가지지 못하므로 그 물건의 본체가 공하다는 뜻이다. 자아는 공한 것으로서 그 실체가 없으며, 색수상행식의 다섯 가지가 합쳐져서 만들어진 일종의 꾸러미 같은 것이라는 교리. 이 책의 뒷부분에서 이 꾸러미 이론이 다시 전개된다—옮긴이.

면 자아는 "이야기를 꾸며내는 힘의 중심"이라는 추상적 개념으로 파악할 때 가장 잘 이해된다는 것이다.

기억의 상실에 대한 보상으로서 이야기 꾸며내기는 길을 빗나간 자아 스토리의 부주의한 구성물이다. 이야기 꾸며내기는 때로는 진부한 형태 또 때로는 말도 안 되는 황당한 형태를 취한다. 메리의 경우, 전두엽 손상에 따르는 전형적인 사례인데, 여러 요인들이 합쳐진 것이다. 기억 장애는 그런 요인의 하나이다. 특히 이야기를 꾸며내는 사람은 상황을 파악하는 기억에 문제가 있다. 그는 자신의 일생에서 벌어진 사건이나 일화의 핵심은 기억하지만, 그것을 구체적 시간과 장소 속에다 위치시키지 못하는 것이다. 그의 기억들은 산만하게 떠돌아다니고 이미지들은 서로 충돌한다.

또 다른 요인으로는 연상 장애를 들 수 있다. 말, 생각, 기억은 자연선택의 과정을 통하여 의식의 수면으로 떠오른다. 어떤 하나의 사항이 의식에 떠오르기 위해서는 수많은 대안들이 뉴런의 신경망 속에서 후보로 부상했다가 억압되는 것이다. 이야기 꾸며내는 사람의 의식 속에는 불청객들이 가득한 것이다. 가령 메리의 경우, 있지도 않은 어린아이, 까치, 스물네 살이라는 나이가 그것이다. 친척 얘기를 꾸며내거나 머릿속에서 어린아이를 창조하는 것은 이야기꾼들(환자)의 공통 주제이다.

마지막 요소는 객관적 외면 세계와 내면에서 벌어지는 생각과 행동을 구분해주는 신경심리적 메커니즘의 장애이다. 메리의 경우, 해변 풍경을 찍어놓은 그림엽서를 보고서 자신이 지금 마요르카에 와 있다고 생각하는 것이다.

나는 스크린 뒤의 어두운 곳으로 손을 뻗어서 자그마한 반투명의 양동이를 집어 들었다. 나는 양동이 속으로 손을 집어넣어 인간의 두뇌를 꺼냈다. 나는 그게 누구의 두뇌인지 모른다. 남자인지 여자인지, 백인인지 흑인인지, 노인인지 청년인지도 분명치 않다. 어쩌면 나는 거리에 이 두뇌의 소유자와 서로 마주쳤을지도 모른다. 두개골 속에 들어 있는 살아 있는 상태의 두뇌는 젤라틴 모양이다. 포르말린 속에 고정시킨 그 두뇌는 단단하고 고무 같은 느낌이 났고 칼을 댄다면 아주 부드러운 참치 살처럼 잘라질 것이다.

스크린의 밝은 화면에 비교해보면 그 두뇌는 자그만하고 칙칙한 색깔이었다. 하지만 그 두뇌는 학생들의 주의를 사로잡았다. 강의가 끝나면 보통 학생들이 공책을 접는 살랑거리는 소리가 들리는데 그 소리가 갑자기 멈추었다. 내가 실제 두뇌의 중요 부분을 설명하는 동안 학생들의 눈이 그 회갈색 물체에 집중되었다. 두뇌의 구조와 기능과 관련된 실질적 정보를 제공한다는 측면에서 볼 때, 이 자그마한 에피소드는 별 소득을 올리지 못했다. 하지만 학생들은 그런 이벤트가 없었더라면 알지 못했을 사항을 명심하고 강의실을 나서게 될 것이었다. 그것은 두뇌가 생물학적 대상이라는 인식이다. 교과서에 실려 있는 두뇌의 각 부위 명칭과 색깔들 이외에 그것이 신체적 물질이라는 것을 명확히 깨달을 것이었다. 그리하여 학생들은 두뇌와 자아를 명확히 구분하게 될 것이다.

아폴로 우주비행사들은 달에 착륙했을 때 검은 허공중에 매달려 있는 바다와 구름을 가진 별, 지구의 사진을 찍어 보냈다. 그것은 우리가 우리 자신을 바라보는 방식을 크게 바꾸어 놓았다. 우리가 태양 주위를 공전하면서 자전하는 지구의 표면에 살고 있고, 그 지구가 소속된 태양계는 은하계의 가장자리에 위치하고 있고, 광대무변한 우주 속에서 지구는 수십억 개 별들 중 하나라는 것을 알고 있었다. 하지만 이제 우리의 망막 공간을 경유하여 시각 피질의 한 주름 속에 포착된 지구, 시각적 들판에서 겨우 한 점을 차지하는 그 지구의 사진 속에서 우리는 고향의 본모습을 보았다. 이 귀중하지만 상처 잘 받는 자그마한 구형의 별(지구)을 우리는 소중히 보살펴야 하는 것이다. 그것은 정말 우리의 고향이다. 우리는 이미 알고 있는 정보만으로도 이런 감정을 추출할 수 있었을 것이다. 하지만 아폴로 우주비행사들이 보내온 사진들은 우리의 이성과 상상력에 불을 붙였고 그리하여 새로운 전망을 제시했다.

실물 두뇌를 볼 때 이와 유사한 감정이 발생한다. 상상력이 이성 속으로 스며들어간다. 그 위치와 취약성에 대하여 명확한 인식을 하게 된다. 우리의 고향.

강의실은 곧 텅 비었다. 하지만 몇몇 학생은 두뇌를 좀더 자세히 보려고 뒤에 남았다. 그들은 뇌를 만져보고 싶어 했다. 한 젊은 여학생은 뇌를 손에 들어보아도 되냐고 물었다. 그녀는 고무장갑을 끼고서 양손으로 두뇌를 들어보았다. 그녀의 얼굴에는 경이와 의구의 표정이 떠올랐다. 번데기를 손에 집어든 어린아이의 얼굴 같았다. 한 남학생은 그 뇌를 뒤집어서 밑면을 내려다보았다. 그는 절단된 동맥 부분을 가볍게 눌러보았다. 또 다른 학생은 오른손으로 한번 가볍게 튕기고 다시 왼손으로 튕기면서 뇌의 무게를 달아보았다. 좀 무거운데요. 이상하게도 내 머리 속의 뇌는 전혀 무게가 느껴지지 않는데 말이에요. 그 학생이 말했다.

여섯 달 뒤 메리는 외래 환자로 병원을 찾아왔다. 정기적 체크를 받기 위해서였다. 그녀는 나를 알아보지 못했다. 그녀의 기억력은 여전히 신통치 못했지만 다른 분야에서는 좋은 회복세를 보였다. 전에 그녀의 특징이었던 수다스러움과 산만한 주의력은 사라졌다. 두 시간에 걸친 인터뷰와 신경심리 검사 도중 그녀로부터 이야기를 꾸며내는 증세는 전혀 발견하지 못했다. 검사가 끝나자 우리는 그녀의 남편이 데리러 올 때까지 기다리면서 잡담을 했다. 나는 그녀에게 주말에 무엇을 할 거냐고 물었다.

"오소리 관찰을 할 거예요." 그녀가 말했다.

"아, 그래요?"

"네. 뒷벽 너머 들판에서요. 마당 헛간에서 그 놈들을 볼 수가 있어요." 그녀는 내 이름표를 쳐다보았다. "브록? 그건 오소리의 다른 이름인데."

메리의 남편이 드디어 도착했고 그들은 함께 떠났다. 나는 그들을 다시 만나지 못했고 그래서 메리가 마당 구석에서 오소리들을 발견했는지 물어볼 수 없었다.

지구 표면과 마찬가지로 두뇌는 정교한 지형도가 작성되어 있다. 외과의사의 수술 칼이나 두뇌 스캐너의 전자 빔이 들어가지 못하는 영역은 없다. 두뇌 공동空洞에 신비한 체액이 들어 있는 것도 아니고, 송과선에 영혼이 깃들어 있는 것도 아니며, 수지상 돌기들이 울창한 숲속에 생명의 불꽃 혹은 영혼이 번쩍거리지도 않는다. 다른 물체들에게 그렇게 하듯이, 만져보고 꼬집어보고 무게를 달아볼 수 있다. 하지만 두뇌를 아무리 샅샅이 뒤진다고 하더라도 거기에 자아는 고사하고 그 비슷한 것도 없다. 기계 속의 유령(영혼)은 없는 것이다. 이제 누구나 철이 들어 이 사실을 받아들여야 한다. 하지만 우리는 이 기계의 작동 결과이고, 이 기계가 물리적·사회적 세계를 통과하면서 만들어낸 존재이다.

마음은 과정과 상호작용에서 생겨나는 것이지, 구체적 실체를 가지고 있지 않다. 어떻게 보면 우리는 사물들 사이의 공간에 살고 있는 것이다. 우리는 허공 속에 존재한다. 이것은 우리를 해방시키는 아름다운 생각으로 두려워할 것은 아무것도 없다. 두뇌 속 어딘가에 영혼이 매달려 있다는 생각은 왠지 모르게 촌스럽다. 어둠 속에 불을 비춰. 그러면 환해지잖아.

수술실에서

영혼은 없다

ᘒ

    두뇌 스캐닝이 안 되던 시절에는 뇌 속의 종양 위치를 정확하게 파악하는 것이 불가능했다. 신경외과의사들은 부드러운 뇌 조직을 무자비하게 찔러보아야 했는데 그 과정에서 본의 아닌 손상을 입혔다.

    내과의사이며 시인인 대니 애브즈는 「수술실에서」라는 시를 썼는데, 자신의 아버지이며 의사인 윌프레드 애브즈가 수술을 하면서 겪은 고통스러운 경험을 노래한 것이다. 나는 학생 시절 이 시를 처음 읽었는데 그때 내 목의 솜털이 빳빳하게 일어서는 것을 느꼈다. 이 시는 애브즈 아버지가 1918년 뇌수술에 조수 의사로 참여했던 사건을 기술하고 있다.

    그의 목소리가 먼저 시 속의 상황을 소개한다. 국소 마취를 당한 환자는 수술 내내 의식이 깨어 있었다. 외과의사인 램버트 로저스의 손가락—"눈먼 사람처럼 맹목적인"—이 뇌속의 종양을 찾기 위해 부드러운 뇌 조직을 헤집었는데 그것은 "맞추면 좋고 못 맞추면 할 수 없고" 식이었다. 닥터 애브스는 이 수술을 영원히 잊지 못한다고 말했다. 이 시는 먼저 환자를 안심시키는 말로 시작된다.

간호사가 말한다. "곧 병실로 돌아가게 될 거예요."
간호사는 속으로 생각한다. '이제 두 가지만 더 처리하면 돼.'
환자는 대답한다. "고맙습니다. 난 괜찮아요."
작은 목소리, 작은 거짓말, 다 무방한 것이지.
하지만 환자는 곧 눈을 자꾸만 깜빡이게 되겠지.
눈먼 사람처럼 맹목적인 램버트 로저스의 손가락이
저 환자의 부드러운 뇌 조직을 헤집을 테니까.

공포의 상황이 사람을 웃게 만들 수 있다면
이게 바로 그런 상황. 한 시간이 지나가도 은밀한
곳에 숨어 있는 종양은 여전히 발견되지 않고.
손가락의 검침이 지나가는 곳마다 뇌는 더 손상되고.
절망에 빠진 램버트 로저스는 여전히 손가락을 움직이는데
간호사는 속으로 생각한다. '이제 두 가지만 더 처리하면 돼.
혈관 터진 곳과 낭포 발생한 곳 찾기.'

그때, 갑자기, 두뇌 속에 감추어진 깨진 레코드판이
복화술사의 목소리로 외쳐댔다. "이 빌어먹을 놈,
내 영혼을 가만히 놔둬. 내 영혼을 가만히 놔두란 말이야."
환자의 입술은 그 말을 따라 하는 벙어리 입술.
환자의 눈은 더욱 크게 벌어진다. 그러자 로저스는
놀라면서 검침을 빼내고, 간호사, 조수 의사, 조무사는
모두 놀라며 온 몸이 돌처럼 굳어진다.

"내 영혼을 가만히 놔둬. 내 영혼을 가만히 놔두란 말이야."
너무나 간절하고 너무나 괴기한 그 목소리는 뇌 속에 갇혀
다른 곳으로는 가지 못한다. 그러자 깨진 레코드판이
천천히 돌아가면서 소리가 잦아들었다.
"내……영혼을……가만히……놔둬……내 영혼을……."
다른 어떤 것이 죽어버리자 그 소리는 마침내 멈춘다.
그러자 광활한 설원雪原을 뒤덮은 것 같은 정적이 내려온다.

이 시는 이제 더 이상 나를 오싹하게 만들지 않는다. 왜? 어쩌
면 내가 더욱 세련된 시의 독자로 성숙하여 멜로드라마의 이면
장치를 훤히 꿰뚫어보기 때문일 수도 있다. 하지만 나는 이 시가
멜로드라마라고 생각하지 않는다. 물론 연극적인 구성을 갖고 있

어서 진정한 드라마의 분위기를 풍긴다. 여전히 어떤 강력한 메시지를 전한다. 하지만 예전처럼 나를 심란하게 하지는 않는다.

어쩌면 지난 수십 년 동안 임상가로 근무해 오면서 인간의 고통에 대하여 무감각해졌거나 괴기하고 이상한 것에 대한 궁금증이 감소된 탓일지도 모른다. 하지만 이것도 아닐 것 같다는 생각이 든다. 의사 생활을 오래 하다보면 자기보존의 방법을 개발하기 때문이다. 병동에서 환자들과 함께 생활하는 사람들은 이런 말을 한다. 환자들의 고통에 일일이 다 공감할 수는 없는 노릇이다. 어떤 두려움이나 공포의 장면은 그냥 곁눈으로 쳐다보면서 모른 체해야 한다.

환자들에게 지속적으로 완벽한 공감 상태를 유지한다는 것은 자살 행위나 다름없다. 따라서 그런 대범함은 무감각이라기보다 병동 생활에 대한 적응이라고 보아야 한다. 물론 둘 사이에는 차이가 있다. 전자를 감정의 위축이라고 한다면 후자는 서로 다른 여러 상황에 익숙해지는 것을 의미한다. 개인의 고통 앞에서 전문가의 가면을 내던지게 되면 깊은 고통이 얼굴을 찌르게 된다. 반면에 괴기하고 이상한 것에 대한 궁금증은 감소되는 것이 아니라 오히려 증가한다. 중년에 이른 나의 관점에서 세상을 살펴보면 그것은 여전히 신비하고 부조리하다. 특히 인간이라는 존재는 더욱 신비하게 보인다. 나이가 들어가면서, 기이하고 괴상한 신경외과 사례들은 말할 것도 없고 심지어 나라는 사람의 존재와 의식意識에 점점 더 놀라게 된다.

위에 인용한 시가 더 이상 나를 오싹하게 만들지 않는 이유는 결국 시 속의 '영혼'이라는 단어 때문이다. 이 말이 충분한 위력을 발휘하기 위해서는 어떤 수준에서든 영혼이 존재한다는 것을 전제해야 한다. 신경외과의사의 손가락 앞에 무방비로 노출된 죽어가는 두뇌가 "내 영혼을 가만히 놔둬. 내 영혼을 가만히 놔두란 말이야"라고 말했던 결정적 순간을 한번 생각해보자. 이것은 마치 초자연적인 존재가 그 상황에 개입한 느낌을 준다. 뇌아닌 다른 것, 환자가 아닌 다른 어떤 것이 그 현장에 나타난 듯하다. 이렇게 말하는 목소리가 죽어가는 뇌의 부드러운 물질, 바로 그것이라고 보기는 어렵다. 또 환자의 것도 아니다. 환자의 몸은 복화술사의 인형이 되었고, 깨진 레코드판에서 나오는 소리를 벙어리처럼 입만 놀릴 뿐이다. 그것은 절망의 말이다. 이 괴상한 침입자는 자신의 정체를 밝히지 않는다.

만약 누군가가 20년 전의 나에게 영혼이라는 것이 있다고 보느냐고 묻는다면 그런 건 없다고 대답했을 것이다. 임상가가 되기 위한 과학적 수련을 받으면서 나는 그런 얘기가 원시적이고 비과학적이라고 생각했다. '영혼'은 정신적 실제, 정신적 본질, 뇌 구조의 배후에서 통제하고 감독하는 에고 등으로 이해되었다. 또 영혼을 믿는 사람은 그것이 사후에 몸 밖으로 빠져나간다고 생각한다. 영혼은 초자연적인 현상을 전제하는데, 20년 전의 나는 그런 개념이 잘못된 생각, 조잡한 생각, 더 나쁘게 말해서 괴상하고 후진적인 생각이라고 여겼다.

나는 마음이란 두뇌가 물리적·사회적 세계와 상호작용하는 과정에서 나온 결과물이라고 보았다. 나는 지금도 그런 견해를 유지하고 있다. 그런데 위의 시에 대한 나의 반응이 과거와 달라진 것에 대해서는 좀더 자세한 설명이 필요하다.

시에 대한 반응이 달라진 것은 앞에 내세우는 신념보다는 배경에 있는 직관과 더 관련이 있다고 생각한다. 처음 이 시를 접했을 때 나는 영혼의 존재를 명시적으로 부인했지만, 그래도 영혼이라는 말의 상상력에 매혹을 느꼈다. 영혼이라는 것이 존재한다고 믿는 게 자연스럽게 느껴졌다. 인간의 인지과정이 마음과 두뇌를 구분하는 방식으로 진화되어 왔다는 점을 감안할 때 그런 믿음이 자연스러웠다.

우리는 물리적 세계뿐만 아니라 사회적 세계에서 살고 있다. 복잡한 사회 환경에 적응하려면 우리 자신은 물론 남들에게도 심리적 상태(느낌, 믿음, 욕망, 의도)가 있다고 전제하게 되고, 이것은 필연적으로 세상에는 물질과 비非물질의 두 종류가 있다고 믿게 만든다. 이렇게 해서 물질과 비물질의 2원론이 생겨나는데 이것은 아주 오래된 진화 과정을 갖고 있다. 그러니까 우리의 머리에는 뇌 이외에 다른 것도 들어 있다고 생각하는 것이다. 생각과 행동의 근원이 되는, 환원 불가능한 심리적 핵심이 있다고 여기는 것이다. 이것은 원시적 믿음이지만 그래도 아주 매력적이다.

인간들 사이의 일상적 상호작용은 이런 영혼에 대한 확실한 믿음(혹은 암묵적 믿음, 회의적 믿음 등)을 전제로 한다. 우리는 우리 자신이 각종 생각과 행동을 통제하는 마음의 실체를 갖고 있다고 생각하고 그렇기 때문에 우리 운명의 주인이라고 자부한다. 도덕의 세계에서는 이것이 다른 사람들을 파악하는 유일한 방식이다.

그런데 지금 나는 이런 생각을 한다. "내 영혼을 가만히 놔둬"라는 두뇌/영혼/환자가 호소할 때, 거기에 초자연적 힘이 개입하지는 않는다. 새롭게 등장한 존재는 없다. 하지만 생존하기를 바라는 절망적 호소는 있다. 이 호소는 손상된 뇌 조직, "너무나 간절하고 너무나 괴기한 그 목소리", 수술 참가자들의 겁먹은 반응 사이에 위치하는 정체불명의 땅에서 흘러나오는 것이다. 분명 공포는 있지만 초자연적 공포는 없다는 얘기다.

여러 해 동안 임상과학의 합리론에 물들었기 때문에, 초자연적 영혼을 믿게 만드는 상상력의 기제(혹은 암묵적 믿음, 회의적 믿음 등)가 녹슬었는지도 모른다. 어쩌면 이것은 우려할 만한 사항이다. 내가 유익한 어떤 것을 잃어버렸으므로. 하지만 두 영역—과학적 이해와 원시적 상상력—사이의 스크린이 이제 점점 투명해져서 양 방향을 다 내다볼 수 있게 되었다.

나는 이러한 애매모호함을 더 잘 다룰 수 있다는 느낌이 든다.

과학적 합리성도 발휘하고 때로는 상상력도 발휘하는 것이다. 때때로 이 둘이 일치하고 그래서 사람들은 두 가지 요소를 모두 취한다. 위에 인용한 시는 영혼의 리얼리티에 대하여 애매모호함을 보여준다. 오래된 전축에서 흘러나온 목소리, "내……영혼을……가만히……놔둬……내 영혼을……"은 영혼 없는 기계의 이미지를 환기시키지만, "다른 어떤 것이 죽어버리자 마침내 멈춘다"는 것이다.

그래서 이 시를 읽어도 더 이상 오싹한 기분이 들지 않는 반면 다른 감정을 느낀다. 수술실의 공포 상황 뒤에는 어떤 연민의 느낌이 있다. 환자의 두뇌는 그 목소리를 영혼이라고 생각하는 것이다. 여기에 진정한 비애가 있다.

나는 영혼을 믿지 않지만 신경외과 수술은 여전히 끔찍스럽다는 생각을 한다. 이 때문에 애브즈의 시는 그 원래의 위력을 보유하는 것이다. 뇌수술은 다른 일반 수술과는 다른 점이 있다. 모든 외과 수술은 신체의 일부를 절개하지만, 신경외과 수술은 특히 더 침습성이 강하다. 위장이나 심장 수술의 경우, 외과의사는 환자의 해당 기관으로 들어가 그 펌프, 필터, 파이프, 밸브 등을 노출시켜 놓고 수술을 한다. 그것은 충격적인 광경이다. 하지만 '환자의 신체'에 벌어지는 일과 환자의 '인격'이라는 개념을 서로 떼어놓을 수 있다. 외과의사가 그의 내장을 건드릴 때 그의 인격은 다른 곳(그러니까 그의 머릿속)에 가서 안전하게 피신하고 있다고 생각할 수 있다.

하지만 두개골 속의 뇌가 신경외과의사의 수술 칼 아래에 놓이게 되면 상황은 달라진다. 인격은 신체의 다른 어떤 곳에 숨어 있을 수 없기 때문이다. 영혼이 위장이나 사지四肢에 "이사" 갔다고 생각할 수는 없는 노릇이다. 그리하여 우리는 영혼의 주체인 자아 같은 것은 없다는 결론에 도달한다. 두뇌의 속을 들여다보는 순간 우리가 한편으로는 살덩어리에 지나지 않고 또 다른 한편으로는 영혼이 허구적 관념임을 알게 된다.

진부하면서도 신비한 이런 통찰은 케네디 대통령 암살사건을 찍어놓은 저 유명한 기록 영화를 보는 순간 더욱 생생해진다. 그 영화 장면을 생각해보면 내 말이 무슨 뜻인지 금방 파악할 것이다. 핑크색 필박스 모자(위가 납작한 테 없는 여자용 모자)를 쓰고, 댈러스의 환한 햇빛을 받으며 리무진 승용차에 앉아 있던 재키 케네디가 남편의 총격 받은 머리에서 흘러나온 뇌수를 회수하려고 안간힘을 쓴다. 그녀는 뭔가를 발견하고서 그것을 다시 원위치시키려 한다. 또는 그렇게 하려는 것처럼 보인다. 이 얼마나 절망적 상황인가. 이 얼마나 안쓰러운 상황인가.

그 흘러나온 뇌수의 광경은 하나의 계시이다. 세상에서 가장 힘센 권력자, 영원히 살 것같이 관중에게 미소 지으며 손을 흔들던 사람. 그 사람의 머리 윗부분이 갑자기 날아가버린 것이다. 그가 우리처럼 취약하다거나 그의 신체가 그처럼 깨지기 쉬운 것이라고 말하려는 게 아니다. 이 사진들이 우리의 기억 속에 영구히 각인되는 것은 그 황갈색 뇌수 때문이다. 세계에서 가장 힘센 권력자의 본질이 결국 그 허약한 뇌수 그것이라면, 우리 나머지 사람은 더 말해볼 필요도 없다. 우리는 이미 오래 전부터 그것을 알고 있었지만 비극적 드라마와 그 드라마에 나오는 배우들의 신화적 지위 때문에 그런 사실을 더욱 생생하게 느끼게 된다. 이것이 그 기록 영화의 공포이다. 그 영화를 볼 때 당신은 일말의 자기 연민을 느끼지 않는가? 그럴 때면 나도 모르게 인간 존재의 덧없음에 두려운 생각이 든다.

런던 거리 지도

🐀

　신경외과 동료가 자신의 수련의 시절 얘기를 들려주었다. 그는 같은 신경외과 의사인 친구와 런던 거리를 걷고 있었다. 그 친구가 대화 도중 당황하는 표정을 지으며 갑자기 걸음을 멈추었다. 두 사람은 비좁은 이면도로를 지나가는 중이었다. 그 친구는 동요하는 표정으로 거리 이름을 자꾸만 쳐다보았다.

　"이 거리는 'A-Z'에 안 나오는데." 친구가 말했다.

　실제로 확인해보니 그 지도에 나오지 않았다. 장차 신경외과 의사가 되려고 하는 그 친구는 놀라운 시각적 기억을 갖고 있었다. 그는 특별한 이유도 없이 런던 거리 지도인 'A-Z'에 나오는 거리명을 모두 외우기로 작정하고 결국 다 외웠다. 그런데 이제 지도와 실제가 일치하지 않는 거리를 발견한 것이었다. 그리하여 그가 암기하고 있는 지도의 아주 세밀한 부분을 하나 수정했고 그 머릿속 지도는 'A-Z'보다 더 우수했다.

그런데 문제가 하나 있었다. 그의 놀라운 시각적 이미지는 2차원에서만 제대로 작동할 뿐이었다. 이 때문에 그는 결국 신경외과 의사로 대성하지 못했다. 신경외과는 지능과 절제 등 여러 가지 자질을 요구하지만 그 중에서도 3차원 사고능력을 특히 필요로 한다.

그 친구는 에드윈 애봇의 19세기 풍자담인 『플랫랜드: 다차원의 로맨스*Flatland : A Romance of Many Dimensions*』에 나오는 미스터 스퀘어 같은 사람이었다. 미스터 스퀘어는 플랫랜드를 넘어가는 기하학에 대해서는 전혀 아는 바가 없었다. 그러다가 어느 날 밤 3차원의 땅에서 온 로드 스피어를 만나게 된다. 그는 계속 모양이 바뀌는 동그라미처럼 보이는 인물이다. 아무리 3차원을 설명해도 알아듣지 못하자, 로드 스피어는 미스터 스퀘어를 스페이스 랜드(공간의 땅)에 데리고 가 실제로 3차원의 세계가 있음을 입증한다. 그것은 하나의 계시였고 인생을 확 바꾸어 놓는 체험이었다. 미스터 스퀘어는 이런 다른 세계의 존재들을 플랫랜드의 주민들에게 알려주려 했으나 실패했고 그 땅의 고위 사제들(그들의 모습은 동그라미였다)은 그를 위험한 이단자로 비난했다.

신경외과 전공의가 인간의 머리에 대하여 알고 있던 지도는 3차원의 공간이 결핍된 것이었다. 그래서 그는 두뇌의 미로를 제대로 헤쳐 나가지 못했고 능숙한 신경외과 의사가 되지 못했다.

신경심리학은 거기서 한 걸음 더 나아가 4차원을 필요로 한다.

내게 거울을 가져와 봐요

주디는 직장에서 퇴근하여 집으로 왔다. 마티니를 한 잔 타고 스테레오에 레코드를 걸고 부드러운 가죽 의자에 앉았다. 그녀는 정말 피곤했다…… 그녀는 잠이 들었다. 앤디는 침대에서 소설을 읽고 있으리라. 어린 딸은 잠든 엄마에게 다가와 키스를 하고 마지못해 자기 침대로 갔다.

주디가 깨어보니 방안은 절반쯤 어둠에 잠겨 있었다. 그녀는 놀라서 벌떡 일어났고 머릿속의 두통 때문에 몸을 떨었다. 음악은 꺼져 있었다. 그녀는 의자에서 몸을 일으키며 자세를 바로잡았다. 고정적인 하루 일과의 이미지들이 눈앞을 스쳐 지나갔다. 기상, 출근, 퇴근. 고양이가 창문 옆의 의자에서 기지개를 켰다. 아직 빛이 남아 있어서 고양이의 황갈색 털이 보였다. 하지만 주디의 고양이는 범 무늬의 얼룩 고양이였다.

그때 낯선 남자가 방안으로 들어왔다. 장년의 나이에 반백의 머리카락. 그는 천천히 걸어오다가 그녀를 흘낏 쳐다보더니 구석에 있는 실내등의 전원을 올렸다. 그것은 천장 쪽으로 원추형의 불빛을 던졌다.

"주드, 뭐라고 말했어?"

이제 실내등이 켜졌고 그녀는 그 방안 역시 낯설다는 느낌이 들었다.

'난 어디 있는 거지?', '저 사람은 누구지?'

주디는 스트레스를 받으면 자신의 결혼반지를 만지작거리며 비트는 버릇이 있었다. 그 반지는 사라지고 없었다.

"주드, 난 당신이 뭘 하고 있는지 잘 모르겠어." 그 반백의 남자가 말했다.

그녀는 남편 앤디와 어린 딸은 어디에 있느냐고 물었다. 회색 머리의 남자는 밖으로 나가고 이번에는 젊은 여자가 들어와 주디의 의자 옆에 꿇어앉더니 그녀의 손을 잡았다. 그 여자가 부드럽게 질문을 했다.

"내 이름은 주디 젠킨스이고 서른아홉 살이에요. 난 여기가 도대체 어디인지 모르겠어요!" 주디가 말했다.

하지만 그녀는 연도를 기억했다. 1976년.

영국 총리는? "해롤드 윌슨."

그때 남자의 목소리가 끼어들었으나 주디가 제지했다.

"내가 헷갈리고 있다는 거예요? 난 올해가 1976년이라는 걸 알아요."

이제 그 남자는 신문을 들어 올리면서 1면의 상단을 가리켰다. 1999년 4월 10일 토요일이었다. 날카로운 논리의 빛이 그녀의 머릿속을 파고들었다.

"내게 거울을 가져와 봐요."

* * *

1999년

"그래서 내가 말했어요. '내게 거울을 가져와 봐요.' 1999년이면 난 이미 노파가 되어 있을 텐데."

그녀는 같은 얘기를 나한테 반복했다. 벌써 다섯 번째이다. 나는 그 얘기를 듣고 있지도 않았다. 그럴 필요가 없었다. 같은 스토리의 반복이니까.

신경과학자 마이클 가차니가는 존 업다이크와 랠프 월도 에머슨을 인용했다. "모든 사물을 관통하는 줄이 있다. 모든 세상은 엄주일처럼 그 줄에 매달려 있다. 그 줄 덕분에 사람들, 사건들, 그리고 생활이 우리에게 온다." 업다이크는 우리의 주체성이 우리의 외적 현실을 지배한다고 말했다. 그래서 세상은 개성적(개인이 만들어낸) 구조를 갖고 있다.

가차니가에 의하면, 두뇌는 많은 특별한 두뇌 모듈의 가닥들을 엮어서 개인적 체험이라는 단 하나의 줄로 만들어낸다. 그는 이 줄을 "해석자"라고 부르면서 두뇌의 좌반구에 위치한다고 말했다. '해석자'는 독립된 두뇌 시스템들을 서로 연결하는 패턴을 결정하고, 그 패턴을 외부 세계의 사건들과 관련시킨다. 이 '해석자'는 개인에게 통일성과 연속성을 부여하고 또 각 개인이 자신의 라이프 스토리를 창조하도록 해준다.

주디가 요청한 거울이 도착했다. 그녀는 쪼글쪼글하고 수척해진 자신의 얼굴을 본다. 짧은 머리카락은 반백이다. '이건 틀림없이 꿈을 꾸고 있는 거야' 하고 그녀는 생각했다. 느닷없이 그런 사실을 받아들여야 한다는 것은 너무나 큰 충격이었다. 그녀는 순간 겁을 집어먹으며 일어서려 했다. 하지만 뇌졸중으로 인해 그녀의 왼쪽 다리는 마비된 상태였다. 그녀는 의식을 잃었다.

그녀가 깨어보니 한 남자가 그녀 얼굴에 마스크를 들이대고 있었다. 군인같이 보였으나 그의 제복이 너무 화려하여 군복 같지 않았다. 그녀는 움직임과 진동을 느꼈고 엔진이 돌아가는 소리를 들었다. 그녀는 어떤 수송수단에 앉아 있는 것 같았다.

"주디, 마음 편히 가져요." 제복을 입은 남자가 말했다. "곧 괜찮아질 거예요."

거기에는 적색과 회색의 담요와 원통형 물체, 튜브와 연필심, 플라스틱 박스, 다이얼이 달린 도구, 기타 장비들이 있었다. 그리고 맞은편에 반백의 남자가 앉아 있었다.

그가 그녀 쪽으로 고개를 기울였다. "저건 뭐야?" 그가 물었다.

"누가 앤디에게 말해 주었나요?" 그녀가 중얼거렸다.

1976년부터 1999년까지 23년간의 기억이 그녀의 머리에서 통째로 사라졌다. 그 기간 동안에 있었던 주디의 개인 생활은 완전 백지였다. 그녀는 앤디와의 이혼이 아주 씁쓸했다는 사실을 추상적으로만 기억했다. 이혼 후 그녀가 18년 동안 함께 살았던 반백 머리의 남자는 완전히 낯선 사람이 되었다. 외부에서 벌어진 사건들도 마찬가지였다.("마거릿 대처가 누구래요?") 하지만 주디 머릿속의 '해석자'도 놀라운 일을 해냈다. 연속성을 유지하려는 그 노력은 정말 영웅적이었다. 가까운 곳에 스토리를 만들어낼 자료가 없자, 그 해석자는 무려 23년을 건너뛰어 스토리에 들어갈 자료를 찾아냈다. 23년을 마치 23분인 것처럼 취급하면서.

* * *

2002년

"그래서 내가 말했어요. '내게 거울을 가져와 봐요.' 1999년이면 난 이미 노파가……."

낯선 현재의 논리와 거울 속의 움직일 수 없는 증거에 굴복하여 주디의 '해석자'는 시계의 시간을 다시 맞추었고 전혀 다른 생활을 통제하는 일에 착수했다. 기억은 별로 돌아오지 않았다. 하지만 반백 머리의 남자와는 잘 지내고 있고 주디는 이제 할머니가 되었다.

이런 종류의 기억상실증은 아주 극단적인 사례이다. 나는 주디와 유사한 사례는 딱 한 건 더 만나보았다. 그 환자도 여자였는데 새로운 환경에 놀라울 정도로 원만하게 적응했다. 사람들은 정말 신축성이 많다. 어느 날 당신이 잠에서 깨어났는데 당신의 몸이 거대한 벌레로 변해 있다고 하더라도 당신은 일어나 새로운 생활을 해나갈 수 있을 것이다.

모든 것이 투명하게 보이는 남자

🙡

제임스 문은 뒤숭숭한 꿈을 꾸고 잠에서 깨어보니 자신의 머리가 환하게 비치는 느낌이 들었다. 그는 침대에서 일어나 방안을 둘러보며 나머지 것들은 잠들기 전 그대로라는 것을 알았다. 그는 화장실로 갔다. 그건 기상하면 제일 먼저 하는 일이었다. 그는 화장실 거울을 들여다보는 순간 자신의 머리 윗부분이 투명하게 보이는 것을 발견했다.

화장실의 환한 빛을 받고 있는 그의 두뇌는 해부학 교과서에 들어 있는 천연색 뇌의 모습 혹은 고해상도 컴퓨터 그래픽 그대로였다. 좌우반구에 있는 쭈글쭈글한 두엽들의 표면이 선명하게 보였다. 조밀하고, 둥그렇고, 단단한 뇌였고 각 부위의 윤곽이 뚜렷했다.

전두엽(엷은 자주색)은 이마 바로 뒤에 위치해 있었다. 측두엽

(담청색)은 양 귀의 윗부분에 자리 잡고 있었고 그 위로 약간 뒤쪽에 두정엽(샴폐인 색깔)과 그보다 더 뒤쪽에 후두엽(녹색)이 있었다. 거울 앞에서 고개를 돌리는 방향에 따라 정면, 측면, 배후면 등에 자리 잡고 있는 뇌 조직들이 보였다. 저마다 구분하기좋게 다른 색깔을 지니고 있었는데 남색, 레몬색, 체리색, 오렌지색, 자주색 등이었다.

제임스는 자세히 들여다볼수록 더 많은 것을 알게 되었다. 둥그런 과일같이 생긴 피각皮殼(뇌 렌즈 핵의 외층), 소뇌의 푸른 구상핵球狀核, 중간에 있는 평평한 타원형의 시상하부, 둥그런 아치모양의 뇌궁腦弓과 미상尾狀. 또한 거기 젤리빈(과자)처럼 밝은 색깔을 내며 덩어리져 모여 있는 구조들, 가령 분상粉狀 구조, 슬상膝上 구조, 그리고 배중핵背中核도 볼 수가 있었다. 그는 이런부위의 정식 명칭을 아직 알지 못했으나 곧 알게 될 터였다.

'물론 난 꿈을 꾸고 있는 거야. 아직 잠에서 깨어나지 않은 거야' 하고 그는 생각했다. 하지만 화장실의 소품들이 평소 그 자리에 그대로 서 있었고 창문틀에는 어제의 신문이 놓여 있었다. 어제 놔둔 그대로였고 1면에 한 젊은 여인이 환히 웃고 있는 사진이 들어 있었다. 그때 비와 바람이 창문을 흔들었다. 그는 지체없이 진찰을 받아봐야겠다고 생각했다.

제임스는 토스트로 간단히 아침 식사를 하고 외출 준비를 했다. 그는 낚시꾼들이 쓰는 초록색 모자를 집어 들었고 현관 문을 쿵 닫으면서 병원을 향해 갔다.

병원 대기실의 한쪽 구석은 어린이용 놀이터로 배정되어 있었다. 거기에는 부드러운 장난감들과 원색의 플라스틱 벽돌들이 많이 있었다. 놀이터 한 가운데 앉아 있던 어린아이가 분홍색 인형의 등에서 줄을 잡아당겼다.

"난 너무 행복합니다." 인형이 말했다. 아이가 깔깔 웃으며 줄을 놓자 줄은 인형의 등 속으로 쏙 들어갔다.

제임스는 그 광경을 쳐다보면서 모자를 쓴 자신의 머리가 북극광처럼 번쩍거린다고 생각했다. '내 머리가 저 아이를 아주 즐겁게 해줄 텐데' 하고 그는 생각했다. 그는 모자를 벗고 싶은 유혹을 꾹 참았고 곧 그의 이름이 호명되었다.

"무슨 일로 오셨나요?" 닥터 베살리우스가 물었다.

제임스는 모자를 벗었다. "선생님, 이렇게 생긴 머리를 본 적이 있습니까?"

머릿속의 다양한 색깔들은 이제 잠 깨서 보았을 때보다 더 빛나고 있었다. 기독교 성인들의 후광처럼 반짝거렸다. 의사는 충격을 받았을 텐데 그것을 겉으로 드러내지는 않았다. 노련한 의사답게 몸을 앞으로 약간 수그리면서 손가락으로 그의 머리를 가볍게 눌러보았다.

"어제까지만 해도 괜찮았습니다. 그런데 오늘 아침 잠에서 깨어보니 내 머리가 투명해져서 뇌가 해부학 교과서의 삽화처럼 선명하게 보이는 겁니다." 제임스가 말했다.

"알았어요." 닥터 베살리누스가 말했다. 그는 전문가를 소개해 줄 테니 찾아가 보라고 말했다.

대기실로 나와보니 또 다른 어린아이가 인형을 가지고 놀고 있었다. 그 여자아이가 심술궂게 줄을 잡아당기자 인형이 말했다. "난 너무 행복합니다. 난 너무 행복합니다……." 인형은 계속 같은 말을 반복했으나 아이는 별로 신나는 표정이 아니었다. 제임스는 모자를 살짝 들어 아이에게 자신의 머리를 보여주었으나 아이는 여전히 시무룩했다.

* * *

어쩌다가 이런 악몽이 발생했을까? 전날 저녁 제임스는 가벼운 저녁 식사를 했고 위스키를 딱 한 잔 마셨을 뿐이었다. 텔레비전에서도 따분한 프로만 나와서 그는 읽을거리를 뒤적거리다가 삽화가 많이 들어 있는 낡은 백과사전을 발견하고 그것을 침대로 가져갔다.

한가하게 페이지를 뒤적거리다가 그는 바위 물웅덩이를 발견했다. 그는 어릴 적부터 그런 물웅덩이를 잘 알고 있었다. 그곳의 물은 거울처럼 맑았다. 주변에는 푸르고 회색인 바위들이 조약돌과 모래가 깔린 여름 해변의 하늘 위로 솟아 있었다. 수면

바로 위에는 해바라기를 하고 있는 조개삿갓, 몇 개의 꽃양산조개와 쇠고둥 따위가 보였다. 물결치는 껍질을 가진 달팽이 같은 조개들이었다.

홍합들이 수면으로 뛰어올랐다가 환상적인 수중 세계로 다시 자맥질해 들어갔다. 수중에는 온갖 생물들이 움직이고 있었다. 게와 새우, 민달팽이와 불가사리, 바다 아네모네, 작은 막대기 같이 생긴 참새우, 시무룩한 얼굴의 작은 물고기들이 녹색과 갈색의 해초들 사이를 바쁘게 오갔다. 그는 여전히 그런 광경에 매혹을 느꼈으나 과거 어린 시절처럼 신비감을 느끼지는 못했다.

어른의 눈으로 그 그림을 바라보고 있노라니 약간의 환멸도 몰려왔다. 그는 어린 시절 간조 때 해변을 거닐면서 그런 바위 물웅덩이를 여러 번 찾아다녔다. 그곳에는 늘 화려한 색깔과 생명들이 노닐고 있었다는 게 지금도 기억났다. 그렇지만 이제는 어른이 되어서 그런지 환멸을 느꼈다. 환멸 이외에 뭔가 마음을 어지럽히는 것도 있었다. 그는 책을 덮고 곧 잠이 들었다.

꿈속에서는 그는 머리부터 발끝까지 결박되어 있는 그 자신을 발견했다. 너무 세게 옥죄여 와서 숨을 제대로 쉴 수가 없었다. 그는 약간 흔들거리는 느낌을 의식하면서 자신이 높은 나뭇가지에 올라가 있거나 그물 같은 데 매달려 있다고 생각했다. 그러다가 속을 메슥거리게 만드는 움직임이 있었고 자신의 몸이 자루 속에 든 석탄처럼 끌려간다고 느꼈다. 또다시 누가 세게 잡아당기는 느낌이 몰려왔고 그 바람에 눈을 가리고 있던 결박이 툭 끊어졌다. 그때 그는 아주 징그러운 광경을 보았다.

검은 차양의 그늘처럼 보였던 것이 실은 거대한 거미의 배였다. 그는 달아나려고 용을 썼으나 아무 소용이 없었고 곧 괴물의 침 흘리는 입속으로 빨려 들어갔다. 고통은 없고 단지 따뜻하고 축축하다는 느낌뿐이었다. 결박이 풀어지면서 그는 자신의 해체하는 신체를 볼 수가 있었다. 그는 거미로 변신했다. 잘 구획된 갈색의 배, 여섯 개의 떨리는 다리, 뒤틀어진 날개들의 막. 그는 있는 힘을 다해 소리치려 했다. 하지만 그의 목소리는 맥없이 잦아들었다.

제임스는 그 꿈을 기억하면서 아무 표정 없이 거울을 들여다보았다. 이어 안락의자에 풀썩 주저앉았다. 그는 너무나 피곤했다.

* * *

현관의 초인종 소리가 울렸을 때에는 주위가 이미 어두워졌다. 머리에서 흘러나오는 빛에 의지해 어두운 현관 복도를 걸어 내려가던 제임스는 어쩔 수 없이 자신의 두뇌 상태를 생각하게 되었다. 그는 외투 걸이에서 낚시 모자를 집어 들어 머리에 썼고 그런 다음 문을 열었다. 거기 여자 친구 밀리가 서 있었다. 그녀에게서 가을과 비바람의 냄새가 났다.

그녀는 책이 가득 든 종이 백을 두 개나 들고 왔고 그 책들을 주방 테이블에다 진열했다.

"부탁한 대로 도서관에서 빌려왔어." 그 중에는 의학 교과서, 신경해부학 지도, 『인지 신경과학의 기본 요소들』이라는 두꺼운 책 등이 있었다. "그리고 이건 내가 사왔어." 그녀는 『힘 안 들이고 읽는 신경과학』이라는 얇은 문고본을 내밀었다.

그들은 소파의 양쪽 끝에 앉았다. 밀리는 팔짱을 끼었고 제임스는 모자챙을 살짝 잡고 있었다. 책들을 다 꺼낸 후 그녀는 집 안을 뱅뱅 돌며 제임스의 모자를 낚아채려 했다. 그녀는 처음에 제임스가 모자를 쓰고 있는 게 일종의 게임이라고 생각했다. 하지만 그가 제발 나를 가만 내버려두라고 꽥 소리를 질렀고 그래서 둘은 아무 말도 없이 앉아 있었다. 이윽고 그녀가 다른 데를 쳐다보며 말했다. "좋아, 그대로 쓰고 있어도 괜찮아." 그녀의 뺨이 붉어졌다.

"좋아. 모자를 벗을게." 그가 말했다.

성자의 후광이 그의 머리 주위에 떠돌았고 제임스는 자신이 밀리 앞에서 그토록 수줍어한 것을 부끄럽게 여겼다. 그런데 밀리는 왜 나의 이 빛나는 머리를 보지 못하는 거지? 이 마법의 원천, 사상과 희망과 믿음의 근원, 그녀에 대한 강렬한 사랑의 샘을?

"뭐야? 아무것도 아니잖아. 근데 왜 그렇게 법석을 떨었지?"

밀리가 말했다.

그는 화석 견본이나 준 보석들을 비교하는 기분이 들었다. "색깔들은 다르지만 형체는 거의 비슷해." 제임스가 말했다.

『인지 신경과학의 기본 요소들』이라는 두꺼운 책은 주방 테이블 위 면도 거울 옆에 세워져 있었다. 두뇌의 그림이 거의 한 페이지를 채웠다. 밀리는 그의 뒤에 서 있었다. 그녀의 시선은 책속의 그림과 거울에 비친 제임스의 두뇌를 오갔다. 그는 자신의 반짝거리는 대뇌 표면을 내려다보고 있는 밀리를 보았다. 그녀는 멍한 표정으로 눈을 크게 뜨고서 심란해하고 있었다.

"내가 이런 상황에 적응하려면 시간이 좀 걸릴 거야." 제임스가 자신의 손을 내려다보며 말했다. 하지만 밀리는 이미 주방 밖으로 나가버렸다.

엄지손가락을 안으로 감아 넣고 주먹을 쥐어보라. 그 주먹이 곧 당신의 뇌이다. 주먹 아래의 팔뚝은 척수가 된다. 척수는 팔목 부근에서 뇌간腦幹으로 들어간다. 엄지손가락의 기저基底에 이르는 살 많은 부분, 이것이 바로 후뇌이다. 엄지 기저의 뼈가 톡 튀어나온 부분, 이것이 후뇌의 가장 중요한 부분인 소뇌이다. 실제로는 두뇌의 후면 밑 부분에 야채의 어린 가지처럼 생겼다.

윗부분으로 올라가 손가락의 터널로 가보면, 네 손가락에 파묻힌 엄지의 두 번째 마디는 뇌간의 윗부분이 된다. 이것을 중뇌라고 한다. 마지막으로 전뇌가 있다. 엄지의 첫 번째 마디와 네 손가락을 말한다. 각 손가락은 뇌의 가장 윗부분, 즉 대뇌피질이 된다. 검지로부터 시작하여 각각 후두엽, 두정엽, 측두엽, 전두엽이 된다. 엄지손가락 첫마디 속의 뼈는 대뇌 피질 밑에 들어 있는 다양한 전뇌의 구조물(가령 편도와 해마)이 된다.

이게 뇌의 전부이다. 대략적으로 말해본 뇌의 해부 구조이다. 두뇌는 똑같이 생긴 두 개의 기관으로 구성된다. 엄지를 안으로 감아 넣은 두 개의 주먹을 맞대면 그게 뇌의 전체 모습이다.

—브루노 올더리스, 『힘 안 들이고 읽는 신경과학』

그의 두뇌가 손이나 발처럼 물질 덩어리인 것은 틀림없지만, 제임스는 두뇌를 주먹에 비유한 것이 약간 불만족스러웠다. 그는 이어 자신의 진짜 머리를 관찰하기 시작했다.

그때 밀리가 중국 레스토랑에 가자고 제안했다. 제임스는 야구 모자를 쓰고 갔다.

"당신 자신에게 그렇게 몰두하는 버릇을 버려야 해요." 그녀가 말했다.

그들은 백포도주를 마셨고 제임스는 기분이 풀어지기 시작했다. 그는 심지어 테이블 밑으로 밀리의 무릎을 꼬집기도 했다.

"모든 게 괜찮아질 거야." 그가 집으로 돌아오는 길에 말했다.

"두고 보라고."

그날은 금요일이라서 밀리는 제임스의 집에서 하룻밤 묵었다. 하지만 너무 피곤하여 사랑을 나누지는 못했다.

* * *

지구의 자전에 문제가 있는지 동트는 빛이 아주 천천히 퍼지는 것 같았다. 제임스는 침대에 누워 꿈속을 들락날락하면서 비내리는 소리를 들었다. 밀리는 그의 옆에 누워 있었다. 그녀의 눈꺼풀 밑에서 눈동자가 단속적으로 돌아가는 것이 보였다. 꿈을 꾸고 있는 듯했다. 그녀의 두뇌는 어둠 속에 잠겨 있지만 그녀가 꾸고 있는 꿈은 분명 대낮처럼 환할 것이었다.

그는 또다시 선잠에 빠진 것 같았다. 왜냐하면 신선한 커피를 끓이는 냄새가 침실로 흘러들었기 때문이다. 밀리는 밖에 나가서 크루아상 빵과 신문을 사 가지고 왔다. 제임스는 자신의 머리 상태가 아침 테이블에 어울리지 않는다고 생각하여 모자를 쓰고서 주방 안으로 들어갔다. 크루아상을 한입 베어 물고 있던 밀리는 즉각 모자를 벗으라고 소리쳤다.

그녀는 다시 신문을 읽기 시작했다. 그는 의학 교과서를 집어들고 식당에서 메뉴판을 보듯이 목차를 살펴보았다. 치매, 뇌혈관 질병, 수두증, 간질, 외측 추체세포 질병, 뇌종양, 탈수脫髓 질병, 척수 질병, 운동 신경 질병. 이런 것들은 모두 신경과와 관련되는 것이었다. 하지만 신경과 질병의 절반도 채 열거하지 못한 것이었다. 이어 심혈관 질병, 내분비계 질병, 혈액관련 질병, 내장질병, 암 등이 있었다.

그는 다양한 형태의 죽음이 있다는 것에 깊은 인상을 받았다. 신은 재주 많은 창조자이지만 동시에 수완 좋은 파괴자였다. 신체의 작동 상태가 그처럼 다양한 경로를 통해 고장 날 수 있다는 사실을 제임스는 전에 생각해 본 적이 없었다. 하지만 그의 상태를 지적해 주는 질병 이름은 없었다.

그는 이제 거울을 두 개 이용하여 잘 보이지 않는 두뇌의 측면과 후면을 살폈다. 그는 교과서 속의 그림과 머릿속을 채우고 있는 형형색색의 실물들을 서로 일치시키려고 애썼다.

"정말 아름다운 기계로군." 그가 소리쳤다. 하지만 아무도 들어줄 사람이 없었다. 밀리는 잠시 주방을 떠나 있었다. "아니, 이것은 하나의 장소인가?"

책마다 강조점이 달랐다. 어떤 책은 두뇌의 시스템과 기능에, 어떤 책은 두뇌의 지리에 관심이 많았다. 특히 후자는 기이할 정도로 완만하게 물결치는 어떤 풍경을 연상시켰다. 제임스는 이런 서로 다른 이미지들을 연결하여 미래지향적이고(신비스러운 기계들이 많으니까), 고대적인(그리스와 라틴어 명칭은 고전시대를 생각나게 하니까) 대형 도시를 연상했다. 이런 식으로 볼 때, 그의 두뇌는 아치형 천장, 아름다운 방, 바닥, 스크린, 기둥, 통로, 다리, 운하, 수도교 등이 가득 들어찬 미로와 같은 구조물이었다. 그 부분들은 끊임없이 산지사방으로 소통되고 연결되면서 정보를 주고받았다. '내가 저 도시(두뇌) 안에 들어와 있는 것인가 아니면 저 도시 밖에 있는 것인가?' 그는 의아한 생각이 들었다.

"내가 이곳에 있는가, 아니면 저곳에 있는가?"

먼저 생각이 있고 그 다음에 말이 있다. 생각. 말. 생각. 말. 이둘 사이를 오가면서 제임스의 눈은 거울 속에 고정되었다. 그는 왼쪽 전두엽 표면에서 행동이 밀물과 썰물처럼 들어왔다 빠졌다 하는 패턴을 볼 수 있었다. 그가 말을 하는 순간, 엷은 자주색의 발광체가 잠시 더 밝은 빛으로 빛나더니, 말을 끝마치자 다시 제 색깔로 돌아갔다. 그는 자세히 들여다보니, 전두엽 주위를 활발하게 오가는 빛의 가닥들이 보였고 또 푸른색 측두엽도 보였다. 저기 아래쪽에서도 어떤 맥동이 희미하게 뛰놀고 있는 것 같은데? '아마도 시상하부일 거야.' 그가 뇌 해부 지도를 들여다보며 중얼거렸다.

'내가 저 도시 안에 들어와 있는 것인가 아니면, 저 도시 밖에 있는 것인가?' 제임스는 거울을 들여다볼수록 점점 더 당황하게 되었다. 그는 자신의 두뇌로부터 멀리 떨어져 초연하게 관찰하는 사람이 되었다. 그것은 아주 낯선 빛을 띠고 있었고 그로부터 완전 독립되어 있는 물체였다. 그는 어떤 색깔에 집중하고, 소리를 들으려 하고, 어떤 동작을 취하고, 어떤 생각을 궁리해 냈다. '코끼리는 포유류이다. 6 곱하기 7은 42이다. 민주주의는 좋은 것이다. 나는 밀리를 사랑한다.' 그런 생각을 할 때마다 거기에 해당하는 두뇌 패턴이 반짝거렸다.

하지만 어떤 생각이나 사건과 관련된 뇌의 활동은, 그 생각이나 사건에 대한 그의 자의식과 동일한 것은 아니었다. 이것은 왜 그런가? 그는 어항 속의 금붕어를 들여다보듯이 밖에서 뇌를 살펴보고 있는 것이었다. 금붕어 그 자체와 금붕어에 대한 자의식은 같은 것이 아니다. 제임스는 자신의 두뇌를 들여다볼수록, 그 자신이 뇌와는 상관없는 어떤 존재라는 생각이 들었다.

그렇다면 생각과 느낌은 어디에서 오는가? '나한테서 나오는 것은 아니야'라고 그는 생각했다. 왜냐하면 모든 체험의 흐름, 모든 의도와 동작이 뇌 표면에서 일어나는 활동의 떨림에 의해 '예고'되고 있기 때문이었다. 그것은 어떤 생각을 하고 어떤 행동을 하고 나서, 두뇌가 동시에 춤추며 따라오는 것을 구경하는 그런 경우가 아니었다. 그의 두뇌는 그보다 앞서 달렸다. 아이디어들이 신경의 네트워크에서 먼저 물방울처럼 생겨나고 그 다음에 그 아이디어가 의식 속으로 들어왔다. 생각을 생각하는 과정에 대한 생각도 이와 똑같은 순서를 밟았다. 그렇다면 누가 생각의 죽을 휘젓고 있는 것인가? 만약 제임스가 단지 구경꾼에 지나지 않는다면 그의 최적最適 관찰 위치는 정확하게 어디인가?

관찰 위치에서 벽돌 하나만 빼내도 전망이 바뀌는 것처럼, 그는 쉴 새 없이 두뇌의 안팎을 넘나들면서 다른 견해로 옮겨갈 수 있다. 그의 머릿속 대상은 그를 매혹시켰다. 그는 그 대상의 움직임을 더욱 면밀하게 살펴보았다. '그래 저거야' 하고 그는 생각했다. '결국 나는 저것인 거야. 이게 내 존재의 총합이야. 생각의 죽을 휘젓고 있는 자(영혼)는 없어. 두뇌의 기능은 그 나름의 생명과 논리를 갖고 있는 거야. 생각, 느낌, 의도 등이 나라는 존재를 만들어내는 거지, 반대로 내가 그런 것들을 만들어내는 게 아니야.'

그는 자신이 '거기에' 있지도 않고 또 '여기 바깥에' 있지도 않다고 결론 내렸다. 그 두 관점은 그릇된 것이다. 그는 어디에도 있지 않았다.

저녁에 제임스와 밀리는 영화 구경을 갔다. 제임스는 모자를 꾹 눌러 썼다. 영화관 안에서 자신의 머리가 횃불처럼 환히 빛나는 것은 곤란한 일이었기 때문이다.

* * *

그는 막연한 호기심이 생겨서 백과사전을 다시 꺼내들었다. 바위 물웅덩이에는 뭔가 잘못된 것이 있다고 그는 확신했다. 식물, 작은 돌, 물고기 등이 유리 케이스에 보물처럼 진열되어 있었고 전시물들은 환하게 불 켜진 3차원 공간 속에서 일정한 간격을 두고 떨어져 있었다. 그런 전시 기술은 잘 계산된 것이었다. 이런 아름다운 것들을 잘 기억시키기 위한 것이었다. 그는 어렵지 않게 바위 문절망둑, 스탈릿 물고기, 카멜레온 새우 등을 알아볼 수 있었다.

그 그림에는 정보가 가득하지만 뭔가 빠져 있었다. 과정이나 행동에 대한 감각이 없었고, 간조와 만조 사이의 세상에서 발견되는 존재를 위한 투쟁이 결여되어 있었다. 거대한 쇠고둥이 조개삿갓을 파괴하고 홍합의 껍질을 뚫고 들어가 속을 싹 빨아먹는 광경, 해초가 태양광을 빨아들여 물과 이산화탄소로부터 음식을 광합성하고, 물속에 생명을 유지시키는 산소를 방출하는 과정 등은 볼 수가 없었다.

그림 속의 광경은 너무 온화했다. 바위 물웅덩이는 실제로 아주 불안정한 곳이었다. 그곳에서 살아남으려면 복잡한 행동의 네트워크, 물리학과 화학의 난해한 패턴 등과 잘 어울려야 하는데, 그런 네트워크와 패턴은 조수의 간만과 지구의 자전에 커다란 영향을 받는 것이다. 바위 물웅덩이의 생명은 현미경적으로 극소하고 천문학적으로 극대한 두 가지 것이 아주 취약하게 결합된 결과이다.

백과사전 속의 그림은 그런 생명의 현장이 아니었다. 삽화는 그저 삽화일 뿐이었다.

그는 반짝거리는 새 교과서들 중 하나를 꺼내어 백과사전 옆에 놓았다. 두뇌 그림 또한 바위 물웅덩이처럼 알록달록한 색칠이 되어 있었다. 그 둘의 분류방식은 유사했다. 가령 작은 물고기는 두뇌 속의 해마이고, 이 물고기는 골수이고 저 물고기는 소뇌라 할 수 있는 것이다. 이런 것들은 물결치는 피질의 표면 밑에 매달려 있다. 시간의 흐름은 멈추었다. 뇌 속에서 벌어지는 현미경적 수준의 미세한 움직임이라든가 두개골 바깥에 있는 세상의 힘에 대해서는 아무런 언급이 없다. 이 둘이 실제로 뇌의 활동을 결정하는 것이다. 광합성과 달의 중력이 바위 물웅덩이의 생명을 결정하는 것처럼.

그때 어떤 생각이 제임스의 머릿속으로 흘러들어왔다. 그 생각은 전두엽 피질에서 떨어져 내려 변연엽을 한 바퀴 돌았다. 두뇌는 바위 물웅덩이와 마찬가지로 불안정한 곳이었다. 자아의 생명은 전적으로 두뇌 기능의 온전함에 달려 있었다.

그때 제임스는 그를 바위 물웅덩이 중 어떤 게 그를 심란하게 만들었는지 분명하게 보았다. 그건 전에 보지 못했던 놈이었다. 다른 생물들에 비해 칙칙하고 회색에다 못 생겼고 거미 비슷한 놈이었다. 그것은 물속 중간쯤, 갈색 해초의 커튼과 해변 게의 발 사이에 몸을 숨기고 있었다. 이 자그마한 놈은 삽화의 범례에도 나오지 않는 놈이었다. 분류번호도 없었다. 어쩌면 그것은 바위 뒤에서 기어왔는지 모른다. 어쩌면 삽화에 다른 차원이 있는

지 알 수 없는 노릇이었다.

　그는 거울 속에 비친 자신의 머릿속을 들여다보았다. 거기에 스멀거리고 있었다. 그 거미같이 생긴 놈이.

* * *

　닥터 스트룹의 진료실은 지구 종합병원 14층에 있었는데 대단히 혼잡했다. 온 사방에 박스형 서류철, 진찰 노트, 의학서적 등이 흩어져 있었다. 그리고 종이 상자들에는 온갖 서류들이 흘러넘쳤다. 파일 캐비닛 맨 위에 놓인 플라스틱 두뇌 모형은 늦은 오후의 햇빛을 받아 부드럽게 반짝였다. 그건 실물보다 좀 큰 모형이었다. 모형에 입혀진 온갖 색깔들이 방안을 가득 채우는 듯했고 제임스는 그 옆에 앉아 있기가 좀 불안했다.

　"대부분의 사람들은 저걸 무시해 버리더군요." 제임스가 눈알을 위로 굴리며 말했다. "하지만 당신한테는 전문적 흥미를 유발하는 물건이겠지요."

　"저거라니 뭘 말하는 거죠?" 닥터 스트룹이 말했다.

　"색상 코드가 당신의 두뇌와 거의 같군요. 이걸 들어봐도 괜찮겠습니까?" 제임스는 두뇌 모형을 스탠드에서 집어 올려 손가락으로 표면을 쓰다듬었다. "전두엽과 두정엽은 비슷합니다. 하지만 나의 측두엽은 푸른색인데 이 모형의 후두엽은 짙은 녹색이로군요."

제임스는 고개를 닥터 스트룹 쪽으로 숙여 의사의 머리를 좀 더 자세히 들여다보았다. 하지만 의사는 별 흥미가 없는 듯했다. 고개를 치켜든 제임스는 의사가 손목시계를 내려다보는 것을 보았다. 제임스는 의사에게 거미같이 생긴 놈에 대하여 물어보고 싶었다. 어쩌면 의사는 그 놈의 정체를 밝혀줄지도 몰랐다. 하지만 의사는 병실에 가야 할 시간이 지체된 것 같았고 더 이상 그를 붙잡고 있을 수 없었다. 닥터 스트룹은 진찰을 마치면서 "진단을 위한 검사"에 대해서 말했고 또 두뇌 스캐닝을 받도록 조치해 놓겠다고 말했다. '내 경우에는 그런 조사가 전혀 필요없어요' 하고 제임스는 생각했다.

그 다음번에 또 만났을 때, 닥터 스트룹은 심각한 얼굴이었지만 그래도 부드럽게 말했다.

"보호자를 데리고 오셨습니까?"

"아니요." 의사는 제임스에게 앉으라고 말했다.

"여기 당신의 두뇌 스캐닝 사진이 있습니다." 의사는 불안하게 미소 지으며 말했다. 그는 벽에 붙어 있는 라이트 박스에다 커다란 사각 필름을 걸더니 전원을 켰다. 제임스 두뇌의 이미지는 어두운 단색이었는데 단 한 군데 예외가 있었다. 저 중간에 있는 통통하고 밝게 나온 놈이 거미일까? 만약 그렇다면 굉장히 바쁘게 움직이는 놈이었다. 천사의 날개 같은 거미줄이 우반구와 좌반구에 두루 뻗쳐 있었다.

"저게 뭐죠?" 제임스가 물었다.

"나비형 신경교종神經膠腫입니다."

나비라니. 뭔가 아름다운 것처럼 들렸다.

"종양이지요."

그날 저녁 얼굴에 물을 끼얹던 제임스는 쫙 편 손바닥에서 뭔가 이상한 것을 느꼈다. 그것은 왼손이었다. 피부가 납지蠟紙처럼 창백했다. 그 밑으로 건腱, 뼈, 혈관이 보였다. 그는 신체의 다른 부분을 확인해 보았다. 팔과 다리는 문제없었고 가슴과 배도 마찬가지였다. 그는 페니스를 좌우로 돌렸고 위로 들어 밑 부분을 살폈다. 발바닥도 조심스럽게 살폈다. 모든 것이 정상이었다. 거울에서 고개를 돌린 그는 무심코 등 뒤를 보다가 등 아랫부분이 투명해져 있는 것을 발견했다. 척추, 골반 뼈, 갈비가 분명히 보였다. 내장 기관의 일부인 위, 간, 창자도 보였다.

그는 내장 기관이 아주 조밀하게 자리 잡고 있는 것을 보고 놀랐다. 교과서에서 본 것처럼 엉성한 풍선마냥 느슨하게 떠 있는 그런 상태가 아니었다. 아, 그리고 그 색깔! 그건 정상이 아니었다. 얼음 같은 푸른색의 위, 진홍색의 간, 오렌지색 창자, 그리고 뼈들은 무인無人 열차의 해골처럼 창백했다.

그것은 거기서 멈추지 않았다. 다음날 아침 그는 거울과 책들

앞에 앉았다. 그가 전에 나비 날개를 보지 못했다니 이상한 일이었다. 하지만 그걸 두뇌 스캐닝 사진에서 보았고 또 어디를 찾아봐야 하는지 정확히 알았기 때문에, 그 윤곽을 추적할 수 있었다.

'나비형 신경교종'은 의학 교과서에 찾아보니 '대뇌 종양' 항목에 들어 있었다. 이런 증상에 걸린 환자의 예후는 좋지 못했다. 하지만 교과서에 따르면 이런 종양이 생길 경우 정신과 증상도 병발한다고 했는데, 제임스는 자기에게 그런 증상은 없으니 정말 다행이라고 생각했다. 그는 밀리 생각을 했다. 그는 마음속으로 채색 유리처럼 환하게 빛나는 밀리의 얼굴을 보았다. 저 얼굴 이미지는 정확하게 어디에 있는가? '저기(머릿속 생각)에 있지도 않고 여기 바깥(현실의 세상)에 있지도 않다.' 그렇다면 밀리는 정확히 어디에 있는가? 그녀를 본 게 며칠 전인가 아니면 몇 주 전인가?

"밀리, 넌 어디에 있니?" 그가 소리쳤다.

"난, 바로 여기 있어, 제임스." 친숙한 목소리가 들려왔다. 그는 이제 거울 속에 있는 그녀를 볼 수 있었다. "봐." 제임스는 그녀의 맨살 유방 밑에서 펄떡거리는 심장을 보았다. 아주 밝게 빛나는 색깔이었다.

밀리가 사라졌다. 거울 속에는 그의 얼굴뿐이었다. 거울을 열심히 들여다보는 그의 얼굴은 때때로 기이한 모습이 되었다. 표정의 변화는 거의 없이, 갑자기 위협과 경멸의 분위기가 가득했다. 그는 눈을 가리고 고개를 흔들면서 그런 분위기를 물리치려 했다. 하지만 그는 이번에 느리게 반응했다. 거울로부터 악의가 솟구쳐 올라 그의 맥없는 눈 속으로 흘러들었다. 망막의 벽을 뚫고서 시각의 통로를 경유하여 두뇌 깊숙이 들어가 박혔다. 그는 그것을 느꼈다. 그것의 이동과정을 내내 관찰했다.

너무 늦었다. 그는 사라져버렸다. 이제 거울에 그의 얼굴은 없었다. 아니 얼굴이 부분적으로만 남아 있었다. 신경과 근육, 뼈와 연골, 꺼풀 없는 눈과 피부 없는 입술. 추상적 형체. 빛과 그림자.

그는 반짝거리는 바위 물웅덩이를 찾았으나 끝내 찾지 못했다. 그가 발견한 것들은 백과사전 속의 그림에 비하면 황량한 물웅덩이에 지나지 않았다. 이제 제임스는 바다의 가장자리에 알몸으로 섰다. 발가락의 뼈들이 축축한 모래 속을 파고들었다. 뼈뿐인 손을 하얀 파도와 회색 구름 쪽으로 내뻗었고, 그의 투명한 콧구멍 속으로는 짭짤한 바닷바람이 몰려들었다. 발목뼈를 때리는 차가운 바닷물이 그의 고환에 신경 바늘을 쏘아댔다. 절반은 즐거움이고 절반은 고통이었다. 그는 손가락을 펴고서 살펴보았다. 허연 뼈, 피부, 근육, 정맥. 이어 주먹을 쥐어 보았다.

"나는 제임스 문이다. 모든 것이 투명하게 보이는 남자다!" 그가 투명한 목소리로 소리쳤다. 그의 입김이 투명한 왼쪽 입술에서 터져 나오는 순간, 바닷바람이 그것을 휩쓸어갔다. "이게 바로 나라는 존재다!"

　그의 생각들은 그의 두뇌 주름 속에서 뛰어오르고 다시 접혀졌다. 레이저처럼 날카로운 그 생각들은 하늘 가득 검은 그림자를 던졌다.

into the Silent Land

제2부 돌들이 일으키는 불꽃

자꾸만 내가 죽은 사람처럼 느껴져

코타르 증후군

🐭

나는 종합병원 10층의 소 세미나실에 앉아 있는데 이 방은 "해리의 방"으로 널리 알려져 있다. 기다란 참나무 테이블 앞부분에 앉아서 노트북 컴퓨터로 작업을 하는 중이다. 내 등 뒤에 출입문이 있고 방 저쪽에 있는 단 하나의 창문을 통해 초저녁의 가느다란 햇빛이 힘들게 흘러들어온다. 사방 벽에는 유리를 앞에 댄 참나무 캐비닛들이 놓여 있다. 그 캐비닛의 선반에는 인간 두뇌의 견본을 집어넣은 병들이 진열되어 있다. 각각의 두뇌는 연한 오줌 색깔이 나는 액체 속에 매달려 있다.

이것은 해리의 킬렉션이다.

견본들은 종양, 뇌혈관 질환, 퇴행성 질환 등 병명에 따라 진열되어 있다. 온전한 뇌도 있고, 절반쯤 남은 뇌도 있으며, 여러 조각으로 나누어지거나 단면을 보여주는 뇌의 부분들도 있다. 내

오른쪽 어깨 가까운 곳에는 소녀가 헤엄치고 있다.

이 방은 아주 조용하다. 자연사 혹은 퇴행사退行死 두뇌 중에 부자연스러운 폭력에 의해서 사망한 갑을병 세 사람의 두뇌도 있다. 이 세 사람의 스토리는 서로 뒤엉킨다. 갑은 을의 아내 병과 혼외정사를 벌이다가 을이 쏜 총에 뒤통수를 맞아 사망했다. 을은 아내 병을 처치한 후 자신의 두뇌에 총을 쏘아 자살했다. 병의 두뇌는 같은 줄에 세 번째로 놓여 있다. 그녀의 뇌는 온전하게 보전되어 있다. 해리에 의하면 그녀는 가슴에 총을 맞았다고 한다. 나는 해리에게 병이 갑과 을의 사이에 위치하여 두 남자를 서로 떼어놓으면 좋지 않겠느냐는 말을 했었다.

"죽은 후에도 갑과 을이 서로 경멸하고 있다는 걸 느낄 수 있어. 그러니 그녀가 가운데 있으면 좀 낫지 않을까." 나는 해리에게 말했다.

해리는 그런 문제를 별로 신경 쓰지 않았다. 그런데 병이 여기서 무엇을 하고 있는가? 그녀의 두뇌는 그 어떤 병증도 보이지 않았다. 해리는 병의 두뇌야말로 정상적이고 온전한 두뇌라고 대답했다. 그가 견본들을 이런 식으로 진열함으로써, 인간 두뇌의 취약성 못지않은 인간 심장의 변덕스러움도 보여주고 있다는 걸 해리는 인정하지 않았다. 아무튼 해리는 갑을병 얘기를 좋아했다.

신경병리학자였던 해리에게 뇌의 물질적 실체는 아주 기본적인 사항이었지만 나에게는 그렇지 않았다. 나는 인간의 두뇌를 내 손바닥에 들어보았을 때 느꼈던 매혹과 혐오의 양가감정을 아직도 기억한다. 우선 뇌가 무겁다는 사실에 놀라면서 깊은 인상을 받았다. 나는 그것이 심리적 이미지나 연상의 사슬처럼 전혀 무게가 없을 것이라고 예상했었다. 뇌의 내부 구조가 교과서 그림과 일치하는지 확인해 보고 싶었지만 동시에 그런 분석이 별로 내키지 않았다. 나는 두뇌가 창조해낸 세상, 가령 하늘, 구름, 사람, 즐거움, 고통 따위를 상상했다. 세상 모든 것이 그 두뇌 안에 들어 있는 것이다. "나는 호두껍질 속에 갇혀 있어도 나 자신을 무한한 공간의 왕자라 생각할 수 있는 사람이야." 햄릿은 말했다. "내가 나쁜 꿈만 꾸지 않는다면." 그러니까 호두껍질 같은 그의 머릿속에 무한한 공간이 들어 있다. 따라서 그 두뇌가 만들어내는 꿈 또한 무한하다. 하지만 죽어 조용해진 이 회색 물질을 바라보고 있노라면 과연 저것이 과거에 무한한 공간의 창조자였는지 의심이 든다. 세상이 붕괴해 버린 지점. 나는 이 방의 조용한 분위기와 허공의 느낌을 사랑한다. 붕괴해버린 세상과 사라져버린 열정, 그런 것들을 느낄 수 있다. 그것은 니에게 존새의 신비한 느낌을 안겨 준다. 나는 아직 소금에 절인 살코기가 아니다.

빛은 사라지고 지평선의 호박 빛 하늘은 병들 속의 액체 색깔과 비슷하다. 하늘에는 단 하나의 밝은 별이 떠 있다.

나는 전공과목인 신경심리학 분야에 대하여 모르는 것이 제일 많다. 물론 그 이외에도 많은 것을 잘 알지 못한다. 가령 러시아어는 전혀 모르고 양자물리학은 내 이해 밖에 있다. 내연 기관의 작동 방식에 대해서도 무지하고 아일랜드 역사에 대해서도 그러하다. 나의 지식이란 엉성하게 이해된 막연한 개념들, 절반쯤 파악한 일반 원칙들, 서로 관련되지 않는 사실들의 묶음 따위로 구성되어 있다. 하지만 러시아 어는 공부할 수 있고 아일랜드 역사나 기타 과목은 맹렬히 파고들 수도 있다. 그렇지만 양자 기계학을 이해하는 데 필요한 수학 실력은 습득하지 못할 것이다. 아무튼 그 분야의 전문가가 쓴 대중적 서적을 읽고 뭔가 배울 수는 있을 것이고, 그 전문가도 본격적으로 깊이 들어가면 아는 게 별로 없다는 사실에 위안을 얻는다. 문제가 두뇌와 의식(마음)의 관계에 이르면, 나의 무지는 너무 깊어서 어떻게 해볼 도리가 없다.

의학 교과서에 나오는 자신감 넘치는 설명과, 내가 동료와 환자들에게 말해주는 전문사항도 실은 약간만 파고들면 그 밑에는 무지無知의 대양大洋이 출렁거리고 있다. 나는 뇌의 물질적 구성 요소들은 명확하게 알고 있고 그 기능에 대해서는 오랜 시간 얘기할 수도 있다. 그 요소들이 지각, 기억, 행동의 하부구조가 되어 서로 연계하는 방식도 잘 알고 있다. 그러나 두뇌가 어떻게 자아라는 의식(마음)을 만들어내는지 그 과정은 하나의 신비인 것이다. 아니, 알 수가 없다.

비행기 조종사가 비행기 조종 원리를 모르고 내과의사가 인간의 생리와 해부학을 잘 모른다고 하면 말이 될까? 말이 되지 않는다. 하지만 신경심리학자인 나는 두뇌가 의식(마음)을 만들어내는 과정에 대하여 만족스러운 대답을 하지 못한다. 게다가 한술 더 떠서 과연 두뇌가 의식을 만들어낸다고 말하는 게 과연 타당한지 의문마저 품고 있다.

요사이 해리의 방을 드나드는 사람은 거의 없다. 여기서 한 달에 한번 소위원회 모임이 열리고 또 가끔 학술지 클럽의 모임이 있다. 그 외에는 내가 지금 하고 있는 것처럼 업무 보고서나 임상 보고서를 쓰는 용도로 사용된다. 세미나 용으로 사용되는 일은 없고, 물론 해리는 더 이상 여기에 오지 않는다.

나는 환자 보고서를 완성하려고 애쓰는 중이다. 환자인 지니는 치매로 고생 중인데 병세가 빠르게 악화되고 있다. 겨우 53세에 말이다. 알츠하이머병이 아닌 것은 확실하지만 아직까지 정확한 진단을 내리지 못했다. 나는 오늘 오전 그녀를 병실 옆의 작은 방에서 만났다. 그녀는 현재 신경외과 병동 6인실에 입원 중인데 이틀 전 밤에 갑자기 마음의 동요를 일으키더니 나머지 다섯 환자에 대하여 망상을 품기 시작했다. 새벽 3시에 일어나 병원을 나가야겠다며 짐을 싸는 그녀를 간호사가 발견했다.

"난 말썽을 일으키고 싶지 않아요." 지니가 낮은 목소리로 말했다. "난 저들과 달라요. 저들은 모두 레즈비언이에요."

오늘 오전에 그녀는 쾌활했다. 병원 직원이 그녀에게 찻잔을 가져다주었기 때문이다. 그녀의 딸 리사는 병상 건너편에서 아이에게 모유를 먹이고 있었다. 리사는 아이를 데리고 매일 어머니에게 문병 온다. 우리는 앉아서 얘기를 나누었는데 커튼을 치지 않은 창문으로 햇살이 환하게 쏟아져 들어왔다. 지니는 기분이 좋았다. 하지만 점점 죽음에 대하여 생각하는 시간이 많아졌다.

"의학적으로 말해서, 사람이 죽고 나면 그 다음엔 어떻게 되는지 그 생각을 많이 해요." 그녀는 병동에서 죽은 환자를 어떻게 처리하는지 알고 싶어 했다. 의사들은 어떤 환자가 죽었다는 것을 어떻게 확실히 알 수 있는가? 시체는 어디로 가는가? 누가 그것을 접수하는가?

"그건 나중에 얘기하시죠. 우리는 해야 할 일이 있습니다. 진도를 나가시죠." 내가 말했다.

먼저 나는 시간, 장소, 사람에 대한 그녀의 지남력을 검사했다. 결과는 훌륭했다. 그녀는 내가 누구인지, 우리가 어디에 있는지, 오늘의 요일, 이번 달 등에 대해서 정확하게 말했다. 그녀는 자전적 정보도 제공했고 자신의 현재 상황에 대해서도 잘 인식하는 듯했다. 그 다음 나는 심리 기능을 검사하는 몇 가지 기본 테스트를 실시했다. 그 중 하나가 단어 검사로 주어진 알파벳에 따라 단어를 만들어내는 것이었다. 나는 먼저 F로 시작했다.

"Fire(불), flag(깃발), funeral(장례식). 이 정도 대면 되겠어요?"

그녀가 말했다.

"좀더 말해 봐요. 생각나는 대로 모두." 하지만 정해진 60초가 지나갔는데도 그녀는 더 이상 말하지 못했다. A에 대해서는 딱 한 단어만 말했고 S는 세 단어를 말하고 그만이었다. 이어 단어 검사에서 사물 분류 검사로 넘어갔다.

"네 발 달린 짐승을 열거해 보세요."

지니는 자신의 콧마루를 가볍게 쥐어뜯었다. 30초가 지나갔는데도 대답이 나오지 않았다. 유모차에 잠들어 있던 아이가 깨어나 칭얼거리더니 다시 잠이 들었다. 나는 지니에게 어서 대보라고 재촉했다.

"이 문제는 좀 어려운데요. 왠지 모르지만 세 발 달린 동물밖에 생각이 안 나요."

나는 리사의 입술에 살짝 떠오르는 미소를 보았다. 하지만 그녀의 눈빛은 납처럼 무거웠다.

두뇌가 의식에 미치는 영향을 의심한다는 것은 미친 짓으로 여겨지리라. 두뇌와 의식이 밀접한 관계에 있다는 것은 의심할 여지가 없다. 나의 두뇌와 나라는 자아는 서로 떨어져 있는 법이 없다. 나는 여기 해리의 방에 나 자신이 생생한 두뇌와 활발한 의식을 가지고 앉아 있다는 사실을 받아들인다. 반면에 나무 캐비닛 속에 들어 있는 저 뇌 견본들은 그렇지 못하다. 나는 생각을 하고 소리를 듣고 사물을 바라본다. 저기 아래쪽 거리에서 올라오는 차량의 흐름소리를 듣고 복도에서 흘러나오는 피아노 소리도 듣는다. 내 입속에는 커피 맛이 아직도 남아 있고 발꿈치와 테이블이 서로 맞닿은 감촉을 느낄 수 있고, 허리를 숙여 컴퓨터 스크린의 텍스트를 읽는다.

자판을 두드려 스크린에다 글자를 올리고, 단속적으로 떠오르는 한가한 생각이나 이미지를 포착한다.(어느 순간 나는 밥 말리의 노래를 흥얼거렸다. 그건 느닷없이 나온 것이다) 그리고 창문을 통해 수억 마일 떨어진 곳에 있는 별을 본다. 그 별의 이미지가 내 눈으로 들어와 두뇌의 시각 체계를 거쳐 기억과 언어로 연결된다. 그리하여 의미의 공간에서 "금성"이라는 이름과 위치를 얻게 된다.

그래서 의식적 자각은 물리적 위치를 갖는다. 가령 지금 여기 해리의 방에 와 있는 나의 의식은 정확히 양 귀 사이 어디쯤에 있다. 이것은 자명해 보인다. 그러나 두개골 속으로 들어가 뇌의 내부 작동 상황을 살펴보면 의식(마음)이라고 이름 붙일 만한 것이 거의 발견되지 않는다. 정신 작용의 표시가 되는 색깔이라든가 소리가 전혀 보이거나 들리지 않는다. 이 조용한 땅을 방랑하면서 그 지리를 3인치 시점에서 묘사할 수는 있겠지만, 1인칭 묘사(나라는 개인의 존재)는 어려운 것이다.

이런 관점에서 볼 때 의식(마음)은 어떤 특별한 처소處所를 갖고 있지 않다. 마음은 내가 앉아 있는 의자에 있지 않은 것처럼, 전두엽의 언덕이나 계곡 혹은 외측 대뇌열의 등성이에 자리 잡고 있지 않다. 뇌의 지형을 조사하고 그 실체와 구조를 연구할수록 마음(자아)이라는 허깨비는 사라져버리고 만다. 나라는 자아가 육체 속에 깃들어 있기는 하지만, 신체의 물리적 구조 내에서는 추적 불가능한 것이다. 나는 비非물질적 마음이나 신체에서 분리되는 영혼은 믿지 않는다. 그렇다고 해서 두뇌가 의식의 필요조건임을 부정하지 않는다. 하지만 그것으로 '충분한지는' 의문인 것이다.

지니는 내 검사가 지겨워졌고 집중을 하지 못했다. 숫자 암산을 하는 동안 그녀는 갑자기 동작을 멈추고 멍하니 앉아 있었다. 리사는 의자 등에 몸을 기대고 머리를 벽에 붙인 채 눈을 감고 있었다. 아이는 깊이 잠들어 있었다. 병원은 조용한 법이 없지만 때때로 달관과 피곤함의 틈새 같은 공간이 있어서 그곳에서는 시간마저도 잠시 멈추는 듯했다. 외부 세계의 소음은 멀고 아득할 뿐이었다. 우리는 각자 자신의 세상 속으로 침잠했다. 내가 잠시 틈을 주자 지니는 경이驚異의 고원高原을 방랑하면서 세 발 달린 짐승을 쫓고 있었다. 아이는 모유母乳의 연못 속에서 만족스럽게 표류했다. 나는 리사가 무슨 생각을 하는지 상상하지 않기로 했다.

의식은 수수께끼이다. 어떤 관점에서 보면 의식이 물리적 처소를 갖고 있는 듯했다.(사람의 고통과 즐거움은 사람을 따라가지 않는가) 하지만 또 다른 관점에서 보면 그런 얘기는 황당해 보인다.

사람의 두뇌 속으로 들어가 보면 의식은 위치를 부여할 수 있는 "사물"이 아님을 알 수 있다. 그것을 "사물"이 아닌 "기능" 혹은 "과정"으로 생각한다 해도, 의식의 중요 요소가 두뇌의 이런 저런 부위에 위치한다고 말하는 게 무슨 의미가 있는가? 또 의식은 전체 두뇌의 종합적 기능이라고 할 수도 없다. 신경외과수술, 부상, 질병으로 인해 뇌를 상당 부분 잃었지만 여전히 의식이 온전한 환자들을 많이 보았다. 환자들 자신도 의식에는 아무 문제가 없다고 말했다.

비트겐슈타인은 철학이란 수수께끼의 해결안을 찾는 것이라기보다 근본적 오해를 바로잡는 것이라고 말했다. 철학자의 문제 처리는 질병의 치료와 비슷하다는 것이다. 인간의 마음은 세상에 대한 오해로 가득 차 있는데, 철학자의 임무는 그 오해의 매듭을 풀어주는 것이다. 비트겐슈타인의 말을 빌려 오자면, 파리 병 속에 갇힌 파리에게 그곳에서 빠져나오는 길을 일러주는 것이다.

인지과학이 갑자기 생겨나기 전만 해도 "마음과 신체의 문제"는 상아탑 철학계의 회랑에서 조용히 살고 있었고 아무에게도 골칫거리가 아니었다. 오늘날 "의식 연구"로 재단장한 이 학문 분야는 즐거움의 정원이 되었고 철학자와 각종 학문의 연구자들이 들락거린다. 논의는 활발하고 때때로 격렬해진다. 신경과학자들이 뇌 스캐너보다 더 시끄러운 소리로 고함치는 동안, 대부분의 사람들은 파리가 병 속에서 달아나려고 미친 듯이 날아다닌다는 것을 주목하지 못한다. 연구자들은 매혹되었다. 어떻게 물질적인 것에서 심적인 것이 생겨나는가? 주관적 체험은 두개골 속의 저 젖어 있는 물질과 일치될 수 있는가? 그들은 자신감이 넘쳐흘렀다. 그들 대부분은 해결을 기대했다. 의식이라는 키메라는 증기처럼 일어나 그들을 유혹했다. 주관적 1인칭 현상을 객관적 3인칭 현상으로 서술하는 방법을 곧 찾아내리라는 환상을 품게 만들었다. 근년에 들어와 철학자와 과학자들이 이 분야에 엄청난 지적 투자를 했음에도 불구하고, 내가 보기에 파리는 여전히 파리 병 속에 갇혀 있다.

마침내 지니가 말했다. "난 죽은 사람인가요?"

나는 즉각 대답하지는 않았다. 리사의 눈은 여전히 감겨 있었고 나는 침묵이 흐르도록 내버려두었다. 지니는 미소를 지었다. 그녀의 얼굴에 약간 당황하는 기색이 어렸다.

"그냥 생각나는 대로 말해본 거예요. 난 죽었나요?"

그녀의 입 가장자리에는 치약의 흔적이 남아 있었다. 그녀는 환자복에 흘러내려 얼룩을 남긴 차의 물방울을 눈치 채지 못했다. 하지만 눈빛은 반짝거렸다. 그녀는 자신의 주제를 더 설명해 나갔다.

"한밤중에 나는 확신했어요. 그들이 나를 데리러 올 거라고. 하지만 난 두렵지 않았어요. 나는 무슨 일이 벌어질지 보고 싶었어요. 그러다가 누군가 왔어요. 키가 큰 남자였어요. 그는 빤히 쳐다보기만 했어요. 난 뭔가 말하려 했지만 입술이 움직이지 않았어요. 그러자 키 큰 남자는 떠났어요. 단 한 마디도 말하지 않고."

"엄마, 그 얘긴 전에도 했잖아." 리사가 말했다. "가끔 착각을 일으키는 것뿐이야. 엄만 안 죽어. 앞으로 오랫동안."

지니의 진단이 아직 명확하게 내려지지 않았기 때문에 리사의 그런 전망은 반드시 맞는 말이라고는 할 수 없었다. 지니는 딸의 말을 듣고 있다는 표시를 하지 않았다.

"내가 죽었다고 확실하게 말할 수는 없어요." 지니가 계속 말했다. "하지만 세상이 때때로 예전 같지 않아요. 그게 진짜라는 느낌이 안 들어요. 내가 죽은 사람일지 모른다고 느껴져요." 그녀의 표정이 어두워졌다. "내가 죽는다면 그걸 어떻게 알 수 있을까요?"

지니는 시간, 장소, 사람에 대한 방향 감각이 명확했다. 요일과 달, 우리가 살고 있는 도시와 병원의 이름, 자신의 이름, 나이, 주소를 확실히 댔다. 하지만 자신이 살았는지 죽었는지에 대해서는 불확실했다. 나는 진찰 노트에 이렇게 썼다. '코타르 증후군?'

나는 과거에 심한 우울증에 걸려 있는 노파를 진찰한 적이 있었다. 그 노파는 말했다.

"날 매장해 줘요. 난 죽은 지 한참 되었어요."

노파는 자신의 내장이 모두 썩어버렸다고 생각했다. 아무리 그렇지 않다고 말해줘도 소용이 없었다. "이봐요, 할머니, 당신은 여기서 나한테 말을 걸고 있는데, 어떻게 그런 당신이 죽었다는 거예요?" 내가 말했다.

"그건 빈말일 뿐이에요." 노파가 대꾸했다.

노파의 주위에는 허깨비들이 왔다갔다 했다. 인간들도 왕래했고, 커튼이 물결쳤고, 밤이 왔으며 이어 새벽이 왔다. 하지만 노파는 이런 것에 전혀 연결감을 느끼지 못했다. 시간이 노파의 시체 내부를 텅 비게 만들었고 빈말들은 그녀의 발밑에 낙엽처럼 쌓였다. 사람들이 하는 말은 그냥 빈말이라는 것이었다. 그때 나는 코타르 증후군을 처음 목격했다. 이 증세는 주로 우울증 환자에게서 나타나지만 신경외과 질병에도 종종 발견된다. 코타르 증세에 걸린 환자는 허무주의적 망상에 빠지며, 이 노파의 경우처럼 자신이 더는 이 세상에 존재하지 않는다고 생각한다.

이 병명은 프랑스 정신과의사인 쥘 코타르에게서 따온 것이다. 코타르는 1882년 일련의 사례 연구를 발표하면서 그것을 통칭하여 자기부정의 망상(delire de negation)이라고 이름 붙였다. 제시된 임상 사례들은 환자마다 조금씩 달랐지만 자기 부정의 망상은 공통되었다. 망상의 사례들은, 신체 일부가 없어졌거나 썩었다는 것에서 시작하여 신체가 아예 없다고 생각하는 것에 이르기까지 다양했다. 자신이 죽었다는 믿음은 코타르 증후군의 결정적 특징은 아니었다. 코타르가 보고한 "순수한" 8건(피해망상과 기타 착란 증세의 사례 3건은 제외)의 증세 중, 오직 한 여자 환자만이 자신의 상태를 죽음이라고 믿었다. 다른 환자들은 자신의 상태를 존재하지 않음이라고 말하기도 했고 또 어떤 환자는 존재의 중지가 곧 죽음이라는 기존의 관습을 교묘하게 피해 나갔다. 개중에는 자신의 신체가 존재하지 않는다고 말하면서 동시에 자신이 불멸의 존재라고 믿는 환자들도 있었다.

무엇이 이런 망상을 일으키는가? 우울증이 통상적 요인이지만 반드시 필요한 조건은 아니다. 허공을 멍하니 쳐다보는 여 환자지니는 우울증상은 없다. 하지만 그녀의 사례는 신경생물학적 설명을 필요로 한다. 하나의 가능성은 두뇌 메커니즘, 그러니까 감각과 생각을 정서 담당 신경계에 연결시켜주는 메커니즘이 고장난 경우이다. 이런 연결 기능은 대뇌 좌우반구 깊숙한 곳에 자리 잡은 변연계가 수행한다. 변연계의 일차적 기능은 즉시 행동에 돌입하는 준비 상태를 만들어주는 것이다. 소위 "감정 프로그램"을 작동하여 이런 행동을 하게 해준다.

만약 미친 사람이 도끼를 들고 당신에게 달려들고 있다는 감각 정보가 두뇌에 입력되면 당신의 몸은 즉각 감정 프로그램을 작동하여 공포의 상태를 일으킨다. 공포를 감정을 느끼고, 눈이 튀어나오고, 의식의 전류가 흐르기도 전에, 다양한 생리 시스템이 가동되어 즉각 반응하라는 지시를 내린다. 당신은 몸을 돌려 달아날 것이다. "무섭다"라는 생각이 곧 뒤따라 나올 것이다. 하지만 그 생각이 의식의 표면으로 떠오를 때에는 이미 "무서웠다"라는 과거 시제가 되어버릴 것이다. 행동이 먼저, 생각이 뒤따라온다.

그렇다면 "무섭다"라고 외치는 '나', 그 무서운 경험을 반성하는 '나'는 어떤 존재인가? 그것은 단 하나의 사물은 아니거나 아예 사물이 아니다. 가장 원시적 형태의 '나'는 생물적 조직의 원칙이다. 이 설명에 의하면, 감정 프로그램은 외부세계와 상호작용하여 적응하도록 해주고, 또 자아의 생물학적 근원이 된다. 생각과 행위에 감정의 색깔(아주 옅은 색깔일지라도)을 입힘으로써, 감정 프로그램은 체험에 일관성을 부여한다.

이렇게 하여 아이덴티티의 기반이 되는 느낌이 생성되고, 생각의 소유권을 확립해주고 행동 조절의 기능을 담당하게 된다. 이러한 지각, 생각, 소망, 믿음, 발설, 행동은 모두 '나의 것'이다. 나는 그것을 느낀다. 그런 것들의 공통적 원인은 나의 필요와 동기에 집중되고, 변연계의 감정 프로그램을 통하여 발현된다. 나는 내가 생각한다고 '느끼기에' 존재하는 것이다 하지만 이것은 자아의 생물학적 뿌리에 대한 기능적 묘사에 지나지 않는다. 그 느낌에 대한 '느낌'은 어디에서 오는지 묻지 말라. 다시 말해 자아라는 총체적 느낌의 근원은 어디인지 막연하다. 그런 질문은 이해의 매듭을 더욱 단단하게 묶어놓을 뿐이다.

이런 생물학적 뿌리 이외에도 현재는 물론이요 과거 및 미래에 관련되는 자아의 차원이 있다. 이야기의 관점에서 말해보자면 자서전적 자아는 어디에서 나오는가. 그런데 코타르 증후군에서 자아라는 핵심이 용해되어 버린다. 인지認知는 느낌으로부터 이탈해 버리고 결과적으로 생각과 행위는 고정적인 계류지가 없게 된다. 그런 생각과 행위의 소유권을 주장하는 '나'가 없는 것이다. '나'는 분해되어 파편으로 둥둥 떠다닌다. 어떤 여자 환자는 자신이 신선한 공기의 떨림이 되어버렸다고 생각했다. "난 이제 목소리가 되었어요. 이 목소리가 사라지면 나는 존재하지 않는 거예요." 목소리가 사라지면 그녀 자신은 없어지고 또 자신이 어디로 갔는지도 알지 못한다고 그 여자 환자는 말했다.

지니는 잡역부가 가져다준 찻잔에 관심을 보였다.

"이것 좀 보세요." 그녀가 말했다. "이거 실제로 존재하는 거예요? 그걸 어떻게 알 수 있죠? 실제로 존재하는 것처럼 보이지 않아요." 그녀는 찻잔이 갑자기 공기 중에서 불쑥 튀어나오기라도 한 것처럼 그 물건을 열심히 쳐다보았다. 이어 그녀는 내게 시선을 돌렸다. "그런데 당신은 어때요?" 그녀가 말했다. "당신은 실제로 존재하나요?"

나는 진료 기록을 적다 말고 가만히 앉아서 양손을 등 뒤로 돌려 깍지 낀 다음 그 순진한 질문을 깊이 생각했다. "내 말을 믿으세요. 난 실제로 존재하고 당신도 마찬가지입니다. 내 말을 믿으세요." 내가 말했다.

"당신은 믿을 수 있다고 생각해요." 하지만 그녀는 확신하는 목소리가 아니었다.

어떤 철학자들(어떤 자들에 의해 "신비주의자"라는 경멸의 딱지가 붙은 사람들)은 "의식의 문제"가 인간의 지적 능력을 넘어선다고 주장했다. 그건 미적분이나 민주주의의 개념을 토끼나 비둘기의 지능으로 이해하려는 것과 비슷하다는 얘기이다. 나는 이것이 퍽 위안을 주는 견해라고 생각한다. 하지만 나는 과학자라기보다 임상가이다. 나의 직종에서 지나친 낙관론은 역효과를 낼 수 있다. 어떤 문제들은 해결안이 없다. 이 까다로운 문제(의식)를 풀수 있는 방법이 있다면, 그 첫 번째 걸음은 인간이 신체를 갖고 있을 뿐만 아니라 그 신체가 사회적 환경에 의해 둘러싸여 있는 상황을 인정하는 것이다. 마음(의식)은 신체와 두뇌 속에 있는 것이지만, 다른 각도에서 보면, 생물학적 경계 너머에도 분포되어 있다.

이 "확대된 마음"(의식)이라는 개념은 인지과학에서 꾸준히 힘을 얻어왔다. 이미 50여 년 전에 러시아 신경심리학자인 알렉산드르 R. 루리야가 이와 유사한 사상을 개진했다. 루리야는 심리적 현상이 자연계의 일부로서 자연의 법칙에 종속되지만, 마음의 구조는 사회적 차원을 가지고 있다고 주장했다. 과학적 심리학은 생물학과 보조를 맞추어야 하고, 또 두뇌를 폐쇄적인 생물학적 체계로만 이해해서는 두뇌와 마음의 관계를 총체적으로 파악할 수 없다고 보았다. 살아서 활동하는 두뇌는 더 큰 생물적 시스템(나머지 신체들)의 일부분일 뿐만 아니라 그보다 더 넓은 사회적 시스템의 일부라는 얘기이다. 우리가 "자아"라고 부르는 것은 단독적이고 개별적인 두뇌들의 '상호작용'으로부터 나오는 생물적 · 사회적 힘들의 결과물이다. 돌은 저 혼자 있을 때에는 불꽃을 일으키지 못하지만 두 돌이 함께 부딪치면 불꽃을 만들어내는 것과 유사한 이치이다.

신경과학의 과제는 두뇌(생물학적 대상)와 자아(사회적 구조물)를 이해 가능한 공통의 틀 안에서 일치시키는 것이다. 두뇌과학은 "사회적 패러다임"을 적극 수용해야 한다. 혼자 있는 개인의 두뇌 회로에서 아무리 '의식'이라는 성배聖杯를 찾으려 해봐야 결국 가짜 황금을 건질 뿐이다. 뉴런의 구조에 대한 연구로 1906년 노벨상을 수상했고 현대 신경과학의 창립자 중 한 사람인 산티아고 라몬 이 카할은 이렇게 말했다. "우리의 두뇌가 미스터리로 남아 있는 한, 두뇌 구조의 반사물인 우주 또한 미스터리로 남게 될 것이다." 우리와 우주는 상호 밀접하게 연결되어 있다. 우리가 우주(세상)에서 특별한 위치를 차지한다고 할 수는 없겠지만, 우리가 이해하는 한, 우주는 우리 안에서 특별한 위치를 차지하고 있다.

"당신은 믿을 수 있다고 생각해요. 내 생각에, 내 생각에……."

지니의 말은 생명을 얻기 위해 투쟁하고 있었다. 그녀의 시선은 입원실 벽의 연푸른 페인트 위를 떠돌았다. "당신은 믿을 수 있다고 생각해요." 리사는 젊은 어머니답게 우아하게 움직이면서 잠든 아이를 유모차에서 담요째 들어 올려 지니의 양팔에 안겼다. 지니는 손녀에게 키스를 한 다음 울기 시작했다. 이제 나는 일어서야 할 시간이었다.

"엄마는 울고 나면 좀 진정이 돼요." 리사가 말했다.

"그렇군요." 내가 대꾸했다.

쥘 코타르는 49세의 나이로 사망했다. 그는 자녀들 중 병든 아이를 회복시키려고 애쓰다가 디프테리아에 걸렸다. 나는 진료 자료들을 정리하다가 이 화석이 되어버린 전기적 사실을 기억해냈다. 환한 컴퓨터 화면은 저녁 하늘보다 더 밝았다. 내가 컴퓨터를 끄자 해리의 방은 거의 어둠에 휩싸였다. 역설적이게도 방안에 어둠이 내리자, 두뇌 견본이 들어 있는 병들은 물러가는 빛의 반사광을 머금은 것처럼 희미하게 빛났다. 나의 보고서는 완성되었다. 노트북 컴퓨터의 뚜껑은 기분 좋게 찰칵 닫혔고 나는 나무 캐비닛 쪽으로 걸어가 한 두뇌 견본을 찬찬히 들여다보았다. 그 병에는 이렇게 쓰인 레이블이 붙어 있었다. '지주막하 출혈.'

"해리, 어떻게 지내?" 내가 말했다.

폴, 자네야말로 어떻게 지내나?

나?

여기 자네 말고 누가 있나?

잠시 생각에 빠져 있었다네.

무얼 생각했는데?

별거 아니었어.

우주의 광대무변함, 의식의 신비, 죽음의 필연성, 뭐 그런 걸 생각했겠지.

어떻게 알았지?

내게 골루아즈 담배를 하나 건네주게!

냄새나고 좋을 게 없잖아.

담배를 한 대 피웠으면 좋겠는데.

내겐 고역일 거야.

자꾸 자기가 죽은 사람 같다고 느끼는 여자에 대해서 좀더 말해 주게.

더 이상 추가할 게 없어.

뭔가 말하고 싶은 게 많이 있을 텐데.

하지만 말하지 않을 거야.

왜?

스토리로 하여금 스스로 말하게 하는 거지. 그게 더 진실에 가까워. 내가 최종 결과를 늘 알고 있는 것도 아니야. 그건 지니의 경우도 마찬가지야.

그렇다면 진단이라도 말해 봐. 혹은 예후를 말해주든지.

하시모토 병인 것 같아. 확실하지는 않지만.

그렇다면 희망이 있다는 얘기네?

이건 두뇌가 불붙는 병이야.

내뱉은 침과 보드카

오늘 오후 나는 해변까지 차를 몰고 갔다. 같이 가겠다는 사람이 없어서 나 혼자 갔다. 아니, 나와 개가 함께 갔다. 별로 깊이 생각하지 않는다면 개도 충분히 동반자가 될 수 있다. 나는 평소에 그런 문제를 그리 깊이 생각하지 않는다.

해변에 도착하니 바람이 세게 불었다. 나는 팬티만 남기고 옷을 모두 벗었다. 처음에는 아주 조심스럽게 물에 접근했다. 물은 아주 차가웠다. 이럴 때 대처하는 유일한 방법은 생각을 하지 말고 곧바로 행동에 돌입하는 것이다. 그래서 내 신체에 곧바로 걸어 들어가 파도 속으로 투신하라는 명령을 내렸다. 내 육체는 시키는 대로 했고 나는 다가오는 파도를 겁먹고 쳐다보았다. 물속에 들어가면 감각이 마비된다. 의식이 잠시 대양의 파도 속에 잠긴 다음 다시 제 정신을 차린다. 나는 수면으로 솟아올라 배영의 차세를 취하며 팔다리를 부지런히 놀렸다. 뇌 속의 뉴런들이 모두 깨어나 반짝거렸다. 나는 바다와 하늘에 감싸였으나 이제는 그 둘로부터 멀리 떨어진 느낌이 들었다. 개는 내 옆에서 아무런 불편함의 표시도 없이 헤엄치고 있었다.

데카르트는 개뿐만 아니라 모든 동물이 의식 없는 자동인형이라고 생각했다. 고통을 당해 내지르는 동물의 비명 소리는 초인종의 딩동댕 소리와 비슷하다고 보았다. 그러니까 나의 충실한 친구는 기계이다. 개의 충성심은 반사적 행동일 뿐이다. 개는 바다의 추위를 느끼지 않는다. 하지만 위대한 철학자는 미스터 스크래치라는 애완견을 길렀고 그 개를 아주 좋아했다.

데카르트는 이런 말을 했다. "나는 내가 존재한다는 것을 안다. 하지만 문제는 그 안다는 '내'가 누구냐는 것이다." 데카르트는 그 '내'가 그의 신체는 아니라고 확신했다. "나는 이 사지四肢의 조합은 아니다"라고 그는 말했다. 하지만 그는 자신이 사지의 조합이라는 것을 알았다. 또 미스터 스크래치가 어느 정도 의식을 갖고 있다는 것도 알았다. 그는 아주 현명한 사람이었기 때문에 그 개가 완전 자동인형은 아니라는 것을 알았다. 만약 자동인형에 불과하나고 생각했다면 그런 애정을 베풀지는 못했을 것이다.

나는 데카르트만큼 현명하지는 못하지만 나의 직관을 믿는다. 그리고 내 신체가 '나'의 중요한 한 부분이라고 생각한다. 나는 이 신체에 대하여 직접적인 통제권을 행사한다. 차가운 물속에 뛰어들라는 명령을 수행하는 대상, 진료실에 출근하여 환자를 보고 강연을 하는 신체. 나는 이것 없이는 집을 나서지 못한다.

나의 신체는 일정한 경계를 갖고 있는데 대체로 보아 내 피부에 의해 규정된다. 그러한 경계가 내 신체에 특징을 부여한다. 내가 신체를 여기에서 저기로 움직일 때마다 나의 생각과 체험도 그것과 함께 따라간다. 내 친구가 어려운 일을 당하면 그에게 이렇게 말한다. "내 생각은 늘 너에게 가 있어." 하지만 이 말은 거짓말이다. 내 생각은 거의 언제나 내 몸과 함께 있다. 아니, '거의'는 빼버리고 '언제나'라고 말해도 좋다. 생각을 신체로부터 떼어낼 수 있다거나 갑이라는 사람의 생각을 을이라는 사람의 머릿속에 직접 집어넣을 수 있다는 주장을 나는 믿지 않는다. 그것은 정신병의 징조일 뿐이다.

내 신체는 의심할 나위 없이 내 '자아'의 한 부분이다. 무게를 달고 치수를 잴 수 있는 내 자아의 한 부분이다. 그것은 그림자를 던질 수 있고 나무, 파일 캐비닛, 자동차, 식물 등 다른 물질적 대상과 공통되는 특성을 갖고 있다. 영국 시인 윌리엄 블레이크는 말했다. "신체는 오관에 의해서 구분되는 영혼의 한 부분이다."

내(자아)가 나의 신체 안에 들어있다고 강하게 느낀다. 내가 차를 몰아 해변으로 나가고 나의 신체에게 차가운 물속에 뛰어들라고 명령을 내린다. 해변으로 가는 길에 자동차의 앞 유리창을 통해 생 울타리와 나무들이 스쳐지나가는 광경을 보는 것처럼, 내 눈의 앞 유리창을 통해 하늘과 파도를 본다. 내가 내 몸 안에 위치해 있다는 것을 느끼고 또 다른 방식으로도 나 자신을 확인한다. 가령 여러 사람들이 함께 찍은 사진 속에 내가 있으면 "저게 나야" 혹은 "난 여기 있네"라고 말한다. 나의 돌 사진을 보고서도 여전히 나를 알아본다. 내 몸은 지금 한 살 배기 어린아이와는 전혀 다른 몸이 되었지만.

거리를 지나가다가 아는 사람들을 만나면 그들은 내 이름을 부르며 인사한다. 이름은 우리 자신을 표시하는 또 다른 방식이다. 우리의 신체와 그 행동을 알아보는 레이블이다. "폴이 저기 바다 속으로 뛰어들고 있네." 인간은 자신의 이름을 바꿀 수는 있어도 신체를 바꾸지는 못한다.

그래서 내가 나의 신체를 점유하고 있다고 느끼고 이것처럼 강력한 확신도 없다. 그런 느낌과 함께 '소유권'과 '행동 주체'의 개념이 나온다. 이건 '나'의 몸이고 '나'라는 사람이 그것을 통제한다. 나의 신체는 나라는 사람의 연속성에 기여한다. 일주일 전이나 오늘이나 나는 여전히 나이다. 매일 거울을 들여다볼 때에는 똑같은 사람이 거기 있으리라고 기대한다. 만약 내가 거울을 들여다보았는데 거기서 넬슨 만델라, 마릴린 먼로, 거대한 딱정벌레 따위를 보았다면 나는 크게 놀라면서 화를 낼 것이다.

자아를 신체와 동일시하는 것은 이처럼 합리적인 측면이 있다. 하지만 여기에는 몇 가지 문제가 있다. 가령 육체의 경계는 그리 쉽게 규정할 수가 없다. 우리의 머리카락과 손톱은 어느 정도까지 우리 신체의 일부인가? 신체의 체액은 어떤가? 음식은? 내가 바구니에서 딸기를 집어 들어 삼켰다고 해보자. 그러면 어느 순간에 그 딸기는 내 신체의 일부 혹은 내 자아의 일부가 되는가?

학생시절 나는 유명한 정신의학자인 안토니 스토에게서 수업을 받았다. 그는 매사 느긋한 교수였고 아주 매력적인 사람이었다. 그로부터 정신병리학에 대하여 많은 것을 배웠다고 생각한다. 하지만 지금 기억나는 것은 정신 실험 한 가지뿐이다.

그는 우리 학생들에게 하루에 얼마나 여러 번 침을 삼키는지 한번 생각해보라고 말했다. 물론 우리는 아무 생각 없이 그 행동을 한다. 이어 스토는 침을 삼키지 말고 물 잔에다 내뱉는다고 상상해보라고 말했다. 그런 다음 물 잔에 고인 우리의 침을 삼키는 것은 어떻게 생각하느냐고 물었다. 그런 우리 입안에 있을 때와 똑같은 침이지만 우리는 싫다고 말한다. 심지어 얼음, 레몬, 보드카 등도 마찬가지이다. 그 차이는 무엇인가? 경계를 넘었다는 것이다. 철학자 대니얼 데닛이 말했듯이, 일단 우리의 몸 밖으로 나가면 그것은 낯설고 의심스러운 것, 우리의 한 부분이 아닌 것, 거부해야 마땅한 것이 되어버린다. 물 잔 속의 침은 "시민권을 포기한 것"이다. 경계와 경계 단속은 이처럼 중요하다.

데닛은 인간의 몸이라는 사회에는 박테리아, 바이러스, 미생물 등 많은 손님들이 살고 있다고 말한다. 그것들이 모두 "내부의 적"은 아니고 또 불청객도 아니다. 가령 장 속의 박테리아는 우리의 생존에 필수적인 손님이다. 나는 내 몸을 자아와 동일시하지만, 몸 안에 살고 있는 미생물이나 소화계에 들어간 음식물들을 자아의 일부로 보지 않으며, 신체의 특정 부위 가령 무릎, 손등, 혈관 등을 나의 자아라고 보지도 않는다. 한 다리 혹은 한 손 그리고 한 파인트(470cc)의 피를 잃을 수도 있지만 그래도 나는 여전히 나다. 그래서 내가 신체를 갖고 있다는 '생각'이 어쩌면 제일 중요한 것인지도 모른다.

내가 신체 속에 살고 있다고 느끼고 그런 느낌이 자아의식의 핵심 사항이기는 하지만, 내가 직접적으로 통제할 수 없는 신체의 특징들도 많이 있다. 나는 노화 과정을 막지 못한다. 종양이 자라나는 것, 퇴행성 두뇌 질환이 발생하는 것도 막지 못한다. 이런 것들은 모두 유전자가 결정한다. 그리고 통제는커녕 잘 알지도 못하는 무수한 생리적 과정들이 있다.

내가 보통 사람들보다 인간 생물학에 대해서는 더 많이 알지만, 내 신체의 내부 구성요소들에 대하여 일반적인 개념만 갖고 있을 뿐이다. 탁월한 자아의식을 갖고 있는 많은 지적인 사람들도 자신의 신체 기관에서 무슨 일이 벌어지고 있는지 알지 못한다. 그런 지식은 사람 구실을 하는 것과는 무관하다. 차를 운전

할 줄 알지만 차의 엔진이 어떻게 작동하는지 모르는 거나 비슷하다.

심지어 우리가 직접적으로 통제할 수 있고 자유의지를 발휘할 수 있는 신체 행동들(가령 사지, 손가락, 머리, 성대의 움직임)도 통제가 제대로 되지 않아, 실제 생활에서 의도했던 것과는 반대의 효과가 난다. 남을 속이려는 행위가 구체적 사례이다. 가령 자신의 거짓된 감정을 겉으로 표현하려 하거나, 마음에도 없는 말을 하려고 할 때, 의도와는 다른 신호가 발생하여 그런 의도를 폭로해 버리는 것이다. 우리가 거짓말을 하려 할 때 혹은 좋은 의도로 진정한 마음 상태를 감추려 할 때에도, 우리의 신체 통제는 마음대로 안 되는 경우가 많다.

정서 표현 연구의 개척자인 폴 에크만은 거짓말을 폭로시키는 표시를 이렇게 예거했다. "신체의 움직임, 목소리의 굴곡, 마른 침 삼키기, 심호흡 혹은 얕은 호흡, 말들 사이의 긴 침묵, 말실수, 미세한 얼굴 표정, 제스처의 실수……." 사람들은 거짓말을 식은 죽 먹기처럼 할 수 있다고 생각하지만 실제로는 그렇지 못하다고 에크만은 말했다. 또 우리가 신체 행동을 완벽하게 통제할 수 있다고 오해하기도 한다. 하지만 우리의 행동은 어떤 때 우리가 희망하거나 의도하지 않는 것으로 튀어나온다. 우리는 냉철한 판단대로 행동하지 못하고 충동적 유혹에 넘어가는 것이다.

이 문장을 끝내고 나는 책상에서 일어나 화장실로 갔다. 나는 어떻게 그 행동(화장실로 가는 행동)이 벌어지는지 명확하게 설명하지 못한다. 화장실 가야겠다는 '충동'을 느끼고 나도 모르게 일어나 화장실로 가는 것이다. 나는 거기서 별 힘 안들이고 변기 안에다 배뇨를 한다. 이 동작이 어떤 과정을 거쳐서 일어나느냐고 내게 묻지 말라. 나는 "그냥 생각나는 대로 행동하는 것"을 당연하게 여긴다. 책상에서 일어나 화장실로 가서 배뇨하는 행위, 이것에 관련된 신경, 근육-골격, 비뇨기적 행동의 상호 조합은 말도 못하게 복잡하다. 나는 그냥 그런 행위가 벌어지게 하는 것이다. 이 세상에서 그 누구도 완벽하게 설명하지 못하는 신경 생물적 과정에 대하여 나는 완벽하게 통제하고 있지만, 정작 그 과정에 대해서는 생각조차 하지 않는다.

이러한 수의적 행동에 대하여 우리는 완벽한 통제력을 자랑하지만, 그리고 일상생활 중 여러 단계에서 그런 행동을 하도록 의도하지만, 우리는 어떻게 의도(의지)의 행동이 일련의 복잡한 생물적 행위를 일으키는지(그 반대도 마찬가지이지만) 전혀 모르는 것이다.

아무튼 우리의 신체는 자아를 생각할 때 가장 중요한 특징이다. 그래서 우리 각자는 신체를 갖고 있고 그것을 통제한다고 믿는 것이 아주 자연스럽다. 하지만 '자아'를 '신체' 전반(신체의 경계가 불분명하므로) 혹은 신체의 일부와 동일시하는 것도 난점이 따른다. 게다가 신체에 대한 통제나 신체 과정에 대한 이해도 사람마다 다르다. 그래서 정말로 중요한 것은, 이미 앞에서 말했듯이, 내가 신체를 갖고 있다는 '생각' 그것일지 모른다.

사람들은 얼굴이 자아와 밀접한 관계가 있다고 생각한다. 신체의 다른 부분은 이런 생기를 발산하지 못하고 그래서 이 생기가 내면에서 나온 것처럼 보인다. 얼굴은 사람들이 서로 접촉하는 지점이다. 얼굴이 상대방의 핵심이라고 생각하고 그의 눈빛에 자아가 어른거린다고 느낀다. 장편소설 『불멸』에서 밀란 쿤데라는 이렇게 썼다. "우리의 얼굴이 우리의 자아를 표현한다는 이 근본적 환상, 이 원초적 환상이 없다면, 우리는 생활할 수가 없고 나아가 우리의 생활을 진지하게 여길 수가 없다."

당신이 잘 아는 갑이라는 사람이 갑자기 대대적인 얼굴 성형수술을 했다고 상상해보자. 그 사람은 여전히 얼굴을 갖고 있지만 전과는 아주 '다른' 얼굴이다. 그 얼굴을 보고 같은 갑이라고 할 수 있을까? 그 사람이 을과 아주 비슷한 얼굴이 되었다면 어떻게 할까? 아니, 아예 당신의 얼굴을 그대로 닮았다면 어떻게 될까? 갑이 화상火傷 등 불의의 사고로 아예 얼굴 없는 달걀귀신처럼 되었다고 상상해보라. 갑을 과연 '사람'이라고 볼 수 있을까? 당신은 이런 상황에 대하여 어떻게 생각하는가?

우리는 얼굴을 자아의 상징이라고 생각한다. 그것은 강력한 환상을 불러일으킨다. 이러한 상징을 거부하고 그런 환상을 용납하지 않는다면 인간으로서 살아가기가 무척 어려울 거라는 쿤데라의 지적은 타당하다. 하지만 얼굴을 자아와 동일시하는 것은 오류이다. 얼굴은 신체의 일부분일 뿐이다. 얼굴이 망가진 사람들도 팔 다리를 잃어버린 사람 못지않게 자아의식을 갖고 있다. 어떤 경우에는 그들의 자아의식이 오히려 강화된다.

얼굴은 두개골의 골격 구조에 매달린 근육들에 의해 활성화되는 살 많은 부분에 지나지 않는다. 얼굴은 우리의 주체성, 우리의 성별과 연령('공적 자아'의 중요 요소), 사회적 관계에서의 신분과 지위 등을 말해준다. 이런 것들은 비교적 고정되어 있고 지속적이기 때문에 자아의 '정적靜的인' 특징이라고 말할 수도 있으리라.

이어 안면 근육의 변화('표정', '응시')를 통하여 얼굴은 우리의 정서적 상태, 관심의 초점, 즉각적인 의도를 알려준다. 이런 것들은 공적인 것과 사적인 것의 두 가지 측면을 갖고 있다. 우리는 상대방의 표정을 보고서 그의 심리상태나 행동 양식을 짐작할 수 있다. 그런 점에서 표정은 '공적' 정보이다. 누구나 다 그것을 볼 수 있으니까. 하지만 상대방의 생각이나 느낌을 직접적으로 알 수는 없다. 그 생각과 느낌을 당사자처럼 체험하지는 못하는 것이다.

우리는 얼굴을 통하여 보고, 듣고, 말함으로써, '자아의 실체'인 의식이 얼굴에 집중되어 있다는 인상을 갖기가 쉽다. 하지만 이렇게 믿을 근거는 어디에도 없다. 나의 오른쪽 팔꿈치나 허리의 쏙 들어간 부분에 자아가 깃들어 있지 않은 것처럼 얼굴에도 자아는 위치하지 않는다. 왜 그런가 하면, '자아의 실체'는 처소 處所를 갖는 게 아니기 때문이다. 얼굴 속에 혹은 얼굴 뒤에는 유기적 물질밖에 없다. 두뇌 속에 든 유기물이 신체의 다른 부위에 있는 물질보다 더 '자아의식'을 만들어내는 경향이 강하다는 증거도 없다. 그런 증거는 어디에도 없다.

얼굴을 '통하여' 신체적·사회적 세계를 관찰하다가 얼굴 뒤의 장치(두뇌)로 넘어가 보면, 우리는 거울을 통하여 별천지로 들어가게 된 앨리스처럼, 아주 다른 세계와 만나게 된다. 인격, 자아, 주체적 경험이라는 고상한 세계로부터, 물리학, 화학, 생물학이 발언하는 어둡고 조용한 세계로 들어가게 된다. 그것은 신비한 여행이다.

바디 아트

ᏮᏋ

누가 나를 찾아왔다. 그녀는 자신의 연구 과제에 대해서 의논하고 싶다는 것이었다. 박사 논문의 지도 교수가 되어줄 수 없느냐며.

"안녕하세요, 전 카라예요." 그녀가 향기로운 바람처럼 방안으로 들어서며 말했다.

"난 신경외과 소속이요." 내가 전화로 그녀에게 말했었다. "난 별 도움이 되지 않을 것 같은데." 나는 그녀가 제풀에 떨어지기를 바랐다. 뇌손상에 의한 신체-이미지 변화와 정신병을 앓는 사람들의 자기 훼손에 대해서는 좀 알지만, 극단적 형태의 바디 아트(신체를 인위적으로 변형시키는 것)에 대해서는 아는 바 없다고 말했다. 그녀는 제풀에 떨어지지 않았고 그래서 내 사무실까지 찾아온 것이다. 그녀는 서류철을 열어서 몇 가지 샘플을 보여주었다.

제일 먼저 내 눈을 사로잡은 것은 혀를 쭉 내민 남자의 천연색 확대 사진이었다. 혀라기보다 혀들이라고 해야 옳았다. 끝부분이 약간 갈라져 있어서 사악한 파충류의 모양을 하고 있었다. 날름거리는 듯한 느낌도 났다. 카라 자신도 혀 중간에 번쩍거리는 장식 못을 박아놓고 있었다. 일단 그것을 보게 되면 자꾸 의식하게 된다.

　정보 서류철의 내용은 자신감에 넘쳤다. 개인병원의 브로슈어 같다는 느낌이 들었다. '가장 인기 높은 혀 가르기 방법은 외과 수술이다'라는 사실을 알게 되었다. 면도칼과 가위로 제멋대로 혀를 가르는 친구들이라는 이미지는 금방 사라졌다. 그런 야만적 방식은 결코 아니었다. 수술은 하이테크 방식으로 신속하게 실시되며, '아르곤 레이저를 사용하는 구강안면 외과의사가 집도한다'는 것이었다. 혀끝을 단번에 가르며, 레이버가 혀를 가르면서 동시에 소독을 한다는 설명이었다. 수술의 장기적 부작용은 거의 없다. 말을 할 때 약간의 변화가 있을 수는 있지만, 생리적으로 볼 때 미뢰味蕾의 면적이 늘어나 더욱 미각을 높일 수 있다. 이 수술을 받은 여자는 음식을 편안하게 먹을 수 있고 '두 혀'를 능숙하게 사용하게 되는 데에는 수술 후 3주가 걸린다는 말도 했다. 갈라진 혀 때문에 음식이나 섹스에는 전혀 지장을 받지 않는다는 얘기도 있었다.

　그 외에 다른 많은 사진들이 있었다. 어떤 것들(페니스 문신, 젖

꼭지 피어싱, 난절亂切, 낙인찍기)은 진부했고 어떤 것(피부 내 이식)은 괴이했다. 카라는 나에게 이마 혹은 두개골 속에다 이물질을 집어넣은 남자의 사진을 보여주었다. 그들은 〈스타워즈〉의 등장인물 같았다. 나는 "비非정신병적 자기 훼손"이라는 제목이 붙은 보고서를 슬쩍 보았고 또 "절단기호증"이라는 제목의 보고서도 눈에 띄었다. 절단기호증은 자격 있는 외과의사의 도움을 받아 신체의 일부를 절단하는 데서 쾌감을 얻는 증세였다.

바디 아트는 이제 주류로 편입되었다. 요사이 거의 모든 사람이 문신이나 피어싱을 하고 있다. 신체 교정도 마찬가지이다. 유방 성형, 코 높이기 수술, 지방흡입술, 거식 다이어트, 보디빌딩 등. 카라는 이 모든 것이 전통적 아름다움과 영원한 젊음이라는 불가능한 이상을 성취하기 위한 절망적 노력이라고 진단했다. 문화적으로 승인해주고, 상업적으로 밀어주는 〈보그〉지의 여자 표지 모델, 〈남자의 건강〉지의 남자 표지 모델 같은 신체를 가꾸려 하나, 그건 불가능한 꿈이라는 것이었다. 물론 카라의 말이 맞다. 그러나 극단적 신체 교정은 전통적 아름다움과는 정반대로 나가는 행동이다. 그것은 신체의 아름다움과 경계를 수정하려는 노력이다.

"포경 수술에 대해서는 어떻게 생각하세요?" 그녀는 갑자기 생각난 듯 말했다. 그런데 카라는 정말 아름다운 여성이었다.

관심이 공통되는 지점을 찾기 위하여 우리는 간질이나 뇌졸중

같은 신경외과 질병의 신체-이미지 왜곡들을 살펴보았다. 히스테리성 마비, 환지증幻指症(없는 팔이나 다리가 아프다고 느끼는 증세), 성도착 등에 대해서도 논의했다. 나는 그녀에게 질병무의식증에 대해서도 말해주었다. 그것은 질병을 전혀 의식하지 못하는 증세이다. 사지마비 등 심각한 신경외과 증세를 가지고 있는 환자는 때때로 자신의 질병 상태를 전혀 의식하지 못한다. 나는 과거에 목 아랫부분이 모두 마비된 남자와 잡담을 나눈 적이 있었다. 그는 다음 주말에 암벽등반을 나갈 계획이라고 내게 말했다.

나는 "신체 이미지"가 흥미로운 연구 주제이기는 하지만, 카라의 관심사가 나의 관심사와 일치하는 공통점을 현재로서는 찾지 못하겠다고 말했다. 그러면서 더 생각해보겠다고 말했다.

그날 저녁 집에 와서 나는 화장실 거울 앞에 알몸으로 서 보았다. 〈남자의 건강〉지의 표지 모델이 될 정도의 신체는 되지 못했다. 어떤 바디 아트가 내게 어울릴까? 나는 아내에게 페니스에 문신을 새기는 걸 생각중이라고 말했다.

"뭐 하려고요?"

"울버햄튼 원더러스(Wolverhampton Wanderers: 영국의 프로 축구팀. 여기서는 강인한 남자의 뜻—옮긴이)."

아내는 나를 빤히 쳐다보았다. "그냥 늑대(Wolves)가 되겠다는 거 아니에요?"

아인슈타인 뇌 이야기

아인슈타인, 부스스한 머리에 양말을 신지 않은 천재. 순수 지성의 상징 같은 인물. 머릿속에 일련의 방정식들과 은하계가 소용돌이치는 과학자. 문화적 아이콘. $E=mc^2$라는 공식을 널리 퍼뜨린 사람. 현명하고, 인간적이고, 입장이 애매한 평화주의자. 불성실한 남편, 의무를 소홀히 한 아버지. 그리고 이제 그에게서 남은 것은 항아리 속에 남은 두뇌의 파편들뿐.

1955년 아인슈타인이 사망한 직후 롤랑 바르트는 그의 두뇌를 '신화적 대상'이라고 불렀다. 인간, 마술, 기계의 역설적 합성물이라는 것이었다. 그로부터 50년이 흘러간 지금도 신화는 여전히 강력한 힘을 발휘한다. 그 누구의 것이든 두뇌를 쳐다보는 것은 깊은 미스터리와 대면하는 일이다. 에셔의 계단처럼 올라가면서 동시에 내려가는 불가능한 모순어법 속으로 들어가게 된다. 두뇌는 의식意識의 무대가 될 수 없다. 하지만 누구나 머릿속으로 불빛 화려한 무대를 생각하기 때문에 그럴 수 있다고 생각한다. 하지만 두뇌는 일차적으로 견고한 물질적 대상에 지나지 않는다.

그러나 사진 속 아인슈타인의 두뇌를 바라보고 있노라면 신비와 신화의 자력을 느끼지 않을 수 없다. 그의 두뇌는 두개골에서 꺼내어져 프린스턴 병원의 당직 의사였던 토머스 하비의 손에 의해 여러 개의 조각으로 절단되었다. 그럼에도 불구하고 그 두뇌를 신성한 유물로 바라보게 된다. 이것이 바로 우주의 공간을 휘게 만들고 시간의 흐름을 정지시킬 수 있다고 주장한 과학자의 뇌인 것이다.

처음부터 그 두뇌에 대하여 여러 가지 소문과 추측이 있었다. 엄청 크고 괴상하게 생겼다는 얘기에서, 호두알 크기로 작다는 얘기에 이르기까지 다양했다. 그것은 무게 2.7파운드의 평범하게 보이는 뇌이다. 사망 일곱 시간 이내에 두개골에서 적출되어 생생한 상태로 무게를 달았고 이어 포르말린 속에 고정시켰다. 온 사방에서 사진을 찍은 다음, 측경기測徑器로 치수를 재었고, 좌우 반구를 절단하여 240개 조각으로 나누었다. 그런 다음 그 두뇌가 사라졌다. 하비라는 당직 의사를 따라가 증발 상태가 되어버렸다.

검시가 끝난 직후 하비는 아인슈타인의 뇌가 과학 연구용으로 사용될 것이라고 선언했다. 그리고 프린스턴 병원과 뉴욕의 몬트피오레 병원 사이에서 소유권 분쟁이 벌어졌다. 두 병원은 모두 패배했다. 하비는 그 조각난 두뇌를 집에 가지고 가서 과자 항아리에 보관했다. 그는 신경외과의가 아니라 임상병리의사였기 때문에 그런 연구를 할 자격이 없음에도 불구하고, 아인슈타인 두뇌의 비밀을 풀어보겠노라고 자처한 것이었다.

하비는 그 두뇌를 날치기해갔다는 비난을 받았으나 아인슈타인의 유언집행인인 오토 네이던의 지시 아래 그렇게 행동했다고 주장했다. 하지만 그 말을 믿는 사람은 별로 없었다. 네이던은 하비를 도둑이며 거짓말쟁이라고 비난했고 하비는 두뇌를 넘겨주지 않았기 때문에 프린스턴 병원으로부터 불명예 퇴직을 했다. 그는 무대에서 사라졌으나 과자 항아리는 계속 보관했다. 1978년 〈뉴저지 먼슬리〉의 기자인 스티븐 리비가 하비를 추적하여 캔사스 주 위치타에 살고 있는 두뇌 소장자를 발견했다. 아인슈타인의 두뇌는 "코스타 사이더"라는 표시가 붙어 있는 박스에 보관되어 있었다. 그로부터 20년 뒤 마이클 패터니티라는 기자가 두뇌의 행방에 대하여 관심을 갖고 추적했다. 두뇌의 소장자는 당시 80대 후반이었고 프린스턴으로 돌아와 지하 방에서 살고 있었다. 기자와 하비는 임대한 뷰익 스카이락 자동차를 타고서 캘리포니아로 향했다. 터퍼웨어 용기에 들어 있는 아인슈타인의 뇌는 자동차의 뒷 트렁크에 실었다. 패터니티는 아인슈타인 두뇌를 복제할 수 있다거나 마이클 잭슨에게 수백만 달러에 팔아넘길 수 있다는 소문에 대해서 알고 싶어 했으나 하비는 별 말이 없었다.

그들은 아인슈타인의 손녀인 이블린의 집을 찾아갔다. 하지만 손녀는 그 유물에 대하여 특별한 경외심을 품지 않았다. 패터니티 자신의 반응은 복잡했다. "아인슈타인의 두뇌를 손에 들고서, 이걸 그냥 먹어버리면 어떨까 하는 상상도 해보았습니다. 물론 행동으로 옮긴 건 아니지만 말입니다." 집으로 돌아가는 길에 묵었던 한 남루한 모텔에서 그는 아인슈타인 두뇌를 옆에 두고 잠이 들었다. "나는 침실로 갔습니다. 그 두뇌를 옆의 베개 위에 올려놓고 나는 6인치도 떨어져 있지 않은 다른 베개에 내 머리를 내려놓았습니다."

과학적 측면은 어떤가? 아인슈타인의 두뇌가 비상했나? 하비의 주장에도 불구하고 그 두뇌를 적출한 이후 30년 동안 아무런 연구도 수행되지 않았다. 30년이 지나자 하비는 자신보다 더 잘 연구할 것 같은 신경외과의들에게 뇌 조각을 보내기 시작했다.

네 개의 각설탕 크기의 뇌 조각이 마요네즈 항아리에 담겨서 매리언 다이아몬드의 버클리 사무실에 도착했다. 그녀는 그 뇌 조각을 현미경으로 정밀하게 검사했고 두정엽 하부의 뉴런들 중 신경교세포의 비율이 아주 높다는 것을 발견했다. 이곳은 수학 적·공간적 추론과 관련되는 부위로 알려져 있다. 뉴런은 두뇌의 기본 기능 단위이고 신경교세포는 뉴런의 활동에 필요한 신진대사와 구조적 뒷받침을 해주는 세포이다.

전반적 두뇌 해부에 대한 첫 번째 연구는 1999년에 나왔다. 캐나다 온타리오 주 맥마스터 대학에 근무하는 샌드라 위텔슨은 갑자기 두뇌 조각들이 든 소포를 받았고 동료들과 함께 그 두뇌의 무게와 치수 등을 다른 두뇌들과 비교했다. 역시 두정엽 하부가 특징이었는데 보통 두뇌보다 15퍼센트나 넓었다. 그리고 측두엽과 두정엽의 경계인 실비아 열구裂溝가 기이하게도 위쪽을 향하고 있었다.

이러한 관찰 사항에 대하여, 일각에서는 두개頭蓋의 융기 상태를 조사하는 원시적 골상학에 지나지 않는다고 폄하했다. 지하의 아인슈타인이 이런 조잡한 과학적 연구에 통탄할 거라는 말도 했다. 나는 어느 쪽이 더 옳은지 확신하지 못한다. 아인슈타인이 머리에 온갖 전극을 꽂고서 상대성 이론을 생각하면서 EEG 뇌파검사를 받고 있는 사진이 있다. 이 사진을 찍을 당시 이 위대한 물리학자는 한번 웃어보자는 유머의식이 발동했는지도 모른다. 하지만 아인슈타인의 수학적 능력, 지금 알려져 있는 두뇌 기능의 조직 등을 감안해볼 때, 두개의 융기를 살펴보는 것도 의미 있는 일이다.

몇 년 전 나와 어린 아들이 케임브리지 근처의 신발 가게에서 쇼핑을 하고 있는데 스티븐 호킹이 전동 휠체어에 앉은 채 그 가게 안으로 들어왔다. 현대의 과학자 중에 아인슈타인의 명성에 필적하는 사람은 없지만 그래도 가장 가까이 다가간 사람이 스티븐 호킹이다. 그는 아인슈타인과 마찬가지로 순수 지성의 상징이다. 위축된 몸 속에 빛나는 마음이 들어 있다는 사실이 일반 대중의 상상력을 사로잡았다. 나는 아직 티셔츠에 새겨진 그의 위축된 신체나 머그 잔에 새겨진 그의 웃는 얼굴은 보지 못했다. 하지만 그는 〈스타 트렉〉의 에피소드에 나와서 아인슈타인 및 뉴턴과 함께 어깨를 겨루었고 〈심슨네 가족〉에도 출연했다. 롤랑바르트가 말한 것처럼, 시사만화의 주인공이 된다는 것은 그 사람이 하나의 전설이 되었다는 표시이다.

여자 점원이 그를 도와주었고 그는 값싼 운동화들이 진열된 선반을 살펴보고 있었다. 확실한 것은 아니지만 호킹은 진열된 물건들이 별로 마음에 들지 않는 듯했다. 내 아들이 호킹에게 다가가 빤히 쳐다보았다. 나는 아이가 무례한 말이라도 하면 어쩌나 걱정이 되었다. 하지만 아이는 곧 흥미를 잃어버렸다. 아이가 고르던 운동화는 호킹이 사려던 것보다 한 등급 위의 것이었기 때문이다. 아이는 그 광경에 별 인상을 느끼지 못했으나 나는 특별한 감명을 받았다. 그는 휠체어에 앉아서도 우주의 블랙홀을 명상하고 사건의 지평을 마음대로 드나드는 위대한 과학자이다. 그는 싸구려 운동화를 신고서도 그렇게 할 수 있는 것이다. 바르트는 이 광경을 좋아했을 것이다. 이건 뭔가 의미가 있는 것 같았다.

이제 아인슈타인의 두뇌는 프린스턴 병원으로 돌아와 있다. 물론 온전한 두뇌는 아니다. 새 주인 엘리엇 크라우스는 병리학자이다. 그는 뇌가 든 항아리를 은밀한 곳에 보관하고 있다.

사람들이 신화를 영구화했구먼.
해리?

자넬 놀라게 할 생각은 아니었어. 아무튼 그들이 신화를 영구화하고 있어. 그렇지 않나?
인간, 마술, 기계의 역설적 합성물 말인가?

응.
신경과학은 역설적 합성물 덕분에 번성하고 있지. 마음과 물질을 합성한다는 건 대부분의 사람들에게 역설로 들려.

그래 맞아. 심리를 두뇌 속의 축축한 회색 물질과 동일시하기가 쉽지 않지. 하지만 두뇌는 옥수수 죽 같은 덩어리라는 사실을 잊어버려서는 안 돼.

좋아. 인간, 마술, 기계, 옥수수 죽의 합성물이라고 해두지.

하지만 아인슈타인의 천재를 측경기로 측정한 두개의 융기 치수로 설명하려는 건 웃기는 얘기야. 그건 골상학에 지나지 않아.

그렇게 할 수밖에 없어. 그가 사망한 지 50년이 지났고 그나마 두뇌가 잘게 조각이 났어.

난 그렇게 조각이 나지 않았으니 고맙다고 해야 하나?

신조

신경심리학: 명사. 행동, 정서, 인지의 관계를 연구하고 다른 한편으로는 두뇌의 기능을 연구하는 학문.

— 신판 옥스퍼드 영어 사전

신조:

1. 두뇌는 마음의 근원이다.

2. 마음은 모듈 방식(기능 단위로 구성되는 방식)을 갖고 있다.

3. 마음의 모듈 방식은 두뇌의 작동에도 그대로 반영된다.

1. 두뇌는 마음의 근원이다.

두뇌가 모든 행동과 체험의 뿌리라는 사실을 아무도 의심하지 않는다. 초등학생들이 새알의 내용물을 다 비워버리는 것처럼 두뇌의 내용물을 다 비워버린다면, 그 사람은 빈껍데기만 남게 될 것이다.

2. 마음은 모듈 방식을 갖고 있다.

심리는 다양하고 분할 가능하다. 마음은 일면체—面體가 아니다. 우리는 과일 그릇에서 사과를 집어 들면서 그 형체, 무게, 질감 등을 구분한다. 사과를 한 입 베어 물면서 아작 하는 소리와 과즙의 맛을 구분한다. 이어 사과를 먹었던 경험을 회상하면서 그 생생한 감각과 기억 속에 들어 있는 이미지를 구분한다.

지각과 기억은 두뇌의 기능 중 두 가지 영역이다. 마음은 이보다 훨씬 많은 영역들의 연방체이다. 이성, 정서, 언어, 동기, 행동 등의 영역이 있다. 마음의 이런 영역들은 어느 수준까지는 독립적으로 활동한다. 한 영역에서 고장이 나더라도 다른 영역은 정상적으로 가동한다. 기억상실증 환자는 사과를 먹는 데 따르는 감각적 차원을 다 맛보지만 한 시간 전에 사과 먹은 일은 기억하지 못한다. 시각은 허약하지만 기억은 좋은 사람—가령 맹인—은 과거의 일을 기억하는 데 아무런 어려움도 없다. 이런 일들은 상식에 어긋나지 않는다.

3. 마음의 모듈 방식은 두뇌의 작동에도 그대로 반영된다.

심리적 기능은 생물적으로 구획화되어 있다. 서로 다른 두뇌 체계는 다른 심리적 기능에 봉사한다. 따라서 두뇌의 특정 부위에 손상을 입으면 어떤 결과가 오는지 미리 알 수 있다.

* * *

마음: 명사. 세상과 체험을 의식하게 하고, 생각하게 하고, 느끼게 하는 사람의 한 부분. 의식과 생각의 기능.

두뇌: 명사. 척추동물의 두개골 속에 들어있는 부드러운 신경조직으로 되어 있는 기관. 감각, 이성, 신경활동의 중추 센터로서 기능을 발휘한다.

자아: 명사. 자기 자신을 남들과 구분하게 해주는 어떤 사람의 본질적 존재. 특별히 내성內省의 대상으로 여겨진다.

— 신판 옥스퍼드 영어 사전

옥스퍼드 대학이나 케임브리지 대학을 처음 방문하는 외국인에게 다수의 칼리지, 도서관, 운동장, 박물관, 과학부, 행정 동棟 등을 보여준다. 그러면 외국인 방문자는 이렇게 묻는다. "하지만 대학은 어디에 있는 거죠? 칼리지 사람들이 사는 곳, 사무직원들이 근무하는 곳, 과학부가 있는 곳 등은 보았습니다. 하지만 대학생과 교수들이 살고 공부하는 대학은 아직 보지 못했습니다." 그러면 그 외국인에게 대학은 칼리지, 실험실, 사무실들과 별도로 있는 기관이 아니라는 사실을 설명해주어야 한다. 그가 방금 보고

온 칼리지, 실험실, 사무실들이 총체를 이루어 대학이 된다는 것을 이해시켜야 한다.

— 길버트 라일, 『마음의 개념』

우리가 어떻게 생각하든 자아는 처소處所가 없다. 라일은 아주 오래 된 신비인 '마음-신체'의 문제를 대학과 칼리지의 관계로 재설명하고 있다. 어떻게 물질적 실체로부터 마음이 생겨나는가? 많은 철학자들과 심리학자들의 주장과는 다르게, 라일은 마음과 신체를 동일한 분석의 수위水位에 올려놓는 것은 잘못이라고 말한다. 즉 "카테고리(분류)의 잘못"이라는 것이다. 외국인 방문자가 실험실, 사무실, 운동장 말고는 '대학'을 발견하지 못하듯이, 두뇌에서는 의식하는 마음 혹은 자아를 발견하지 못한다는 것이다. 기계 속에 유령은 없다. 마음은 두뇌의 산물이고, 자아는 마음에 의존하고 있지만, 이 셋은 다른 형태의 이해가 필요하다.

나는 이 글을 쓰기 위해 퍼스널 컴퓨터를 사용하고 있다. 이 글은 컴퓨터 속에 미리 설치된 일련의 지시사항인 워드 프로세서 소프트웨어 덕분에 모니터 위에 떠오른다. 소프트웨어는 하드웨어 컴퓨터의 전자 미세회로 덕분에 실행된다. 하드웨어를 잘 안다고 해도 소프트웨어를 잘 알지 못하며 그 반대도 마찬가지이다. 하드웨어와 소프트웨어는 모니터에 떠오른 텍스트와는 무관하다. 나는 마침 마음, 두뇌, 자아에 관한 글을 쓰고 있었는데, 바다낚시, 자살 유서, 일본의 짧은 시 하이쿠를 쓰고 있었더라도 사정은 마찬가지이다. 여기서 두뇌를 하드웨어, 마음을 소프트웨어, 자아를 모니터 위의 텍스트라고 한번 생각해 보라.

그리고 이 3자의 관계를 하이쿠라고 보면 어떻겠는가?

진정한 수수께끼:
자아는 내면을 들여다보지만
거기엔 뉴런만 있을 뿐.

앞으로 이런 난해한 하이쿠는 더 이상 쓰지 않으련다.

* * *

달러 지폐의 도안처럼 내 눈은 피라미드 위를 쳐다본다. 피라미드의 네 귀퉁이는 각각 사람(자아), 마음, 두뇌, 세상을 상징한다.

환자를 상대할 때 나는 이런 저런 순간에 피라미드의 네 구석을 의식한다. 대부분 나의 주의력은 '사람'에 집중된다. 나를 찾아오는 사람도 내가 병동에서 둘러보는 환자들도 모두 사람이다.

"나는 기억에 문제가 있어요."

"나는 무엇이든 잘 집중을 하지 못하겠어요."

"나는 누가 자상한 말을 하면 갑자기 눈물이 터져 나와요."

이런 증상을 말하는 자는 사람이다. 거기에는 늘 '내'가 있다. 그 '내'가 부상이나 질병으로 변형이 되었을 때에도, 그것이 침잠하거나 산란하거나 목소리가 없을 때에도, 나는 그것을 보이는 것 혹은 일관된 것으로 만들려고 애쓴다. 이렇게 하는 것은 환자들을 위한 것이지만 동시에 나를 위한 것이기도 하다.

이어 나는 '마음'의 측면을 살펴본다.

"당신의 기억에는 문제가 없나요? 문제 있다고요? 그럼 어떤 식으로 기억이 잘 나지 않는지 말해주시겠어요?"

나는 문제의 본질을 알아내기 위해 질문하고 조사한다. 나는 기억 혹은 기억 장애가 다양한 형태를 취한다는 것을 안다. 그 장애를 규정하고 수량화하기 위해 특별한 검사를 하기도 한다. 환자의 마음의 다른 구성요소들도 마모의 상태를 보이지 않는지 살펴본다.

우리가 "마음"이라고 부르는 심적 과정들의 연합체는 환자가 늘 자각하는 방식으로 분해되는 것은 아니다. 환자는 기억 장애를 호소하지만 그가 모르는 다른 문제들이 있다. 가령 지각, 추론, 정서 등의 영역에 미묘한 변화가 있을 수 있다. 나는 그들의 증세를 기록하지만 동시에 다른 표시들을 살핀다.

이어 내 시선은 피라미드의 세 번째 표면으로 옮겨간다. 이제

'두뇌'의 작용과 관련된 증상과 표시를 살펴보는 것이다. 나는 기억 장애를 특정한 형태의 두뇌 질병과 연결시킨다. 반대로 환자의 두뇌 장애에 대한 정보를 활용하여 그의 심리적 상태를 이해한다. 나의 관찰 사항을, 다른 증거들 가령 신경외과 의사의 검진 자료와 두뇌 스캐닝 이미지 등과 함께 놓고 판단한다.

피라미드의 마지막 측면은 '세상'이다. 나는 여기서 두뇌 질병이나 심리 장애를 겪는 환자가 어떻게 세상에 적응하는지 관심을 쏟는다. 환자는 어떻게 세상을 살아나가야 하나? 환자 개인을 놓고 볼 때 이것은 가장 중요한 문제이다.

자네는 제법 전문가처럼 들리는데.
난 전문가야.

그렇다면 전에 신경심리학에 대하여 제일 무식하다고 한 말은 무슨 소리야? 그거 다 수사적修辭的인 헛소리였나?
반드시 그런 건 아니야. 기본 전제와 개념의 정의를 서로 연결시키는 건 쉬운 일이야. 전에 말한 것처럼 두뇌의 구조와 기능에 대해서는 아무 문제없이 몇 시간이고 말할 수 있어. 위에 적어놓은 신조는 내가 하루 종일 근무하는 데 힘을 줘.

그런데?

신경심리학의 철학적 근거에 뭔가 기이한 게 있다는 거지. 불완전성 말이야. 위의 신조들은 어떤 온전한 전체를 제시하는 것 같지만 실제에서는 잘 적용되지 않아.

그 어떤 과학도 온전하지는 않아. 물리학은 '모든 사물에 대한 이론'을 아직 마련하지 못했어. 아인슈타인은 지적 좌절을 느끼면서 죽었어. 만약 과학이 완벽의 상태에 도달한다면 과학자들은 자신의 도구를 내던질 거야. 일이 끝났다면서 말이야. 근대 물리학의 철학적 핵심에는 아주 기이한 것들이 있어. 왜 쓸데없이 회의하며 괴로워하나?

물리학자들은 미래 어느 때 '모든 사물에 대한 이론'을 마련할 거야. 하지만 두뇌의 활동을 가지고 정신생활을 묘사해 보겠다는 우리의 목표는 달성될 것 같지 않아. 그런 시도가 너무 돈키호테적이야.

왜?

왜냐하면…… 글쎄, 모르겠어. 돈키호테는 어떻게 묘사되어 있지? 가끔 명석할 때도 있지만 대부분 머리가 혼돈스러운 바보? 내 머리가 명석한 상태일 때 다시 찾아오게.

그런 상태이기 때문에 일을 못하겠다는 건가?

아니.

그렇다면 왜 슬픈 표정의 기사騎士 노릇을 하고 있나?

세르반테스를 읽어본 적이 있나?

아니.

나도 없어.

자네 말은, 위의 신조들이 훌륭하지만 충분하지는 않다는 건가? 뭔가 빠져서?

내가 볼 때 저 신조들은 정신생활의 몇 가지 중요한 측면을 무시하고 있어. 일관된 마음과 두뇌 과학을 정립하고자 한다면, 그런 측면이 신경과학의 틀 속에서 검토되어야 해. 아니면 아예 그 틀로부터 내버리든가.

구체적으로 어떤 것들인데?

우리에게 가장 중요한 것인데, 의식이라는 체험과 자아의식일세.

신경심리학이 이런 것들과 관련이 있나?

물론이지. 두뇌가 아주 허약한 구성물이기 때문에 신경심리학자로서 생계를 벌어들이는 거야. 두뇌의 기능은 질병과 부상에 의해 금방 왜곡되거든. 취약한 두뇌와 부서진 자아에 대한 얘기들은 아주 많이 있어.

그렇지.

문제는 그 얘기를 어떻게 하면 가장 잘 할 수 있느냐는 거야. 두뇌 과학으로서 혹은 인간학으로서 말이야. 환상(마음)을 가진 사람 혹은 환상 자체의 숨겨진 장치들에 대해서 어떻게 얘기해야 되느냐는 거야.

그래, 임상의사로서는 두 관점이 모두 필요하지. 한편으로는 두뇌를 얘기하고 다른 한편으로는 사람, 자아, 의식 등을 말하는 거지.

두 가지 언어를 말해야 할 것 같아. 신경과학의 언어를 사용하다가 느닷없이 체험의 언어를 말하는 거야. '두뇌 체계'와 '병리학'을 말하다가 곧장 '희망', '공포', '고통', '환희', '사랑', '상실' 등을 말해. 이런 것들은 인간 의식의 동물원에 거주하고 있는 순치동물 혹은 야생동물이지.

그렇다면 자네는 두뇌와 자아라는 패키지를 단단히 묶었구먼. 아까 말한 기이한 철학적 중심이라는 건 뭐야?

나는 두뇌와 자아가 합쳐진다는 주장이 아주 기이하다고 생각해.

그럼 그 둘이 합쳐져서 하나가 되는 게 아니라는 얘기야?
현대 신경과학이 주장하는 방식으로 합쳐지지는 않는다고 봐.

아무튼 그 둘이 함께 간다는 건 인정해?
도대체 날 뭘로 보는 거야?

이리로 오세요, 인어가 미소 지으며 내게 말했다

෴

맨해튼 중심가. 정전이 되었다. 나는 창가에 서서 한 블록 떨어진 곳에 있는 제너럴 일렉트릭 본사 건물 위로 번개의 정맥이 갈라지는 것을 보았다. 번개의 엄청난 힘은 사람을 깜짝깜짝 놀라게 만들었다. 창문을 흔들고 대형건물을 초라하게 만드는 천둥은 내 속을 뒤집어 놓았다. 이어 억수 같은 비가 쏟아졌다. 뉴욕은 삽시간에 아틀란티스(물에 잠긴 신화 상의 섬)가 되었다. 나는 물고기와 고래와 인어들을 볼 수 있었다. 이어 폭풍우가 다소 수그러들었지만 정전 사태는 여전했다.

나는 침대에 누워 잠이 들었다가 깨어났다. 거기 한 여자가 창가에 서 있었다. 아까 내가 창가에 붙어 서서 폭풍우를 쳐다보았던 것처럼.

"놀라지 말아요." 그녀가 한결 가늘어진 빗줄기를 내다보며 말했다. "나와 함께 가요."

아까 내가 보지 못했던 문을 통해 출발했다. 나는 그녀를 따라 조명이 어두운 통로와 눈알이 뱅뱅 도는 계단을 걸어 내려갔다. 이어 빙빙 도는 거리에 나서니 차 한 대가 기다리고 있었다.

"이리로 오세요." 그녀가 미소 지었다.

우리는 어퍼 이스트 사이드의 어딘가로 갔다. 나는 어둠 속에서도 그녀를 즉시 알아보았다. 학술원 원장인 콜리쿨라 브로드맨이었다.

"신경과학은 비유적으로 말해 보자면 조직이 방대한 교회예요." 그녀가 말했다. "하지만 당신이 신비주의를 향해 가고 있다고 우려들 하고 있어요." 창문 밖을 보니 푸른 고래가 센트럴 파크 위를 장엄하게 헤엄치고 있었다.

"예?"

"징계위원회에 진정이 들어왔어요."

나는 봉투를 받아들고 편지를 읽었다. 내가 비과학적 입장과 신비주의적 철학을 주장함으로써 신경과학이라는 유서 깊은 교회의 명성에 먹칠을 하고 있다는 비난이었다.

"이건 말하자면 일종의 고소입니까?" 내가 물었다.

"아니요. 하지만 절차를 밟아야 해요." 콜리쿨라가 말했다.

"그럼 앞으로 고소를 당할 건가요?"

"그건 조사위원회가 알아서 할 일이에요. 우선 당신의 반응을 알아보겠다는군요."

세 명의 엄숙한 위원이 방안으로 들어왔다. 조사위원회였다.

"지금 조사한다는 건가요?"

"그래요. 당신이 협조해 준다면." 콜리쿨라가 말했다.

조사위원 중 누가 말하고 있는지 명확하게 구분하기가 어려웠다. 세 사람은 약간 떨어진 곳의 그늘에 앉아 있었다. 이어 맨 왼쪽의 남자—제1조사관—이 자기 앞에 촛불을 끌어다 놓고 서류철을 읽기 시작했다. 나는 내가 한 말을 알아보았다. '나는 전공 과목인 신경심리학 분야에 대하여 모르는 것이 제일 많다.'

조사관은 서류철에서 고개를 쳐들었다. "모르는 것?"

"모르는 것이 제일 많습니다." 나는 확인해 주었다.

"내가 당신의 환자라면 그런 소리를 듣는 게 기분 좋겠습니까?"

"전문가라도 자신의 한계를 인정해야 합니다." 내가 말했다.

촛불은 제2조사관으로 넘어갔는데 여자였다. 그녀도 서류철을 읽기 시작했다. '게다가 한술 더 떠서 과연 두뇌가 의식을 만들어낸다고 말하는 게 과연 타당한가 하는 의문마저 품고 있다.'

실내에 침묵이 감돌았고 그들은 내가 대답하기를 기다렸다.

"당신의 직업은 신경심리학자지요?"

"그렇습니다."

"정신 이상의 진단을 받은 적이 있습니까?"

제3조사관은 남자였다. '혼자 있는 개인의 두뇌 회로에서 아무리 의식이라는 성배를 찾으려 해봐야 결국 가짜 황금을 건질 뿐이다.'

그는 노골적으로 나왔다. "당신은 마음과 물질의 관계가 측정 불가능이라고 믿는군요. 달리 말해서 당신은 신비주의자입니다."

"아니, 그렇게 자신 있게 말하지는 않았습니다."

"신비주의에서 위안을 얻는 건 사실 아닙니까?"

"나는 임상가입니다. 어떤 문제들은 해결안이 없고 그래서 그 사실을 있는 그대로 받아들이는 게 현명하다고 확신합니다. 비트겐슈타인은 철학자의 문제 처리는 질병의 치료와 비슷하다고 말했습니다. 하지만 그 질병이 치료 불가능이라면 그대로 내버려두는 수밖에 없습니다. 모든 문제에 해결안이 있는 것은 아니라는 사상을 나는 편안히 여깁니다. 또 내 마음 속에는, 신비 그 자체 때문에 신비를 좋아하는 경향도 있습니다. 모든 것을 다 알고 있다는 건 아주 지겨운 상태일 겁니다."

"의식에 대해서 말해 보자면, 그 질병은 치료 불가능하다는 건가요?"

"그럴 수 있죠. 하지만 잘 모르겠습니다. 나는 마음-신체 문제에 대해서는 무관심합니다." 이건 진실이 아니었다. 아무튼 백 퍼센트 진실은 아니었다.

"하지만 신경과학이 그 해결안을 발견하지 않을까요? 그렇지 않다고 생각합니까?"

"해결안은 고사하고, 신경과학이 과연 그 문제를 발견했는지도 확신이 서질 않습니다. 파리는 아직도 파리 병 속에 갇혀 있어요."

콜리쿨라는 내게 와인을 한 잔 건넸다. "그럼 당신은 무엇을 믿나요?" 그녀가 물었다.

"아무것도 믿지 않아요. 하지만 때때로 물질이 어떻게 정신이 되는 걸까 하고 의아한 생각이 들 때는 있습니다. 그건 참 황당해 보이거든요."

"그건 그래요."

"또 어떤 때는 그것을 유사類似 문제, 혹은 혼돈의 스크린으로 생각합니다." 우리는 테이블에 앉아 저녁 식사를 하고 있었다. 이 말을 하는 순간 내 입속에는 음식물이 들어 있었고 나는 그것을 황급히 씹어 넘기고 다음 말을 이어갔다. "…… 그 스크린 뒤에는 텅 빈 공간이 있을 뿐입니다."

음식은 좋았고 와인도 훌륭했다. 지금 보니 콜리쿨라는 알몸이었다. 나도 알몸이었고 우리는 곧 섹스를 했다. 그녀는 유리 같이 반짝거리는 바닥에 누워 내 밑에 깔린 채 부드럽게 몸을 흔들어댔다. 우리 아래에는 수족관이 있었는데 그 안에서 상어들이 휙 스쳐 지나가는가 하면 작은 물고기들이 재빠르게 달아났다. '이게 꿈이 아니라는 것을 나는 어떻게 아는가?' 나는 그런 생각이 들었다.

나는 이제 일어나 알몸 상태로 세 명의 조사관 앞에 섰다. 나는 브리핑을 하고 있었다. 나는 제1조사관을 쳐다보며 말했다. "어떤 사람들은 이 우주와 그 안에 있는 모든 것, 가령 인간의 마음까지도 물질로 이루어져 있다고 생각합니다."

"유물론이지요." 조사관이 말했다.

나는 제2조사관에게 고개를 돌렸다. "정반대 견해는 이 세상의 모든 리얼리티가 비非물질이라고 주장합니다. 물질적 대상과 사건이 정신 활동의 구체적 발현이라는 겁니다."

"관념론이지요." 여 조사관이 말했다.

"관념론자들은 물질적 세상이 허구라고 믿습니다. 우주가 오로지 심리적 혹은 정신적 측면에서 존재한다고 봅니다."

"흐음."

"관념론 중 어떤 버전은 물질적 세상을 부정하지는 않습니다. 하지만 그 세상을 직접적으로 알 수는 없다고 봅니다. 대상과 사건은 관찰자의 마음속에 들어와야 비로소 존재하는 것이기 때문에 심적 구성물에 지나지 않는다는 겁니다."

"숲속의 나무가 쓰러져도 관찰하는 사람이 없으면 그것은 소리를 내지 않는다?"

"그렇습니다. 관찰자가 없으면 나뭇가지의 푸른 잎사귀도 지층地層에 어른거리는 햇빛도 없는 겁니다. 쓰러지는 나무의 우지끈 소리, 잎사귀와 초록의 이미지, 햇빛과 그림자의 어른거림 등이 모두 마음의 구성물인 겁니다."

제3조사관이 뭐라고 말을 하려 했으나 나는 그를 제지하고 내 말을 계속 했다. "제3의 입장은 이원론입니다. 이원론자들은 세상이 물질과 마음의 두 가지 것으로 구성되어 있다고 생각합니다."

"이원론은 죽었어요. 현대과학은 이원론을 수용하지 않습니다." 제1조사관이 말했다.

"그건 상식적으로 맞는 말입니다." 내가 덧붙였다. "유물론자도 관념론자도 이원론은 받아들이지 않지요. 이건 당신도 그럴 겁니다." 제1조사관은 이의를 제기하지 않았다. "평범한 사람들은 누구나 자신이 몸을 가지고 있고, 또 몸 이외에 어떤 것이 있다고 생각합니다. 피와 살로 된 육체와는 뚜렷하게 구분되는 정신적 특질이 있다고 보는 겁니다. 많은 사람들이—거의 대부분의 사람들이—자기는 영혼이 있고 그 영혼이 신체의 소멸 이후에도 존재한다고 생각합니다."

"그러니까 당신이 영혼과 성령을 믿는다고 말하려는 건 아니지요?" 제2조사관이 물었다.

"분명 아닙니다."

제1조사관은 좀 전의 질문으로 되돌아갔다. "당신은 신비주의

자입니까?"

"아닙니다."

"그렇다면 과학이 의식의 수수께끼를 풀어줄 거라고 보는군요. 단지 시간이 좀 걸릴 뿐."

"시간 플러스 연구 자금이 투입되어야겠지요." 제3조사관이 덧붙이자, 다들 가볍게 웃었다.

"아니요. 난 과학이 의식(마음)의 수수께끼를 풀지 못하리라 봅니다."

제2조사관은 내가 뭔가 혼동하고 있다고 말했다. 제1조사관은 내가 그의 질문을 잘못 알아들었다고 말했다. 나는 그에게 질문을 충분히 알아들었으며, 단지 그의 질문이 너무 환원적(단순화를 지향)이라고 대답했다.

나는 무엇을 말하고 싶은지 잘 알았다. 과학 그 자체에 내재된 의식의 문제에 대해서 말하고 싶었다. 하지만 그것을 충분히 생각해 두지 않았고, 갑자기 나의 알몸 상태를 의식하면서 논증의 실마리를 잃어버리고 말았다.

"데카르트로 돌아가 봅시다." 그건 조사관들에게 한 말일 수도 있었고 나 지신을 향한 말일 수도 있었다. 나는 탈출구를 찾고 있었다.

"과연 그래야 할까요?" 제2조사관이 물었다.

"예, 그래야만 합니다." 내가 말했다.

나는 세 조사관들이 앉아 있는 곳으로 걸어가 제2조사관 앞에서 허리를 숙이고 내 팔꿈치를 테이블 위에다 올려놓았다. "그는 설명해야 할 게 많은가 봐요." 여조사관은 미소 지으며 말했다.

나는 조사위원회에게 우리가 오늘 씨름하고 있는 마음-신체 문제는 17세기에 르네 데카르트가 규정한 이원론의 유산이라고 말했다. 마음과 신체를 구분한 철학자는 데카르트가 처음은 아니었다. 그가 이 문제를 아주 명석하게 규정해 놓았고 또 양자 관계에 대한 논의의 조건을 확정지었기 때문에 후대의 이원론 논의는 모두 그것을 따랐다. 그 바람에 데카르트는 서구의 사고방식에 일련의 골치 아픈 이원론을 도입했다. 가령 마음과 물질, 주체와 객체, 관찰자와 관찰대상 등으로 구분해 왔던 것이다.

"그걸 모두 데카르트 탓으로 돌릴 수는 없습니다." 제3조사관이 말했다.

"물론이죠. 이원론적 사고방식은 모든 주요 종교에서 나타납니다. 그들은 신체와 영혼이 별개의 실체라는 그릇된 사상을 전파합니다." 내가 말했다.

제1조사관은 이원론 사상이 주요 종교들보다 수천 년 앞서서 이미 존재했다는 타당한 지적을 했다. 인류 역사의 새벽으로까지 소급된다는 것이었다. 나는 동의했다. 그것은 인간의 생물학적 구조의 한 부분이었다. 우리는 태생적으로 정신과 신체를 구분하도록 되어 있는지 모른다, 라고 나는 말했다. 그 사상은 인

간 신경 중추에 내장된 하드웨어이다.

인간은 진화하면서 자연스럽게 대인관계에 대하여 특정 사고 방식을 갖추게 되었다. 특히 상대방의 심리 상태를 해석하는 방식에 있어서 어떤 생각의 틀을 형성했다. 그것은 복잡한 사회단체 속에 살게 된 결과이고 또 언어 진화의 부산물이었다. 우리는 지속적으로 별 힘 안들이고 상대방의 생각과 의도를 짐작한다. 우리는 사람들의 '의중'을 평가한다. 이렇게 하면서 자연스럽게 마음이라는 것이 객관적으로 있다고 가정한다. 사회생활을 하려면 우리 모두는 상대방의 마음을 읽어야 한다.

이런 심리 기제 덕분에 우리는 자기 자신을 통합되고 연속적인 존재라고 생각한다. 우리의 심리 상태와 관련하여 무슨 일이 벌어지고 있는지 계속 살핀다. 마음을 읽는 기술이 신통치 않은 사람(자폐증 환자)과 자기의 남의 심적 활동에 대하여 풍성하지만 믿을 수 없는 해석을 하는 사람(정신분열증 환자)은 사회생활에서 커다란 불이익을 당한다.

데카르트의 업적은 이런 원초적 직관—마음과 신체의 구분—을 중심 주제로 삼아 그 주위에 철학 체계를 세운 것이다. 그가 내놓은 사상은 우리의 사고방식에 깊은 뿌리를 내리고 있다. 정신과 물질, 주관과 객관의 구분은 근대 과학의 초석이 되었다.

마음-신체 문제 및 과학 그 자체는 이런 리얼리티의 분열로부터 생겨난 것이다. 이것은 의식 과학에 근본적인 문제를 일으킨다. 과학은 체계적 관찰과 실험에 의해 진행된다. '있는 그대로의' 세상에 대하여 사실적이고도 공적인 지식을 제공하되, 개인적 느낌이나 의견 즉 주관성은 배제해야 한다. 달리 말해서 '객관적 지식'만을 내놓아야 한다. 하지만 의식이라는 것은 그 본질에 있어서 주관적이고 개인적인 것이다. 나는 당신의 체험을 상상할 수 있지만 그 체험을 당신처럼 느낄 수는 없다. 이것은 당신도 마찬가지이다. 체험은 1인칭 사업인 반면 과학은 3인칭 사업인 것이다.

"그래서," 내가 말했다. "의식은 과학에 엄청난 도전을 걸고 있습니다. 과학은 외부의 물질적 세계를 객관적으로 또 3인칭으로 관찰하는 데에는 능숙합니다. 하지만 바로 그 이유로 인해, 의식의 '내적 세계'를 이해하려면 제 기능을 발휘하지 못하는 겁니다."

"우리는 두뇌의 상태와 기능을 연구할 수 있습니다." 제3조사관이 말했다. "두뇌활동이 곧 의식(마음)이라고 생각해버리면 모든 문제가 사라집니다."

"나는 어떤 때 그런 식으로 생각하지만 어떤 때는 그렇게 생각하지 않습니다."

"아직 당신의 마음을 정하지 못했기 때문에?"

"아니요. 이 문제를 바라보는 방식이 여러 가지이기 때문입니다. 모든 의식적 사건, 모든 생각과 정서가 두뇌의 물질적 상태에 뿌리박고 있다는 점에는 동의합니다. 하지만 이것은 두뇌와 그 기능을 3인칭으로 객관적으로 묘사하는 것에 지나지 않습니다. 여전히 주관적, 1인칭 체험은 설명되지 않는 겁니다."

"그럼 그 두 가지는 서로 만나지 않는다, 라는 게 당신의 주장입니까?"

"현상적 의식, 그러니까 체험이라는 일차적 느낌은 전통적 과학 연구로는 알 수 없고 앞으로도 영원히 그러하리라 생각합니다. 어떤 사람이 배고프다고 느끼는 감정은 주관적인 것이고 그어떤 과학도 객관적으로 설명할 수 없습니다. 다시 말해 배고프다고 느끼면서 동시에 그 배고픔을 관찰할 수는 없는 겁니다. 배고픔뿐만 아닙니다. '너무 아파.' '이거 초콜릿 맛이 나는데.' '하늘의 무지개를 바라볼 때 내 가슴은 뛰어'도 다 마찬가지입니다. 사람은 런던과 뉴욕 두 장소에 동시에 존재할 수 없습니다. 어떤 체험을 '내부에서' 느끼거나(런던) 아니면 '외부에서' 관찰할 수 있을(뉴욕) 뿐입니다. 과학은 배고픔이라는 느낌에 수반되는 뇌신경 활동, 신체 상태, 환경적 조건, 외부적 행동—언어 행동과 기타 다른 자각 상태—을 연구할 수는 있지만, 배고픔이라는 원초적 느낌은 영원히 개인적인 것이고 과학적 분석 바깥에 있는 겁니다. 나는 이것을 극복할 수 있는 방법을 알지 못합니다. 개별성은 의식의 근본적 구성요소입니다."

제2조사관은 피곤하다는 듯이 한숨을 내쉬었다. 나는 갑자기

평소의 나답지 않게 분노가 솟구치는 것을 느꼈다.

"그걸 간단히 정의해버리려고 하지 마십시오!" 내가 소리쳤다. "이 물질적 세상에서 두뇌와 그 기능이 있을 뿐이고 의식이란 존재하지 않는다고 내게 말하지 마십시오. 왜냐하면 내가 서 있는 견지에서 의식은 분명 존재하기 때문입니다! 당신이 좀비나 식물 뿌리가 아닌 이상 당신 자신도 그걸 분명 깨닫고 있을 테니까요."

나는 그처럼 격렬하게 말한 것을 금방 후회했다. 나의 알몸 상태를 의식했고 우스꽝스러운 느낌이 들었다.(옷을 모두 벗은 채 화를 내지 말 일이다) 하지만 그게 요점이었다. '내가 서 있는 견지에서.' 내게는 나의 입장이 있고 너에게는 너의 입장이 있다.

"두뇌의 상태를 잘 알고 그것을 묘사하는 정교한 기술적 어휘가 갖추어진다면 주관과 객관이 통합될 수 있지 않을까요?" 콜리쿨라가 말했다.

"그렇지 않습니다." 내가 말했다. "워즈워스는 무지개를 보고서 가슴이 뛰었던 광경을 과학적으로 다시 묘사할 수 있을 겁니다. 햇빛의 광자(빛 에너지)가 그의 망막을 자극하고 그리하여 뇌 속에서 전기화학적 자극을 일으키고, 이어 아드레날린 선을 자극하고 마지막으로 그의 심장의 맥박에 자극을 준 과정을 기술할 수 있겠지요. 하지만 이렇게 한다고 해서 별반 달라질 것이 없습니다. 관심의 초점이 되는 것은 여전히 '그의' 눈, '그의' 두뇌, '그의' 심장일 뿐, 키츠나 콜리지의 것은 되지 못합니다. 그가 서 있는 견지에서 본 광경인 겁니다. 그는 본질적으로 또 환원 불가능하게 개인적인 관점에서 묘사를 하고 있습니다. 그것은 뉴런 신호의 패턴이 되지는 못합니다."

"나는 이 문제가 시하고 상관없다고 보는데요." 제2조사관이 말했다. 그래서 나는 다른 시인을 인용했다.

"로버트 프로스트는 말했습니다. '시는 번역을 하면 그 본질을 잃어버린다. 해석을 하면 그 본질이 사라진다.' 마찬가지로 의식도 1인칭(체험)에서 3인칭(두뇌 상태의 묘사)으로 번역하면 본질이 사라져버립니다. 심리 활동이 뉴런의 활동에 의존하는 것은 사실입니다. 이런 저런 심리과정에 해당하는 뉴런 도표를 작성할 수도 있습니다. 하지만 의식이라는 시詩는 해석을 하면 사라지는 겁니다."

"두뇌 활동과 의식은 같은 것입니다." 제3조사관이 말했다.

"예, 그 말에는 일말의 진실이 들어 있습니다."

"따라서 신경과학은 두뇌의 활동을 제일 잘 묘사하는 입장에 있고 그런 만큼 의식을 가장 잘 설명할 수 있는 입장에 있습니다."

"아니요, 그건 그렇지 않습니다."

"무슨 말이세요?" 제2조사관이 약간 화를 내며 말했다.

"어떤 사람들은 의식이 두 가지 양상을 갖고 있다고 주장합니다." 내가 말했다. "객관적이면서 주관적인 측면을 갖고 있다는 겁니다. 그런 점에 아주 독특한 것이고 구름, 꽃, 조약돌 등의 자연 사물과 동일하게 취급할 수가 없습니다. 이런 사물들은 순전히 객관적인 관점에서 이해될 수 있습니다. 주관적 리얼리티에 신비한 사항은 없습니다. 단지 객관적이고 과학 친화적인 리얼리티하고 다르다는 것뿐입니다. 그것은 실제적이고 구체적인 것이며 데카르트가 믿었던 비非물질적 심적 실체하고도 상관이 없습니다. 심적 사건은 물질적 사건에 바탕을 두고 있습니다. 그 둘은 완벽하게 일치합니다. 주관과 객관은 그 바탕이 되는 리얼리티를 다르게 취하는 양상입니다. 하지만 주관적 영역은 과학의 범위 밖에 있습니다."

"그게 당신의 믿음입니까?" 제1조사관이 말했다.

그 질문을 생각하자 나는 확신이 서질 않았다. 하지만 생각하는 도중에 대답이 불쑥 튀어나왔다. "난 확실하지 않습니다."

"그럼 당신은 무엇을 믿는 거죠?"

콜리큘라가 두 번째로 물었다.

나는 아무것도 믿지 않는다고 말하려 했다. 그것이 나의 진실에 가장 가까웠다. 하지만 그렇게 대답하여 괴상한 사람이라는 소리를 듣고 싶지 않았다. 게다가 거기 밤새 서 있고 싶지도 않았다. 나는 손쉬운 노선을 선택했다. 나는 사지선다형 답안 중 하나를 고르기로 했다.

"나는 물질주의자입니다." 내가 말했다. "이 세상과 그 속에 들어 있는 모든 것은 물질로 구성되어 있다고 봅니다. 우주의 기원이 무엇이든 우리는 우주의 물질적 진화의 자연스러운 결과물입니다. 감각, 지능, 정서, 도덕 등도 마찬가지입니다. 모든 행동과 체험, 세상과 인간에 대한 지식과 이해 등은 물질적 도구인 두뇌의 활동에 달려 있습니다."

조사관 석에서는 승인하는 듯한 웅성거림이 울려나왔다.

"좋아요. 아무튼 당신은 신비주의자는 아니로군요."

그것은 논리적 귀결은 아니었다. 신비주의와 물질주의는 상호 배타적인 것이 아니다. 하지만 그냥 흘려보내기로 했다. 어쩌면 나는 신비주의자일 수도 있고 아닐 수도 있었다. 그걸 누가 신경이나 쓰겠는가? 아무튼 세 명의 조사관은 나의 진술에 만족했다. 그들은 서류를 챙겨가지고 일어섰다. 하지만 기이하게도 나는 그들이 떠나는 모습을 보지 못했다.

그건 아무래도 상관없는 일이었다. 이제 콜리쿨라는 내 위에 걸터앉아 있었다. 우리 밑에 있는 수족관의 초록 불빛이 그녀의 얼굴을 환히 비추었다.

"당신은 무엇을 진정으로 믿으세요?" 그녀가 물었다.

"물질주의에 대해서 말한 건 진심입니다. 주관적 체험이 과학의 영역 밖에 있다는 것도 진심이에요. 하지만 솔직히 말하면 이 문제에 대하여 어떤 확고한 신념이 없어요. 마음-신체 문제를 어느 측면에서 바라보면 그게 아무 문제도 아닌 것처럼 갑자기 증발해버려요. 그러다가 다른 측면에서 보면 해결을 못해서 너무 안타까운 거예요."

"그렇다면 그건 한 가지 이상의 문제로군요." 그녀가 말했다. "아니면 당신이 여러 사람이거나."

나는 이제 그녀의 몸 안 깊숙이 들어가 있었고 그런 건 전혀 신경 쓰고 싶지 않았다.

제3부 물도 없고 달도 없는 땅

유령나무 · 1

나는 마을을 가로질러 병원으로 차를 몰았다. 제이크는 정형외과 병실에 입원해 있었다. 침대들은 벽을 따라 줄을 지어 놓여 있었다. 내가 도착했을 때 그의 아내는 남편의 침대 옆에 앉아 있었다. 그녀는 제이크보다 한두 살 어린 열일곱 정도 되어 보였다. 그들 사이에는 대화가 없었다. 무거운 침묵만이 자리 잡았고 상당 기간 대화가 없었던 것 같았다.

제이크는 십자가 위의 예수 이미지였다. 움푹 들어간 뺨 위로 덕지덕지 달라붙은 머리카락이 흘러내려와 있었다. 예전에 가시관이 씌워져 있었을 법한 그의 이마에는 딱지가 앉아 있었으며 그의 허리 부분에서 구겨진 침대 시트는 허리춤 가리개 역할을 했다. 마르고 창백한 상반신에는 교통사고의 다른 상처인 넓은 자주색 찰과상과 황색의 타박상이 남아 있었다. 하지만 허리 아랫부분에는 아무것도 없었다. 내파된 차의 금속이 충돌의 순간에 한 다리를 절단시켰다. 나머지 다리는 회복 불능의 상태로 훼손되었고 입원 직후 몇 시간 만에 외과 수술로 제거되었다. 만약 제이크가 차 도둑이었다면 그는 비싼 대가를 치른 것이었다. 붕대가 감긴 절단된 하반신이 시트 밑에서 드러났을 때, 나는 그의 오른손 또한 사라졌다는 것을 알았다. 제이크는 휠체어에 앉은 노인에게 없는 오른손을 들어 인사하는 시늉을 했다.

내가 간호사실에서 진료 기록부를 집어 들었을 때 담당 간호사는 제이크의 정서 장애 행동에 대해 말해주었다. 어제 제이크가 마구 오줌을 지리고 자신의 똥을 상처에 발라댔다는 것이다. 나는 이런 것을 기대하지 않았기 때문에 용기가 사라지는 것을 느꼈다. 발걸음을 돌려 돌아가고 싶었다. 하지만 막상 그와 이야기를 나누어 보니 더할 나위 없이 쾌활한 태도로 나왔다. 마음을 가라앉힌 것처럼 보였고 심지어는 평화로워 보이기까지 했다. 그의 태도는 나를 안심시켰다. 제이크는 이제 고통도 참을 만하다는 말도 했다. 하지만 어제는 고통이 너무 심해 참지 못했다고 말했다.

"어디가 제일 아프지요?" 내가 물었다.

"왼쪽 다리요." 그가 말했다. 환지증이었다.

나는 그의 의식 수준과 사고 직후 몇 시간 동안의 사건을 회상하는지, 몇 가지 틀에 박힌 질문을 했다. 제이크는 기억하지 못했다.

"제이크는 의식이 있었어요." 어린 신부가 옆에서 말했다.

"어떻게 알죠?" 내가 물었다.

그녀는 확신할 수 있다고 했다. 왜냐하면 제이크가 집으로 전화를 거는 휴대전화의 기능을 작동시켰기 때문이다. 그것은 충격의 결과에 따른 우연한 행동일 수도 있었고 아니면 잠시 제정신이 돌아왔던 순간의 행동일 수도 있었다. 전화가 울렸을 땐 마침 아무도 집에 없었다. 자동응답기가 메시지를 받아 저장을 했고, 그녀는 주유소에서 야간 근무를 마친 후 아침에 돌아와 이를 확인했다. 제이크는 어린 아내에게 전화를 하면서 아이처럼 울부짖었다.

나는 검사를 마친 뒤 병실을 떠났다. 그 정도면 충분히 살펴보았다. 오후 네시 밖에 되지 않았고 곧이어 회의에 참가해야 되었지만 전화를 걸어 불참을 알리고 집으로 향했다.

잔뜩 흐리고 구름이 낀 여름 오후였고 주위는 완벽하게 조용했다. 하늘에는 구름이 낮게 깔려 있었고 작은 비행기가 나의 시야에 들락날락하며 날아갔다. 저기에 사람이 타고 있겠지. 그런 생각이 내 머리를 스쳐지나갔다. 하지만 상상력을 발동해야만 할 수 있는 생각이었다. 이렇게 멀리 떨어져 있는데, 만약 비행기가 하늘에서 떨어진다 하더라도 누가 신경이나 쓰겠는가?

난 정원에 앉아 있었고 선잠을 잔 것 같다. 왜냐하면 내가 읽던 대학원생의 박사 논문이 바닥에 엎어진 채 떨어져 있었기 때문이다. 커피 또한 얼음처럼 차가워져 있었다. 내가 얼마간 잠들어 있었구나.

나는 논문을 집어 들었고, 여러 뇌의 스캔 이미지가 들어 있는 페이지를 펼쳤다. 그 이미지들을 보는 순간 그게 누구의 뇌인지 금방 알아보았다. 이미지 캡션에는 익명성을 보장하기 위해 MJ17이라고 해놓았지만 그 주인공은 매기였다. 그녀는 내 연구 대상 환자들 중 한 사람이었다. 그녀를 보았던 마지막 순간이 생각났다. 두 달 전이었다. 매기는 늘 그랬듯이 오래된 친구처럼 나를 반겨주었고 자신의 손으로 내 양손을 잡고서 한참 따뜻하게 감싸주었다. 거실로 통하는 복도를 걸어갈 때 그녀는 내 팔을 붙잡았다. 내가 그녀의 남편 돈에게 인사를 하는 순간, 매기는 가까이 다가와 내 뺨을 만졌다. 그녀는 금방 만나 인사를 나누었음에도 불구하고 내가 누군지 모르고 있었다. 그녀의 기억은 텅 빈 상태였다. 이렇게 실례를 저지르고도 부끄러움을 모르는 행동은 뇌 손상의 결과였다.

펼쳐진 논문 위에 새로 벌초한 잔디밭에서 날아온 풀잎들이 떨어졌다. 뇌의 사진들은 식물적 특질을 보여 주었다. 나는 사진 캡션을 읽었다. 그림 1, 편도와 해마를 찍은 자기공명 영상. 나는 매기의 머릿속을 보고 있는 중이었다. 그녀는 이런 사진들을 찍을 때 아마 콧노래를 부르고 있었을 것이다. 그녀는 말을 하지 않을 때면 콧노래를 부르거나 노래를 불렀다. 남편 돈은 그것을 불평하지 않았다.

사진들은 대부분 회색이었다. 뼈와 같이 밀도 높은 물질은 흰색으로 보인다. 어두운 영역은 저밀도 부분이다. 뇌 왼쪽 공동의 검은 나비는 뇌 조직으로 채워져 있는 게 아니라 물로 가득 차 있다. 뇌 외부의 꽃양배추처럼 주름진 곳은 어둡게 찍혀 있나. 전방 측두엽의 대부분이 바이러스에 의해 파괴되었다. 이 부분 역시 검게 보인다. 매기는 운이 없었다. 단순포진이라는 균은 입술발진의 균과 매우 흡사한데, 그것이 공교롭게도 매기의 뇌로 들어가버린 것이었다. 그렇지만 그녀는 운이 좋았다. 살아남았으니까. 남편 돈은 그런 식으로 사태를 좋게 생각했다. 그녀가 운이 없다고 말한 나는 누구인가?

각 사진의 옆쪽에 그려져 있는 작고 하얀 화살표는, 원래 편도와 해마가 자리 잡고 있어야 할 어두운 공간을 가리켰다. 편도와 해마는 기억과 감정의 조직에 절대적으로 필요한 구성 요소이다. 이 두 요소를 상실했기 때문에 매기는 흥미로운 과학적 탐구의 대상이 되었다.

임상의로서 나는 과학적으로 견문이 넓고 탐구적이어야 할 의무가 있다. 많은 환자들이 나의 진찰실을 찾아온다. 그들은 신경조직에 결함이 있기 때문에 나는 그런 특성을 살펴보아야 한다. 그들은 증상을 말하고, 나는 경청하면서 징후를 찾는다. 그 다음에는 가설을 세우고 시험하며 추론하고, 필요하다면 과학 문헌을 참고하기도 한다. 하지만 치료 과정의 부분으로서, 일상적이고 인간적인 방법으로 환자와 좋은 관계를 유지하지 못한다면 치료에 실패할 수도 있다. 환자의 곤경을 이해하기 위해서는 그들의 개인적인 문제를 잘 알아야 한다. 아픈 대상은 결국 신경 조직이 아니라 '사람'이기 때문이다.

오늘 오후 제이크를 진찰할 때 나는 초연함과 몰입 사이에서 적절한 균형을 유지하지 못했다. 냉정하게 분석해야 하는데도 감정적 충동에 굴복했다. 환지증 증세를 보이는 불구의 젊은 남자, 그의 평온한 정중함, 어린 아내의 헌신적 태도, 자동응답기 메시지의 뼈아픈 절망감, 이런 요소들은 너무나 강력한 힘으로 내 감정을 자극했고 그래서 나는 허를 찔렸다.

지금 나는 우리 집 정원의 외딴 곳에서 도피처를 찾았고 잠, 과학, 추상(박사논문) 속으로 도망을 쳤다. 논문 속에는 바이러스에 의해 파괴된 두뇌의 그림들이 가득했다. 그건 효과적인 위안의 방법이었다. 매기라는 사람을 잊어버리고 대신 MJ17이라는 익명의 사진만 쳐다보면 되니까.

이제 점점 어두워진다. 구름이 옅어져 초승달이 보인다. 정원의 안쪽에는 사과나무 한 그루가 있다. 지치고 쓸쓸해 보이는 나무. 아무튼 지금의 나에게는 그렇게 보인다. 그것은 오래된 나무였고 마지막으로 열매를 맺었다. 퇴색하는 줄기의 형태, 뒤틀린 가지들, 그늘 속에서 거무스름해진 잎들, 창백하고 반쯤 여문 사과들. 이런 것들만 본 게 아니라 나무의 나이와 피로함도 함께 보았다. 그리고 열매의 얼얼한 맛을 생각한다. 아무튼 지금 이 순간의 나는 그 나무를 본다. 어떻게 그 나무가 마지막으로 열매 맺었다는 것을 아는가? 왜냐하면 그 나무가 이미 그곳에 없다는 것을 알기 때문이다. 나의 뇌는 약해져가는 빛과 공모하여 일 년 전 오늘과 비슷한 흐린 저녁의 기억으로부터 사과나무의 환상을 불러냈다. 그 나무는 지난 해 2월 강풍을 맞고 절단나 버렸고 그리하여 베어 없애버렸다. 지금 내가 보고 있는 나무, 그것은 유령나무다. 내 생각 속에만 뿌리를 내리고 있는.

* * *

나는 교회에 있다. 어쨌든 한때는 교회였고 지금은 대학 건물이다. 나는 토론회에 와 있고 참석자들은 아침 회의가 열리기 전 커피를 마시며 서성거리고 있다. 나는 논문을 발표해야 하기 때문에 연단에 올라가야 하는 시간을 계속 확인한다.

이 프로그램은 나의 대학원 동기 두 명과 다시 만나는 기회를 안겨주었다. 나는 그 친구들을 20년 동안 보지 못했다. 우리는 삼각형을 이루며 서서, 인생의 무대에서 진부하게 벌어지는 사실들을 가볍게 주고받았다. 우리 모두 아내와 자식들이 있었고 애완견도 있었다. 릭은 인생의 그런 사실에 당황하는 척했다. 얼마나 속물적인가. 왜 우리는 좀더 흥미로운 삶을 살지 못하는 것일까?

"난 책임지는 건 좋아하지 않지만 결혼했지. 아이들을 원하지 않았는데 그 애들이 내 인생을 가져가버렸어. 난 개도 있어. 산책길에 개가 똥을 싸면 그걸 비닐봉지에 집어 넣기 바쁘지."

스티브와 나는 동의했지만 그렇다고 진심은 아니었다.

스티브는 10년 동안 미국에 있었고 목소리가 영국과 미국식이 혼합된 상태였다. "난 로맨틱한 사랑의 신화가 사태를 악화시킨다고 생각해. 그러니 그런 신화를 가만히 내버려두면 안 돼." 인생과 인간관계는 우리가 생각하는 것보다 훨씬 더 무작위적이지만 결국에는 누구나 그런 무작위의 패턴에 빠지고 만다. 누구와 함께인가는 그다지 중요하지 않다. 중요한 것은 패턴이다. "그런 신화를 포기하지 않는다면, 반드시 실망하게 되지. 하지만 처음부터 그것을 믿지 않는다면……."

나는 위층 강연장으로 향하는 나선형 계단을 올라갔다. 햇빛이 가득한 채색 유리 창문은 난간을 따라 자주색, 황색, 적색의 햇빛을 던졌다. 연단은 서늘하고 어두운 홀은 회중석의 가장 안쪽에 자리 잡고 있었다. 회의 참석자들은 천천히 홀 안으로 들어오고 있었다. 그들은 숫자가 많지 않았고 언제나 그렇듯 뿔뿔이 흩어져 앉았다.

마우스를 한 번 누르자 인용문이 내 뒤의 화면을 가로지르며 나타났다. "우리는 지성知性을 우리의 신으로 만들지 않도록 주의해야 한다. 그것은 물론 강력한 힘을 가졌지만 인격이 없다." 아인슈타인의 말이다. 이 인용문은 어떻게 뇌가 감정을 생성하며 감정은 어떻게 사회적 행동을 규제하는지 설명한다. 그리고 이것이 오늘 내 강연의 주제이다.

얼굴의 기하학을 분석하는 구조가 있고 표현의 의미를 해석하는 데 도움이 되는 구조들도 있다. 이런 구조가 사람들의 의도와 기질을 해독하고 사람들의 욕망과 신념을 계산하는 두뇌 체계에 공급된다. 그 외에 행동의 프로그램을 선택하고, 행동의 기어를 넣고, 사회적 상황을 통해 '자기'라는 기관을 움직이는 구조가 있다.

편도는 사회적 뇌의 결정적 요소이다. 이것은 고차원의 피질 작용(이성적 사고방식)을 태곳적 감정 조직과 연계시키는 통제 센서의 역할을 한다. 특히 편도는 공포와 분노의 생산에 관여하는 것으로 알려져 있다.

지금 화면에는 MJ17로 알려진 매기의 크고, 움직이고, 말하고, 몸짓하는 이미지가 올라와 있다. 그녀는 조수 연구원과 함께 웃음을 짓고 있다. 매기는 20대로 돌아가 그녀의 상급자에 대한 외설적인 이야기를 하고 있다. 그 상급자가 참으로 그녀를 좋아했다는 것이다. 카메라 밖에서 남편 돈이 점잖은 목소리로 그녀를 좀더 안전한 화제로 돌려놓기 위해 애쓰고 있다. 돈은 난처한 얘기가 나오는 것을 바라지 않았다. 나는 엉뚱한 비디오를 올려놓은 것이었다. 원래는 매기와 돈이 스페인으로 여행 갔을 때 이야기하는 장면을 보여주려 했다. 하지만 최소한 청중들이 매기가 식물인간은 아니라는 것을 볼 수 있었다. 그녀는 쾌활하고 생기 넘쳤으며 남들과 어울리기를 갈망했다. 나는 화면이 아니라 말로 그녀의 그런 상태를 설명해야만 했다.

비디오 화면에서 매기와 돈은 외식을 하기 위해 외출 중이다. 그런데 난데없이 두 젊은 남자가 돈에게 달려들었다. 큰 소리가 났고 밀고 당기는 실랑이가 벌어졌다. 두 남자는 매기를 붙잡았다. 돈은 벽으로 내던져졌다. 한 손이 그의 멱살을 잡았고 다른 손은 그의 지갑을 빼갔다. 하지만 돈은 체격이 큰 사람이었다. 그는 되받아쳤고 남자를 사정없이 두들겼다. 줄곧 돈의 편도는 화재 경보 장치처럼 떨렸고 그의 몸에 충격을 주어 직관적인 공포에 반응하여 상대방을 때리고 기계적 분노를 터트리게 했다. 그의 동공은 팽창되고, 심장혈관 체계는 과열되고, 복부 근육은 크게 긴장되고, 망치 같은 주먹을 마구 휘둘렀다. 하지만 매기는 그런 피 튀기는 격투 현장과는 아랑곳없이 온화하게 웃고 있었다. 그녀 머릿속의 액체가 채워진 공간, 한때 편도가 있었던 곳은 이제 늘 평온함을 유지하는 물웅덩이에 지나지 않았다.

호텔로 돌아와서도 돈은 여전히 동요된 상태였다. 매기는 이해할 수 없었다. 그녀는 그 남자들이 그저 장난을 쳤다고 생각했다.

　이쯤 해두자. 아무튼 편도가 없다면 공포도 없다. 매기의 사례는 공포 생성의 과정을 일반적으로 설명해주는 훌륭한 일화이다. 피질이 인식하고, 편도는 해석하여 신체의 반응을 이끌어낸다. 한편 호텔로 돌아온 매기는 텔레비전 앞에 앉았다. 텔레비전에서는 연속극이 나오고 있었다. 두 여성 인물들 사이에 적대감의 불꽃이 튀고 있었다. 하지만 극단적이거나 비상한 갈등은 아니었다. 그럼에도 그녀는 안절부절 못했고 숨을 제대로 쉬지 못했으며 심장이 두근거렸다.

　"안 돼, 그러지 마." 그녀가 말했다. "제발, 안 돼!"

　공포는 그녀의 얼굴 근육이 팽팽히 당겨지고 입을 딱 벌릴 정도가 될 때까지 계속되었다. 이 일화는 이제 편도의 진정한 기능을 이해하는 통찰의 창문이 되었다. 어쨌든 그것이 나의 발표 요지였다. 공포가 편도의 개입 없이도 유발될 수 있다는 게 분명했다. 편도가 없는 매기는 노상강도의 실질적 위협을 알아차리지 못했지만 악의 없는 텔레비전 프로그램에 대해선 과도한 공포를 느꼈다.

　"흥미롭군요." 누군가 말했다. "하지만 일회성 에피소드일 뿐입니다."

　동의할 수밖에 없었다. 하지만 난 그런 에피소드들을 아주 소중하게 여긴다.

스티브는 발표에서 그의 개에 대해 이야기를 했다. 그는 동물이 기초적인 감각 인식이 있다는 것을 인정했지만, 그것을 인간의 의식과 같은 것이라고 볼 수 없다고 말했다. 그의 아내와 딸은 이를 부정했다. 모녀는 지능 이상으로 감정을 중요시했다. 그들은 개도 감정을 가지고 있다고 확신했다. 비록 원시적이고 비논리적이기는 하지만 개의 감정이 근본적으로 사람과 다르지 않다는 것이었다. 스티브를 당황하게 만든 것은 이런 것이다. 그도 아내와 딸이 말한 것을 믿을 수밖에 없었다.

"내 사회적 뇌 때문일 거라고 생각해." 스티브가 말했다.

"네가 사람이라는 표시야." 내가 그에게 말했다.

* * *

매기의 이야기는 내가 투고한 한 잡지 기사에 실렸다. 매기가 강도를 당하고서도 평온했던 일화는 내가 몇 년 전 공저한 과학 논문의 토론란에서도 찾아볼 수 있다. 매기는 그 논문에서 "YW"로 언급되었다. 나는 매기의 에피소드가 편도의 기능에 대한 통찰을 제공한다고 보지만 청중 속의 어떤 비평가가 말한 대로 증거는 일회성 에피소드일 뿐이다. 이런 일회성 에피소드는 실제적이고 윤리적인 이유 때문에 실험으로 확인하기 어렵다.

그렇지만 보다 체계적인 이론 및 실험적 연구에 귀중한 영감의 원천일 뿐만 아니라 그 자체로도 아주 중요한 정보이다.

잡지에 매기의 이야기가 나간 지 얼마 되지 않아 나는 매기처럼 단순포진 뇌염으로 고통받고 있는 독자로부터 편지를 받았다. 편의상 그를 "앤서니"라고 하자. 그의 편지는 주목할 만한 것이었다. 여기 앤서니의 허가를 받아 일부를 발췌 인용한다.

저는 당신이 잡지에 쓴 두 가지 현상을 경험하고 있습니다. 저는 신체적 위험을 예전처럼 강렬하게 느끼지 못하는 한편, 가벼운 말다툼이나 언쟁에 극심한 공포를 느낍니다. 한편으로 저는 위험을 감수하는 사람이기도 합니다. 예를 들자면 무단횡단을 하는 것이죠.(저는 물건을 훔친 적도 있었습니다) 하지만 다른 한편으로는 누군가가 목소리를 높이면 방을 떠나야 합니다.(무서워서 도망치는 것입니다) 심지어 누가 약간이라도 언성을 높이면 공포를 느껴요. 저는 더 이상 텔레비전을 보지 못합니다. 이야기가 만들어내는 '긴장'을 견딜 수가 없어서.

앤서니는 실제로 위험한 상황에서 '공포를 느끼지 못했고'(혹은 무모함), 반면에 사소한 갈등과 드라마적 긴장에 과민반응을 보였다. 이러한 정반대 사항들의 조합은 명백히 매기의 몇몇 행동적 특성과 공통된다. 아마도 두 사람은 뇌 병리학 패턴에 공통점이 있을 것이다. 이것은 놀라운 일이 아니다. 왜냐하면 단순 포진은 뇌의 특정 부분을 편애하여 거기만 공격하기 때문이다.(특히 측두엽과 안와 전두엽 부분) 앤서니의 특징은 그가 아주 통찰력 있고 명료하게 자신에게 벌어진 일을 표현한다는 것이었다. 매기는 이런 식으로 표현하는 데 어려움을 겪었다.

그리고 앤서니는 내가 이전에 보지 못한 다소 다른 증상들을 기술했다.

운 좋게도, 단어와 감정에 직접 연결된 몇몇 이전 증상은 잠 잠해졌습니다. 저는 단어를 "느끼곤" 했습니다. 신체적인 상태를 나타내는 단어나 문구를 듣거나 말할 때마다, 저는 자동적으로 그 상태를 느낄 수 있었습니다. 그래서 저는 "허리가 조여드는"이라거나 "발가락이 뒤틀리는"이라는 말이 나오면 정확히 허리와 발가락에 고통을 느꼈습니다. 사람들이 제게 슬프거나 아프거나 두려워하는지를 물을 때마다 굉장히 당혹스러웠습니다. 저는 이런 감정들을 느낄 뿐만 아니라(바이러스가 뇌에 침입하면 누구나 이런 반응을 보일 수밖에 없습니다!) 질문을 받을 때마다 똑같이 그 감정을 느꼈습니다.

앤서니의 세 번째 증상은, 타인과 얼굴을 맞대고 얘기할 경우 의사소통에 문제를 겪는다는 것이었다. 이것은 아스퍼거 증후군이나 중증 자폐증을 겪고 있는 사람들에게서 발견되는 증상들이다. 이런 증상들은 자폐증을 설명하는 뇌 장애 관련 이론들에 비추어보면 아주 흥미롭다. 많은 영향력 있는 과학자들은 편도의 기능 부전이 이런 증상과 관련 있다고 본다.

저는 더 이상 "말 사이에 있는 것을 읽지(행간을 읽지)" 못합니다. 사람들의 말을 문자 그대로 받아들입니다. 저는 사람들의 표현으로부터 풍부한 의미를 이끌어내지 못합니다. 이것은 우스꽝스럽기도 하면서 동시에 굉장히 고통스럽습니다. 다행히도 저는 현재 직설적인 화법을 중요시하는 오스트레일리아 친구와 살고 있습니다. 그래서 단어와 감정이 교묘하게 뒤틀려 있는 영국식 인간관계를 "읽어내야" 하는 상황을 면제받아 훨씬 덜 어려움을 겪고 있습니다.

앤서니는 이어 그 상황을 상세히 설명했다.

최근에는, 사람들의 말 속에서 의미의 농도와 경중을 구분해내는 것이 정말 어렵다고 생각하고 있습니다. 그래서는 모든 말이 직설적이고 진실하고 유의미했으면 하고 바라게 됩니다. 그렇지 않으면 전 이해할 수 없으니까요. 이에 관련해서 저는 아무에게나 어떤 것이든 말하곤 합니다. 나의 예전 성생활에 대하여 부모님에게 모두 털어놓았고 우리 부모님이 모르는 것은 알 가치가 없다는 소리도 합니다!

…… 바이러스가 제 부끄러움도 먹어치운 모양입니다.

유령나무 · 2

🐿

　찰스는 외과의사들이 말하는 것을 들을 수 있었다. 그들 중 한 사람은 화가 나 있었다. 그들은 절개를 시작하려는 중이었다. 그의 복부 안쪽으로 손가락이 들어와 있었다. 그 다음으로는 칼이 들어올 것이다. 이럴 수는 없었다. 그는 의사들에게 말해야만 했다. '자르지 말아요! 나는 아직 의식이 있어요! 제발!'

　단어들이 그의 뇌에서 형성되었지만 발성기관으로 가는 통로가 막혔다. 그는 칼날이 자신의 살을 자르고 있을 때 아무 동작도 소리도 없이 그냥 누워 있었다. 고통 때문에 그의 정신이 그의 몸에서 분리되었다. 천장으로 올라간 그의 정신은 수술 장면을 내려다보며 그는 화를 내는 의사가 여전히 무언가 불평하고 있는 것을 보았다. 찰스는 어떤 사람들처럼 평온함이나 무관심을 느낀 것이 아니라 심한 불쾌감을 느꼈다. 어떻게 신체에서 이탈한 그의 정신이 몸으로 다시 돌아갈까?

그 신체이탈의 경험은 찰스에게 플래시백, 악몽, 공황 발작과 같은 외상 후 스트레스 장애를 남겼다. 이제 그는 손해 보상을 요구하고 있다. 수술 중 각성은 일반적으로 인정된 문제이다. 효과적인 마취를 하려면 환자와 그 신체 상태에 알맞은 약물들을 잘 혼합해야 한다. 이는 전등 스위치를 켰다 끄는 것처럼 모 아니면 도의 방식은 아니다. 수술 방법에 따라 저마다 다른 마취의 강도를 요구하며, 환자들은 가지각색의 다양한 반응을 보인다. 현재 수술 중의 각성을 발견하는 100퍼센트 신뢰할 만한 방법은 없다. 낮은 확률이지만 언제든 실수가 벌어질 수 있다.

아마도 천 명 중 한두 명의 꼴로 환자가 수술 중 발생한 일들을 기억한다. 좀더 가벼운 마취를 하는 산부인과나 심장외과 수술의 경우에는 이 수치가 더 높아진다.(이는 수술 당시 각성했지만 그 후 기억을 못하는 사람들은 제외한 것이다) 이처럼 수술 중 각성은 공인된 수술의 합병증이지만, 신체이탈의 경험은 공인되지 않는다.

나는 이런 사실이 찰스에게 도움이 되리라고 생각하지 않는다. 그는 몽상가라는 딱지가 이미 붙었는데 참으로 공정치 못하다. 왜냐하면 총 인구의 약 15퍼센트가 신체이탈을 경험했다고 인정하기 때문이다. 나는 탈착식脫着式 영혼을 믿지 않기에 찰스의 영혼이 그의 육체를 떠났다고 보지 않는다. 하지만 그가 끔찍한 환각을 느꼈다는 것은 전적으로 동의한다. 간헐적으로 발생하는 정신병에는 많은 형태가 있으니까.

나는 대학 첫 학기를 셰필드 교외에 있는 무뚝뚝한 노동자 계급 가정에서 하숙을 하며 보냈다. 편의상 그들의 실제 이름을 감추고 팬시 부부라고 부르겠다. 팬시 부인은 내게 아침으로 포리지(오트밀을 물이나 우유로 끓인 죽)를 주었다. 가끔 나는 하숙집에 늦게 들어왔고 그런 일이 자주 있다 보니 아예 들어오지 않을 때도 있었다. 팬시 부인은 나를 까다로운 하숙생이라고 생각했을 것이다. 아침 식사는 별로 맛이 없었고 우리는 할 이야기가 그리 많지 않았다.

그러던 어느 날 아침 팬시 부인은 내게 주디스 아주머니 이야기를 했다. 주디스가 불쑥 들를 때마다 환영을 해주기는 했지만 아주 난처한 시간, 가령 새벽 세시에 나타나서 골치 아프다는 것이었다. 이번 주에만 벌써 세 번째였다. 정말 지치는 일이었다. 오전반 근무를 해야 하는 팬시 아저씨로서는 더욱 난처한 일이었다.

주디스 아주머니는 외로운 여자였다. 그녀는 한 시간 정도 수다를 떨고 집으로 돌아갔다. 나는 사람이 들어오는 기척을 느끼지 못했다고 말했고 사실이 그랬다. 현관 벨이 울리는 소리를 듣지 못했다. 아니면 주디스가 열쇠를 가지고 있는 것인가? 팬시 부인은 주디스 아주머니가 현관 벨을 울리거나 열쇠를 가질 필요가 없다고 했다. 주디스는 특별한 재능을 갖고 있어서 자신의 영혼을 멀리 투척할 수 있다는 것이었다. 그 주에만 세 번이나 밤공기 속으로 자신의 영혼을 투척하여 팬시 부부의 안방으로 가볍게 스며들었다. 그녀는 셰필드에서 아주 멀리 떨어진 스코틀랜드의 한 마을에 살고 있었다.

그 다음날인지 다음다음날인지 팬시 씨가 그 일에 대해 다시 이야기를 꺼냈다.(나는 감히 그 이야기를 꺼낼 수가 없었다) 그는 내가 주디스 이야기를 들었다는 것을 알고 있었다.

"자네는 우리 주디스 얘기를 들었다며? 세 번이나 찾아오다니 꽤나 성가신 일이야." 그가 말했다. 그러자 팬시 아저씨는 가스 스토브 앞의 꽃무늬 장식 카펫 위에 있는 아들의 장난감 기차 세트를 가지런히 모으기 시작했다. 네 살짜리 아이는 반듯하게 누워 빈둥거리고 있었다. 아저씨는 그 이상 말하지 않았다.

팬시 부부의 가정을 떠나기 직전 나는 한 가지 황당한 경험을 했다. 나는 방구석에서 희미하게 무언가 빛을 발하는 물체를 의식하며 새벽 이른 시간에 잠에서 깨어났다. 내 심장은 비정상적으로 뛰었다. 내가 고개를 돌려 바라보자 그것은 밤공기를 날아서 팬시 부부를 찾아온다는 주디스가 아니라 한 그루의 크리스마스 트리였다. 나는 그날도 늦게 하숙집에 돌아왔고, 들어온 뒤 간단한 스낵을 집어먹고서는 곧장 곯아떨어졌다. 분명 잠들기 전에는 그 나무를 보지 못했다. 이상한데, 어떻게 아까는 저 나무를 못 보았지? 나는 나무를 자세히 살펴보기 위해 침대에서 일어났다. 가지를 쓰다듬었고 솔잎 향도 맡았다.

그리고 침대로 돌아와 다시 잠이 들었지만 왠지 마음이 심란했다. 아마 거리에서 나는 소리 때문이었을 것이다. 무슨 소리인지 기억이 나지 않는다. 그래서 창문을 닫으려고 일어나 보니 아까 거기 서 있던 크리스마스 트리가 사라지고 없었다. 나무는 분명 그곳에 있었다. 만져보았고 냄새도 맡았으니까. 그런데 느닷없이 나타난 것처럼 느닷없이 사라져버렸다.

나는 다시 잠들었다. 나무가 사라진 빈 방안을 겨울 햇빛이 채웠다. 하지만 한밤중에 보았던 크리스마스 트리는 근사해보였고, 거기에 달려 있는 작은 붉은 공과 은빛 장식은 작은 빛을 뿌렸다. 나는 일어나려고 했지만 몸이 마비되었다는 것을 알았다. 내 오른팔을 내려다보면서 움직여 보려고 했다. 내 팔에 움직이라고 명령을 내렸다. 하지만 오른팔은 축 쳐진 그대로 꼼짝도 하지 않았다. 일어나 앉거나 몸을 뒤집으려 했지만 그렇게 할 수가 없었다. 나는 몹시 당황했다. 내면에서 엄청난 분노를 느꼈지만 껍데기 같은 내 육체는 미동도 하지 않았다. 더 이상 뭔가 하려 한다면 내가 껍질을 뚫고 나가 표류할 것 같아 그만두고 말았다.

너는 눈을 감았나. 다시 눈을 떴을 때 방안은 여전히 햇빛이 비추고 있었지만 나무는 없었다.

나는 이 일을 선명한 꿈으로 인식하고 있다. 마음이 잠의 오지에 들어가 환각 상태에 빠지고 육체는 잠의 마비에 의해 묶여 있는 상태, 그러니까 꿈속의 삶과 객관적 현실이 미묘하게 교차하는 그런 꿈이었다. 아마도 수술 중 각성은 이 선명한 꿈과 비슷할 것이다. 이런 일은 그때 이래 여러 번 있었고 그때마다 나는 강력한 의지를 발동하여 스스로 자제했다. 하지만 다음번에는 이를 악물고 내 신체에서 이탈하여 정신을 공기 중에 날려 보낼 생각이다.

* * *

얼마 전 나는 다트무어 변두리의 작은 집을 빌렸다. 일요일 오후였고, 나는 창문 근처에 놓인 유리 덮인 탁자에서 일을 하고 있었다. 전날 밤 잠을 제대로 자지 못해 아주 피곤했다. 그때 황홀한 음악에 빠져들어 잠시 일을 멈추었다.

나는 종종 음악을 들으며 일을 한다. 흔히 바흐나 모차르트를 듣는다. 그때 듣고 있던 음악은 바흐의 단독 플루트를 위한 파르티타였다. 플루트 소리는 끊임없이 선회하면서 오르고 떨어졌다가 다시 올라가면서 멋진 멜로디를 만들어냈다. 훌륭한 음악은 외부 세계와 내면적 삶의 구분을 없애준다. 나는 음악에 완전 흡수되었지만 동시에 나 자신이 음악을 흡수하고 있었다. 나는 소리를 만들어내는 기계의 중심에 있었지만 또한 내 안에도 그 기계가 있었다.

나는 처음에는 탁자 표면의 검게 그을린 유리를 통해, 청동 빛 하늘에서 헤엄치는 거위들의 반사된 모습을 보았다. 거위는 세 마리였다. 나는 창문에서 거위들이 남서쪽으로 급히 날아가는 것을 올려다보았다. 그 거위들 주위의 구름은 부자연스러울 정도로 희게 보였고 언뜻언뜻 보이는 하늘도 부자연스러울 정도로 푸르게 보였다. 나는 그때 신체이탈을 느꼈다. 내 몸은 집 안의 창문 옆 탁자에 앉아 있으되, 내 정신은 거위들과 함께 데본셔의 숲과 들 위로 높이 날고 있었다. 내 몸과 정신은 각각 다른 장소를 차지했다. 마치 거위들이 이 장소(하늘)와 저 장소(유리 덮인 탁자) 두 곳에 동시에 존재하는 것처럼.

　이것은 엄밀한 의미에서 살펴볼 때 신체이탈의 경험은 아니었다. 불쾌하지도 방해가 되지도 않았다. 피로감에 짓눌리고 고독감으로 내성적이 된데다 아주 아름다운 음악에 고양된 나머지, 나 자신의 지각과 자아의식이 잠시 형체를 바꾼 것뿐이었다.

　사람의 신체 스키마(구조)는 놀라울 정도로 신축성이 높다. V. S. 라마찬드란과 그의 동료들은 이 사실을 설명할 수 있는 몇 가지 간단한 운동들을 고안해냈다. 나는 지루한 강의에 활력을 불어넣기 위해 그 운동들을 가끔 사용한다. 예를 들면 이렇다.

　먼저 당신이 눈가리개를 착용하고 당신 앞에 갑이라는 사람을 앉혀 놓고 서로 마주본다. 갑으로 하여금 당신의 오른손을 잡아서 그 손으로 갑의 코를 가볍게 두드리고 쓰다듬게 한다. 동시에 갑은 자기의 왼손을 이용해 당신의 코를 가볍게 두드리고 쓰다듬는다. 두드리고 쓰다듬는 순서를 번갈아 하는 것이 가장 좋고, 그 행동들은 동시에 수행해야 한다. 즉, 갑의 코를 두드리고 쓰다듬는 행위가, 당신의 코를 두드리고 쓰다듬는 행위와 조화를 이루어야 한다. 잠시 뒤, 한 30초 정도면 당신은 팔을 죽 내뻗어 갑의 코가 아니라 당신의 코를 두드리는 느낌을 갖게 될 것이다. 당신의 코가 피노키오처럼 아주 길어졌거나 당신 앞에 떠다니는 것 같은 그런 느낌.

심지어 무생물을 대상으로 감각을 투영하는 것도 가능하다. 이렇게 한번 해보라. 먼저 탁자와 친구 한 명을 대기시킨다. 당신의 손을 보이지 않게 탁자 밑에 두고서 앉는다. 당신의 친구는 탁자 표면을 두들기고 쓰다듬으면서 동시에 당신의 보이지 않는 손을 두들기고 쓰다듬는다. 탁자 밑에서 무슨 일이 일어나고 있는지 당신이 보지 말아야 한다. 그걸 본다면 효과를 망칠 테니까. 하지만 당신이 친구의 다른 손(쓰다듬지 않는 손)을 본다면, 두들기고 쓰다듬는 감각이 탁자 그 자체에서 올라오는 것을 점차적으로 느낄 수 있다. 그렇게 해서 효과가 발생하면(늘 효과가 발생하지는 않는다), 그것은 아주 강력한 느낌을 준다. 당신은 이성적으로는 탁자가 신체의 경계 밖에 있다는 것을 알지만, 신체적 감각이 탁자에서 일어난다고 느끼는 것이다. 때때로 현상적 체험은 이성적 분석을 제압한다. 탁자는 일시적으로 당신의 신체 스키마에 포함된다. 즉 '당신'의 일부분이 된다.

이렇게 '당신'의 자아와 당신 신체에 관한 기본적인 문제에 대해서도, 쉽게 기만을 당할 수 있다. 당신의 자아가 의식이 또렷하고 반성적 상태를 유지하는데도 말이다.

❧

저는 크리스마스 트리 이야기가 마음에 드는군요. 그녀가 말했다.
감사합니다.

왜 당신은 그것을 선명한 꿈(자각몽)이라고 부르죠? 그건 다른 종류의 환상일수도 있지 않나요?
다른 종류라니 어떤 것?

최면으로 인한 이미지 같은 거.
흐음.

반수반성의 상태라고 하면 어떨까요?
반수반성은 잠의 양쪽 끝, 즉 잠에 막 빠져들 때나 깨어날 때 보이는 이미지의 형태입니다. 최면은 선잠 든 때에 해당하는 것이고요. 어쨌든 선명한 꿈은 그 둘 중 어떤 것에도 해당되지 않아요.

대부분의 사람들은 마음속에 떠다니는 임의적인 생각이나 이미지와 함께 잠드는 게 아닌가요?
그렇지요.

그러면 뭐가 특별하다는 건가요?
최면 이미지들은 더 생생합니다. 더 명쾌하고 세부적이죠. 더 자율적이기도 합니다. 최면 이미지들은 고유의 생명이 있습니다. 저는 아이 적에 졸린 머리를 통해 아름답고 기이한 장면들을 보곤 했습니다. 나중에 그러니까 10대나 20대 초까지도 그랬습니다. 지금은 드물게 나타나죠. 가끔 선명한 꿈이 그립습니다.

무엇을 보신 거죠?
보통 얼굴들로 시작합니다. 어딘지도 모르는 곳에서 나타나곤 했습니다. 첫 번째로 나타나는 얼굴은 항상 저를 놀라게 했습니다. 얼굴들은 대부분 꽤나 평범하고 특징이 없었지만 가끔 그 얼굴들이 가고일(고딕 건축 따위에서 낙수물받이로 만든 괴물 형상)이나 고블린(도깨비)으로 변했습니다. 진짜처럼 보였죠. 텔레비전처럼 선명하게 말입니다.

단지 얼굴뿐이었나요?

아뇨, 가끔 더 정교해지곤 했습니다. 난쟁이들의 행렬이 있었는데, 중세 행렬처럼 모두 밝은 색깔의 차림을 하고 있었죠. 그들은 자기 삶을 가지고 있는 것처럼 보였습니다. 매혹적이었고 완전히 나의 통제를 벗어나 있었죠. 저는 난쟁이들이 산책하는 것을 바라보곤 했습니다. 그들은 항상 어딘가로 향하는 것 같았습니다. 그들 중 일부는 배낭을 지거나 카트를 밀고 있었습니다. 저는 일정한 거리에서 바라보기만 하는 구경꾼이었습니다. 나는 그들이 나를 방해하지 않으리라는 걸 잘 알고 있었습니다. 나는 그곳의 일부가 아니었고 그 환경 속으로 들어갈 수 없었습니다. 때때로 그들이 나의 존재를 알아챈 것처럼 보였지만. 하나 혹은 두 명의 난쟁이가 흐름에서 벗어나 가까이 다가와 나를 빤히 바라보았습니다. 하지만 그들의 눈은 나를 볼 수 없었습니다. 마치 내가 일방통행의 스크린 뒤에 있는 것처럼. 그래서 나는 그들을 볼 수 있지만, 그들은 나를 볼 수 없죠. 나는 그들의 행동이나 외양에 영향을 줄 수 없고 그들이 사는 세계에도 아무런 영향을 주지 못했습니다.

그 난쟁이들은 어디에서 오는 것인가요?

나의 뇌겠죠, 물론 내 마음의 어떤 숨겨진 구석이겠죠.

음, 근데 어떤 발견되지 않은 영역일까요?

과거에 나를 매혹시켰고 아직도 매혹시키고 있는 사항은 이런 겁니다. 이 기묘한 밤의 세계는 나의 뇌가 만들어낸 작품인데, 그 세계의 모습에 의식적인 통제를 할 수 없다는 것입니다. 나는 난쟁이들 중 일부가 가지고 다니는 자세한 깃발을 들여다본 때를 기억합니다. 그 깃발은 아름답게 수가 놓여 있었습니다. 주로 붉은색과 황금색으로 이루어진 환상적인 색깔이었어요. 내가 그렇게 아름다운 무언가를 창조해내는 건 불가능하다고 생각했습니다. 때때로 내가 본 것에 깜짝 놀라곤 했습니다. 결국 나라는 존재는 뇌의 활동이 빚어낸 하나의 결과입니다. 뇌라는 거대한 바다의 표면에서 일어나는 의식과 자기인식의 파도, 그게 나라는 사람입니다. 이게 나의 확신입니다.

확신이라고요? 나는 당신이 심리학자라고 생각했는데.

흐음, 나는 많은 정신생활이 의식의 수준 아래에서 진행되고 있다는 것을 알고 있습니다. 그게 정통 인지심리학이죠. 또 프로이트와 융의 학설에 대해서도 알고 있습니다. 하지만 내가 선명한 꿈속에서 본 그림들은 추상적인 이론을 완전 압도합니다. 나라는 존재는 가고일들이나, 고블린들, 그리고 다채로운 행렬들과 같은 원천(즉 같은 뇌)에서 나왔지만 평소의 나는 이런 그림들과는 아무 관련도 없습니다.

당신이 보지 않을 때 그들의 조그만 삶이 계속된다고 생각하십니까?

그건 참 기이해요. 내가 보지 않으면 그들도 없다고 해야겠지요. 그들에게 생명을 불어넣기 위해 관찰자가 필요합니다.

아마 우리 모두가 그런 존재겠지요. 누군가 우리의 이름을 불러주기 전까지는 그냥 없는 존재나 마찬가지겠죠.

나의 뇌가 그들을 불러내면 그들은 나라는 단 하나의 구경꾼만 있으면 만족합니다. 하지만 일단 필름이 돌아가면 저는 아무런 역할도 하지 못합니다. 로버트 루이스 스티븐슨은 이와 유사한 경험을 했습니다. 그는 그런 경험을 훌륭하게 사용했죠. 그의 많은 이야기들이 꿈이나 최면 상태에서 본 것들을 구상화한 것입니다.

구체적으로 어떤 것 말인가요?

『지킬 박사와 하이드 씨』가 한 가지 사례가 되겠군요.

아니요, 어떤 꿈 혹은 최면 이미지를 보았다는 것인지 여쭤본 것입니다.

가끔 스티븐슨은 꿈에 대해서 이야기를 하는 것처럼 보이지만 때로는 최면 이미지를 말하는 것처럼 보입니다. 『지킬 박사와 하이드 씨』에 대해 스티븐슨이 말한 것을 살펴보면, 그 이야기는 악몽에 근거하고 있습니다. 하지만 다른 때 스티븐슨은 최면 상태를 기술했습니다. 그는 최면 상태에 빠지기 위해 이런 방법을 사용했습니다. 그는 침대에 누워 팔꿈치를 시트 위에다 대고 팔뚝을 위로 향하게 했습니다. 선잠이 든다면 팔뚝이 저절로 떨어지게 되는 자세를 취한 거죠. 그런 방법으로 스티븐슨은 최면의 세계로 빠져들었고 완전히 잠들지 않았으나 의식은 있는 상태에서 쇼를 지켜볼 수 있었습니다. 그 역시 난쟁이들에 대해 많은 이야기를 했습니다. 꿈의 극장을 운영하는 난쟁이들.

그들이 중세 시대의 옷을 입었던가요?
아뇨, 그들의 복장은 조지언 시대(조지 5세 시대, 1910~20년)의 옷이었습니다.

이 모든 것이 선명한 꿈(자각몽)과는 다르다는 얘기인가요?
다른 사람의 경우는 말할 수 없겠지만 나의 경험에 비추어보면 자각몽과 최면 이미지는 굉장히 다릅니다. 최면 이미지는 아주 현실적입니다. 비디오 이미지처럼. 그 이미지는 아주 세세하게 살펴볼 수 있습니다. 내가 난쟁이들의 깃발을 가까이서 봤던 때처럼 말이죠. 그 색깔은 너무나 선명해서 실오라기

하나까지도 볼 수 있었습니다. 하지만 비디오를 볼 때처럼 내가 그곳의 일부분이 아니라는 것도 깨닫게 됩니다.

당신은 자각몽을 꾸었지요?
나의 경우 자각몽은 아주 사실적으로 보였습니다. 바로 그 꿈의 한 가운데로 뛰어들었습니다. 그러다가 어떤 단계에서 그게 꿈 혹은 환각임을 깨닫고 이성적으로 판단하려고 애쓰지요. 그래도 그 꿈은 여전히 현실처럼 보입니다. 내가 볼 때, 그 크리스마스 트리는 분명 방안의 한 구석에 놓여 있었습니다. 나는 가까이 다가가 그 나무를 만져보기도 했습니다.

마리화나나 그 비슷한 것들을 과용하지는 않았나요?
아니요. 전혀.

두려웠습니까?
두려웠다기보다 당황했습니다. 또 마지막에 가서는 마비된 느낌을 느꼈죠. 그건 겁나는 일이었습니다. 무기력하게 갇힌 상태가 되어버리면 이떤 일이든 벌어질 수 있다고 생각하게 되죠. 그러면 나의 정신이 피부로부터 튀어나와 창문 밖을 날지도 모른다는 느낌이 들고요. 나는 본격적인 신체이탈 경험을 한 사람들과 이야기해보았고 그들 중 일부는 몸에서 떠나는 바로 그 시점에 움직이는 혹은 진동하는 감각을 느꼈다고 말했습니다. 나도 같은 경험을 했지만 상황을 제어하려고 굉장한 노력을 했습니다. 그런 꿈을 꾼 이래로 상당한 시간이 흘렀지만 다음에는 정말 정신이 신체 밖으로 날아가도록 내버려두고자 합니다. 그렇게 될지는 의심스럽지만. 나는 겁쟁이입니다. 그러다가 나의 신체로 되돌아오지 못할 것 같다는 생각에 엄청난 두려움을 느낍니다. 무모함보다 신중함이 더 낫지 않겠어요?

근데 당신은 되돌아오는 게 가능하지 않다고 보는 거죠?

내 영혼이 피부에서 빠져나와 날아다니는 초자연적인 무언가가 된다는, 그런 뜻이라면 나는 불가능이라고 봅니다. 하지만 그런 생각은 여전히 두렵군요. 전 유령을 믿지 않지만 모든 것을 고려해보면 차라리 공동묘지보다는 야영장에 텐트를 치는 것이 낫겠습니다. 개똥밭에 굴러도 이승이 더 낫다고 하지 않습니까.

하지만 다른 면에서는 가능하다고 보는 거군요.

나는 신체이탈 경험이 실제 경험이라고 생각합니다. 유령 크리스마스 트리가 내 눈에 실재하는 나무처럼 보였던 것처럼. 많은 사람들이 신체이탈의 경험을 했습니다. 이것을 자연스럽게 설명하는 방법이 분명 있을 것입니다. 환영이나 환상을 설명하는 방법이 있는 것처럼.

　그게 무엇일가요?
　잘 모르겠습니다.

　설명을 찾으려고 한다면 어디서부터 시작해야 하죠?
　생리학부터 시작할 수 있겠습니다. 패턴이 있으니까요. 낮은 각성이나 굉장히 높은 각성 상태에서 그런 현상이 발생하는 듯합니다. 아마도 가장 자주 벌어지는 형태일지 모르는데, 단지 침대에 누워 있는 것만으로도 가능합니다. 반대로 사람이 치명적인 위험 혹은 엄청난 위기에 빠졌을 때도 발생할 수 있습니다. 하지만 나의 경우 설명을 찾기 위해 가장 먼저 시작할 곳은 신경심리학 분야라고 봅니다. 뇌의 어떤 체계가 이런 현상을 일으키는지 분석해 보는 거죠.

　그래서 당신은 어떻게 생각합니까?
　저는 신체 스기마의 왜곡과 관련이 있다고 생각합니다.

　신체 이미지를 말하는 건가요?
　반드시 그렇지는 않습니다. 신체 이미지는 자아를 가진 당신이 스스로를 바라보는 이미지입니다. 그에 반해 이것은 당신이 자신의 신체에 대해 갖고 있는 심리적 그림이며, 당신의 신체에 대한 당신의 느낌 및 태도와 관련이 있습니다. 신체 스키마는 신체에 대한 뇌의 활동 모델을 가리킵니다.

그게 잘못될 수도 있나요?

온갖 종류의 방법으로 잘못될 수 있습니다. 신체와 자아 사이에는 밀접한 관계가 있습니다. 둘은 떼어놓고 생각할 수 없습니다. 하지만 어떤 면에 있어서는 그 관계는 우리가 생각하는 것보다 훨씬 느슨합니다. 굉장히 미묘하죠. 자아가 뇌를 속이고 신체 스키마를 엉망으로 뒤트는 것은 그리 어려운 일이 아닙니다.

그렇다면 누군가가 육체이탈 경험을 할 때 의식과 사고를 담당하는 부분이 그 사람의 신체 스키마에서 이탈한다는 것이군요. 뇌의 일부 체계가 일시 분리된다는 것이군요.

그 비슷한 겁니다. 신체 스키마와 의식 자아는 보통 동시 작용을 합니다. 하지만 뇌의 체계 수준으로 올라가면 둘은 어느 정도 분리될 수 있어요. 그래서 순간적 신체이탈이 벌어지는 거죠.

그럴듯하군요. 하지만 조금 재미없네요. 그렇지 않아요? 신체이탈된 영혼이 또 다른 별로 휙 하고 오랫동안 날아가는 게 훨씬 더 재밌는데 말이에요.

흥미롭지만, 가능한 얘기는 아닙니다.

그런데 당신은 누구시죠? 내가 물었다.

하지만 그녀는 내 눈꺼풀 뒤 무성한 어둠 속으로 이미 사라져 버렸다.

로버트 루이스 스티븐슨의 꿈

상상한 것이든 경험한 것이든 과거는 모두 동일한 질감을 갖고 있다. 3차
원 공간에서 구체적으로 벌어진 언행이든, 두뇌의 소극장에서 목격한 것
이든 똑같은 사실감을 안겨 준다. 두뇌의 소극장은 어둠이 찾아와 수면이
우리의 온몸을 장악하는 밤 동안에 계속 그 밝은 불을 켜둔다.

― 로버트 루이스 스티븐슨, 「꿈에 대한 챕터」

나는 삶의 심오한 이중성을 믿는다…… 선과 악이 번갈아 찾아드는 나의
이중성이 실은 진정한 나 자신인 것이다…….

― 지킬 박사

❧

『지킬 박사와 하이드 씨의 이상한 사건』(1886)은 분열된 자아
를 묘사한 작품으로, 선 대 악, 이성 대 열정, 종교 대 과학, 문명
대 야만 등 빅토리아 여왕 시대의 도덕적 · 지적 관심사를 반영
하고 있다. 하지만 이 소설은 작가인 로버트 루이스 스티븐슨의

이중성에서 나온 것이기도 하다.

세계를 여행하고 모험을 즐겼던 스티븐슨은 영국의 조용한 해변 마을인 본머스에서 이 소설을 썼다. 어느 모로 보나 그는 자신이 예전에 경멸했던 그런 삶을 살고 있었다. "체면 차리기, 재미없음, 사방 몇 마일에 걸쳐 계속되는 비슷한 별장들" 따위가 아버지가 경멸했던 것들이라고 의붓아들은 말했다. 하지만 밖으로 드러난 온화한 성품의 이미지는 그의 내면세계의 파괴적인 충동을 감추고 있었고, 그 내면에는 '지킬과 하이드'의 원형이 있었다.

이 작품은 스티븐슨의 젊은 시절 습작에서 이미 예고되었다. 어린 시절 그는 디콘 브로디의 이야기에 매료되었다. 윌리엄 브로디(수공조합의 조합장이어서 "디콘"이라는 별명이 붙음)는 낮엔 에든버러의 존경받는 목공 가구 제조자였지만 밤에는 도둑떼의 두목이었다. 브로디는 자신이 저지른 범죄로 인해 1788년 교수형을 당했다. 이 이야기는 당시 열네 살이었던 루이스의 흥미를 북돋웠고, 곧 브로디에 관한 습작 희곡을 쓰게 했다. 이 습작을 손본 희곡인 『디콘 브로디, 혹은 이중생활』이 1879년에 발표되었고, 3년 후 브래드포드에서 공연되었다. 희곡의 테마는 낮과 밤, 선과 악, 인간 성격의 이중성이었고 이는 예의의 허식 아래 감추어진 사악함을 노출시키는 것이었다. 문에 빗장을 걸어 잠그고 낮에 입던 복장을 버리면서 브로디는 이렇게 선언한다. "밤에 우리들은 적나라하게 된다…… 낮이 다른 사람들을 위한 것이라면 밤은 나를 위한 것이다."

에든버러 중산층의 칼뱅주의적 관습으로부터 벗어나기를 간절히 바랐던 젊은 청년 스티븐슨은 그 나름대로 이중적 성격을 연마했다. 그와 친구 찰스 백스터는 "해방주의자 존슨과 톰슨의 역할을 가장했다. 둘은 술고래에 쾌활하며 불결한 인습타파주의자이자 괴상한 유머감각의 소유자인 양 행동했다. 그런 유머는 스티븐슨의 부모 집이 있었던 헤리엇 로우의 거실에서는 통하지 않는 것이었다." 두 청년은 "스티븐슨 아버지, 백스터 아버지, 지킬 박사 등이 거부했던 즐거움들을 완벽하게 즐길 수 있었다." (이것은 엠마 레틀리가 쓴 옥스퍼드 세계고전선집 중 『지킬 박사와 하이드 씨』의 서문을 인용한 것)

하지만 스티븐슨의 정신에는 어린 시절의 강박증, 학생 시절의 역할 놀이, 파괴적 상상력 등으로는 설명되지 않는 더 깊은 분열이 자리 잡고 있었다. 그것은 '분리'의 형태를 띠었다. 분리란 정신 과정이 주류主流 의식에서 분할되는 현상을 가리키는 정신과 용어이다. 스티븐슨의 경우 그의 꿈과 관련된 삶 속에서 분리 현상이 자주 벌어졌다. 그러한 꿈은 스티븐슨의 창작 과정에서 중요한 부분이었다. 그는 3인칭 관점으로 자신에 대해 서술한 「꿈에 대한 챕터」라는 에세이에서 이런 현상을 생생하게 설명했다. 어렸을 적 그는 "불쾌감을 느끼는 깊은 꿈을 꾸는 사람이었다. 밤중에 몸에 미열을 느끼는 때가 있었고 그러면 방은 부풀고 줄어들었으며, 못에 걸린 그의 옷들은 순간적으로 교회처럼 거대하게 나타나는가 하면 끝도 없는 아주 먼 거리 속으로 사라지는 작은 미물처럼 보였다. 꿈을 꾸는 불쌍한 영혼은 그 다음에 무엇이 나오는지 잘 알았다…… 조만간 몽마夢魔가 그의 목을 꽉 움켜쥐고 잡아당겨 질식사시킬 것이고, 그러면 그는 비명을 질러댈 것이다. 그의 꿈속에서."

부풀고 줄어들고, 갑작스레 나타나고 사라지는 것은 소시증小視症과 대시증大視症의 전형적 사례이며 이 두 증세는 '변시증變視症'의 범주에 포함되는 것으로서 대상의 크기나 형태를 왜곡 인지하는 병리적 증상이다. 소시증은 대상의 크기를 인지함에 있어 가공의 감소 현상이 나타나며, 대시증은 그 정반대의 경우이다. 이런 종류의 환영은 측두엽 간질의 사례에서 종종 보고되는데, 편두통을 포함해 다른 신경학적 장애에서도 발견된다. 이런 증상들은 스티븐슨의 설명처럼 고열에 의해 유발될 수 있으며, 유아기에는 병이 없는 상태에서도 자주 발생한다. 나도 어린 시절 그런 경험이 있었음을 기억한다. 물건들이 "교회처럼 거대하게 나타난다"든지 "끝도 없는 먼 거리 속으로 사라지는 미물처럼 보인다"는 표현은 그런 상태를 아주 잘 묘사한 것이다.

스티븐슨이 어린 시절 꾸었던 많은 꿈들은 두렵거나 황당한 것들은 아니었다. "그는 침대에 누워 길고 무사 평온한 여행을 하며 기묘한 마을들과 아름다운 장소들을 보곤 했다." 꿈을 꾸는 사람(스티븐슨)은 디콘 브로디에 대한 관심에 걸맞게, 조지언 시대에 대한 "묘한 취향"을 가지고 있었고, 이런 취향은 "그의 꿈들의 특징을 지배하기 시작했다." 그런 식으로 그는 학생 시절부터 계속해서 꿈을 꿨고, 그렇게 이중생활을 했다. "한 생활은 낮에 있었고, 다른 하나는 밤에 있었다. 전자의 생활은 그 모든 것을 진짜라고 믿을 수 있는 생활이었고, 후자의 생활은 그게 거짓이라고 증명할 방법이 없는 삶이었다."

그런 꿈들이 자꾸 되풀이되자 그는 자신이 제정신인지 염려되어 어느 외과의사의 진료실을 찾아가는 꿈을 꾼다. 꿈속에서 그는 외과의사들의 괴물 같은 꼴불견과 혐오스러운 손재주를 바라보고 깜짝 놀라면서 동시에 불쾌감을 느낀다. 그런 뒤 그는 하이 스트리트의 높은 빌딩 꼭대기의 숙소로 되돌아온다. 최소한 그는 그 집으로 되돌아오려고 애를 썼다. 그는 꼭대기 층에 가기 위해 끝없이 계단을 오르며 땀에 젖은 자신의 옷을 내려다보면서, 어디론가 향해 가며 그를 스쳐지나가는 다양한 사람들을 보았다. "거리의 가난한 여성들, 몹시 지치고 생기 없는 노동자들, 불쌍한 남자 허수아비들, 창백한 여성들⋯⋯." 마침내 그가 창문을 통해 들어오는 동틀녘의 빛을 보았을 때 그는 걸어 오르는 것을 포기하고 몸을 돌려 거리로 다시 내려온다. "흠뻑 젖은 옷과 축축한 새벽의 햇빛 속에서, 괴기함과 우울함이 무성한 또 다른 하루를 맞이하기 위해."

그러다가 하나의 전환점이 찾아왔다. 그는 "이야기들과 함께 잠들도록 자신을 적응시키는 습관을 오랫동안 가지고 살아왔다." 하지만 그가 볼 때 그것은 "무책임한 발명들"이었다. 비판적인 독자의 감시를 감당할 수 없는, 오로지 화자의 즐거움만을 위한 이야기들이었다. 그것들은 이치에 맞는 캐릭터, 일관성 있는 구조, 강한 흥미를 돋우는 줄거리 등 좋은 이야기의 중요한 요소들이 결여되어 있었다.

대부분의 사람들과 마찬가지로 그의 꿈들은 "갑자기 맥락이 사라지거나, 최소한의 취향을 고려하지 않고 하나의 모험이 다른 모험 속으로 사라지는 이야기들이었다. 사람 내부의 극장을 관리하는 난쟁이들은 아직 엄격한 훈련을 받지 않은 것이다……" 이것이 '난쟁이들'에 대한 그의 첫 언급이었다.

스티븐슨의 꿈들은 그의 이야기에 쓰일 훌륭한 미가공의 재료가 되었고 그의 창작 생활에 점점 더 중요하게 되었다. 그가 쓴 이야기들이 잡지에 팔리기 시작했고 "그와 그의 난쟁이들은 상당히 새로운 조건 아래서 사업을 벌이게 되었다." 당연히 더 많은 훈련이 필요했다. "이야기들은 이세 다듬고 잘라내야 하고 논리적으로 수미일관해야 되었다. 처음과 중간과 끝을 갖추어야 하고 일정한 형태를 유지하면서 삶의 객관적 법칙과 조화를 이뤄야 했다."

이제 스티븐슨뿐만 아니라 꿈의 극장을 운영하는 난쟁이들도 이야기를 써서 잡지에 파는 것이 전업이 되었다. 스티븐슨의 말로는 난쟁이들도 자신만큼 그런 상황 변화를 이해한다는 것이었다. "그가 잠들려고 누울 때면, 그는 더 이상 혼자만의 즐거움을 추구하는 것이 아니라, 인쇄할 가치가 있고 돈 되는 이야기를 추구했다. 그가 칸막이 좌석에 앉아 졸고 있으면 그의 난쟁이들은 동일한 상업적 목적을 명심하면서 이야기의 진화를 계속했다."

그런 꿈 이야기 하나가 자세히 집필되었다. 스티븐슨이 이 스토리를 어떻게 평가하는지 파악하기 위해서는 그 줄거리를 미리 알아야 한다. 스티븐슨은 이 이야기를 "그에게 떠오른 그대로 적었다"라고 말했다. 꿈속에서 그는 지주이자 굉장히 부유하고 사악한 남자의 아들 역할을 맡았다. 그는 아버지를 피해 상당기간 외국에 나가 살았다. 영국으로 다시 돌아왔을 때 그는 아버지가 젊은 아내를 데리고 산다는 것과, 그녀가 굉장히 잔혹한 대접을 받고 있다는 것도 알게 되었다. 꿈을 꾸던 스티븐슨에게 그 만남의 명확한 이유가 무엇인지 알려지지 않았지만, 아버지와 아들은 서로 만나는 것에 동의했다. 하지만 자존심과 분노 때문에 부자는 서로에게 먼저 방문하는 친절을 베풀지 않았고, 대신 중립지역인 "바다에 인접한 황폐하고 모래로 뒤덮인 곳"에서 만났다. 말다툼이 시작됐고 "몇 가지 참을 수 없는 모욕에 상처입어" 아들은 아버지를 죽이고 말았다.

하지만 아들은 살인 혐의를 전혀 받지 않은 채 아버지의 재산을 상속받았고 젊은 과부와 한 지붕 아래 살게 되었다. 둘은 "아마 사별 후의 사람들이 그렇듯이 굉장히 많은 시간을 홀로 지냈지만," 때때로 식사를 같이 하고 저녁 시간을 함께 보내면서 점차 친분을 쌓게 되었다. 그때 꿈의 분위기가 바뀌었다. 꿈을 꾸는 스티븐슨은 과부가 자기의 죄에 대해 의심을 품고 있다는 것을 감지했다. 아들은 "사람이 갑작스레 낭떠러지를 보면 물러서는 것처럼" 그녀에게서 물러났다. 하지만 그녀에게로 끌어당기는 힘은 이제 너무 강했고 그는 알지도 못하는 사이 예전의 친밀한 분위기로 다시 빠져들었다. 동시에 몇 가지 암시하는 질문과 그녀의 눈에 담긴 몇 가지 설명할 수 없는 의미에 깜짝 놀라게 되었다. 그렇게 두 사람은 서로 엇갈리는 목적을 지닌 채로 지리멸렬한 대화, 도전적인 시선, 억압된 열정의 삶을 살았다.

그러던 어느 날, 그는 과부가 집을 빠져나가는 것을 보았다. 그는 과부를 기차역까지 쫓았고 기차에까지 탑승했다. 모래 언덕을 넘어 그녀를 따라가 보니 바로 살인이 벌어졌던 그 해변의 장소였다.

"그녀는 만곡彎曲 사이에서 뭔가를 더듬어 찾기 시작했고, 그는 납작 엎드려 그녀를 지켜보았다. 그리고 얼마 지나지 않아 그녀는 무언가를 손에 넣었다. 그것이 무엇인지는 기억할 수 없지만 꿈을 꾸는 스티븐슨에게 치명적인 증거였다. 그녀가 그것을 쥐고 바라보았을 때, 충격적인 것을 본 탓인지 발을 헛디뎌 긴 모래 소용돌이로 빠질 위기에 직면했다. 그는 뛰어가 그녀를 구해야 한다는 생각밖에 없었고, 그곳에서 둘은 대면했다. 손에 치명적인 무언가를 쥐고 있는 그녀는 스티븐슨이 거기에 나타났다는 사실을 또 다른 범죄의 증거로 생각했다."

둘은 팔짱을 끼고 기차로 되돌아왔고 집에 도착해 일상적인 저녁을 맞이했다. 대화는 계속 일상적인 수준에 머물렀다. 비록 그녀가 구출을 받은 뒤 뭔가 말하려고 했지만 그는 그녀의 말을 가로막았다. 이제 언제든 그녀가 자신을 비난하리라 기대하면서, "꿈을 꾸는 스티븐슨의 가슴에는 긴장감과 두려움이 넘쳐났다." 그러나 그녀는 비난하지 않았다. 그 이후에도 마찬가지였고 오히려 더 친절해지고 있었다. 대조적으로 꿈을 꾸는 스티븐슨은 이 어중간한 불안정으로 괴롭힘을 당한 나머지 "병에 걸린 사람처럼 쇠약해졌다." 더 이상 참을 수 없게 된 그는 과부가 외출했을 때 그녀의 방에 들어가 샅샅이 뒤졌다. 마침내 그가 그 물건("그의 생명이나 마찬가지이던")을 손에 쥐고 왜 그녀가 이것을 찾아내 간직했고, 왜 사용하지 않았는지 의아해하고 있을 때 문이 갑자기 열리고 그녀가 방안으로 들어왔다.

"그리하여 다시 한 번 그들은 살인의 증거를 사이에 두고 눈을 맞췄다. 그녀는 무언가 할 말이 가득한 얼굴로 그를 바라봤으나 또다시 대화를 피하며 말을 꺼내지 않았다. 그는 엉망진창으로 어질러놓은 그 방을 떠나기 전 그에게 치명적 타격의 증거물을 제자리에 놓아두었고 그렇게 하자 그녀의 얼굴이 밝아졌다. 다음으로 그가 들은 것은 그녀가 자신의 물건들이 왜 난잡하게 어질러져 있는지 그럴 듯한 거짓말로 하녀에게 둘러대는 말이었다."

꿈 이야기는 다음날 아침을 먹을 때 절정에 도달했다. 식사 내내 그녀는 "영악한 암시로 그를 괴롭혔다." 하지만 하인이 나가자 그는 가까스로 참아왔던 것을 터뜨리며 그녀에게 맞섰다. 왜 이런 식으로 사람을 괴롭히는가? 그녀는 모든 것을 알고 있었다. 왜 노골적으로 그를 비난하지 않나? 왜 그녀는 이처럼 고문을 하나? 그는 묻고 또 물었다. 그녀 역시 창백한 얼굴로 자리에서 튀어 오르듯 일어났다.

그가 말을 마쳤을 때, 그녀는 무릎을 꿇은 채 손을 뻗고 소리쳤다. "아직도 이해하지 못해요? 난 당신을 사랑해요!" 이 부분에서, "경이로운 감각과 멋진 이야기를 발견했다는 환희를 느끼며 꿈을 꾸던 스티븐슨은 깨어났다." 하지만 각성상태에서 스티븐슨은 이 이야기가 "팔릴 수 없는 요소들"을 가지고 있음을 깨달았다. 그래서 스티븐슨은 그 꿈을 이런 간략한 형태로 요약했을 뿐 더 이상 그럴 듯한 스토리로 만들지 않았다. 하지만 그 꿈은 난쟁이들이 "독립적인 발명가이며 연출자"라는 그의 주장을 잘 설명해준다.

"끝까지 그들은 자신들만의 비밀을 지켰다. 꿈을 꾸는 자〔스티븐슨]는 그 잘 짜인 계획의 중심점인 과부의 동기가 무엇이었는지 추측할 수 없었다. 아주 극적인 고백이 터져 나온 그 시점까지 말이다. 이건 그가 만들어낸 이야기가 아니라, 난쟁이들이 만들어낸 것이다! 또 다음과 같은 사실을 주목해보라. 과부의 비밀은 지켜졌을 뿐만 아니라, 이야기는 정말 교활한 장인의 솜씨로 전개되었다. 두 배우들의 행동은 심리적 관점에서 살펴볼 때 적절했고, 그들의 감정은 놀라운 절정에 이를 때까지 서서히 점층적으로 변화했다. 난 지금 깨어 있고 이 일을 알고 있지만 이보다 스토리를 더 좋게 만들 수 없다. 난 문필업으로 생계를 유지하지만 그들의 기술을 능가할 수 없다. 아마 같은 수준으로 이야기를 꾸며낼 수 없을 것이다. 같은 상황을 두 번 제시하고 두 배우가 증거를 사이에 두고 한 번은 여자의 손에, 한 번은 남자의 손에 증거를 놓아둔 채로 두 번 대면하게 하는 그 놀라운 솜씨와 기술! 또한 극적이지 않은 상황을 먼저 내세우는 그 적절한 순서 감각! 내가 이에 대해 생각할수록, 과연 난쟁이들은 누구인가라는 질문의 세계로 말려들게 된다. 그들은 분명 꿈을 꾸는 사람과 밀접한 관련이 있고 그와 비슷한 훈련을 받은 자들이다. 그들은 신중한 이야기의 뼈대를 세우고 점진적인 순서로 감정을 배열하는 등 꿈꾸는 자와 동일한 훈련을 받은 자들이다. 하지만 나는 난쟁이들이 더 재능이 있다고 생각하며, 다음 한 가지 사항은 특히 그러하다. 그들은 꿈을 꾸는 사람에게 연재물처럼 이야기를 하나하나 말해줄 수 있고, 그 동안에 그들이 의도하는 바를 꿈꾸는 자에게 계속 숨길 수도 있다."

　스티븐슨은 난쟁이들(혹은 "내 브라우니들")이 그가 잠든 동안 글쓰기 업무의 절반은 해준다고 말했다. 그는 또한 자신이 완전히 깨어 있을 때도 그들이 하고자 한다면 나머지 부분도 맡아줄 수 있으리라고 추측했다. 이는 아주 현대적인 통찰로서, 인지의 무의식적 과정을 중시하는 현대의 이론들과 상응하는 통찰이다.

　"내가 나라고 부르던 존재, 즉 내 의식적 자아는 머리 앞부분에 있다는 송과선松果腺의 주민住民이었다. 양심과 변덕스러운 은행 계좌를 가졌으며, 모자와 장화를 신고 총선에서 자신의 후보자를 당선시킬 수 있는 투표 특권을 가진 이 남자. 그가 데카르트 이후로 거주지를 변경하지 않았다면 말이다. 나는 가끔 데카르트가 전혀 이야기를 잘하는 사람이 아니며 실은 치즈 장수 같은 자 혹은 현실의 늪 속에 귀까지 파묻힌 현실주의자라고 생각한다. 이런 식으로 객관적 현실을 부정할 수 있어야만, 내가 출간했던 모든 소설들이 내 친구이자 익명의 협력자인 브라우니(난쟁이들) 단독의 것이 될 수 있을 테니까…"

　스티븐슨은 자신의 역할이 기껏해야 조언자 혹은 옆에서 거드는 사람 정도밖에 안 된다고 생각했다. 그러니까 진짜 얘기는 난쟁이들이 다 하고 그는 옆에서 이야기를 편집하고, 뛰어난 산문으로 꾸미는 자에 불과했다는 것이다. 그는 테이블 앞에 앉아 글을 써내려가는 힘든 일을 수행했고 원고를 준비하고 전달했다. 하지만 자신이 정말 발표한 이야기들의 주인이라고 주장할 수 있는지 의문이 들었다.

지킬과 하이드의 이야기 또한 꿈에서 그 기원을 찾을 수 있다. 스티븐슨은 한동안 "인간의 이중성에 대한 강한 지각"을 탐험하려는 표현 수단을 찾았다. 디콘 브로디에 대한 극본도 그렇지만 그는 『여행 동반자』라는 소설에서 이 주제를 다루었다. 하지만 그 소설을 사주는 출판사가 없었다. 출판사들은 "천재적 작품이지만 바람직하지 않다"는 애매한 판단과 함께 원고를 돌려주었다. 스티븐슨은 그런 평가를 만족스럽게 여기지 않았다. 그것이 천재적인 작품이라는 평가에 동의하지 않았기에 원고를 파기해버렸다.

그 뒤 그는 "경제적 어려움"을 겪게 되었고, 팔릴 만한 이야기의 줄거리를 짜내기 위해 이틀 동안 머리를 혹사시켰다. 그리고 난 뒤 둘째 밤에 악몽을 꾸었고, 너무 크게 소리를 지른 나머지 아내가 남편을 잠에서 깨워야 했다. 하지만 스티븐슨은 잠에서 깬 것을 그리 기뻐하지 않았다. "난 훌륭한 악령 이야기를 꿈꾸었소." 그가 아내에게 말했다. 꿈 한 가운데서 깨어났지만 그럼에도 스티븐슨은 이야기의 일부 중요한 요소를 기억해낼 수 있었다. "난 창문에서 어떤 장면을 꿈꿨는데, 그 장면이 갑자기 둘로 갈라지더니 하이드가 나타났다. 그는 어떤 범죄를 저지르고 추적을 당하고 있었다. 그는 가루약을 먹고 그의 추적자들이 보는 앞에서 어떤 변화를 겪었다." 나머지 이야기에 대해서, 그는 "잠에서 깨어나고 말았지만 내 브라우니들의 방식을 원용하여 이야기를 상당 부분 추적할 수 있었다"고 말했다. 그는 "난쟁이들은 우리가 양심이라고 부르는 것을 조금도 가지고 있지 않다"라고 덧붙였다.

양심은 우리 모두를 겁쟁이로 만든다.

절반쯤 돌아온 부두교 아이

❧

강의 시간이 10분 정도 남아 있었다. 난 이야기로 수업을 매듭지으려고 했다. 강의실을 둘러보았다. 학생들은 펜과 메모장을 준비하고서 여전히 주의 깊게 듣고 있었다. 앞줄에 앉은 어떤 얼굴 창백한 여학생은 테이프 녹음기를 가지고 있었고 교체용 테이프를 꺼내려 가방에 손을 뻗고 있었다. 비둘기가 높은 창문의 창턱에 앉아 있었다. 나는 그것을 보면서 방금 이야기하려던 것을 순간적으로 잊어버렸지만 곧 생각이 났다. 그건 로버트 이야기였다.

중년의 문턱에 들어선 어느 날, 로버트는 거울에 비친 자신을 오랫동안 바라보았다. 거기에 비친 모습은 그에게 명확한 메시지를 주었다. 인생은 점점 시간이 없어져가고 그는 아무런 성취도 이루지 못했다. 그의 인생은 진부했다. 직장에서 하는 일은 지루했고, 아내에게는 더 이상 애정을 못 느꼈고, 가족들은 부담스러웠고, 자신에게는 환멸을 느꼈다. 하지만 그에게 강력한 충격을 주고, 그를 괴롭히고, 존재의 중심까지 흔들어 놓은 것은 다음과 같은 엉뚱한 생각이었다. 이런 지루한 날이 계속되다가 결국에는 모든 사람에게 잊혀지겠지. 이제 변화를 시도해야만 하는 시간이었다.

그날 로버트는 일을 나가는 도중 신문판매대에 멈춰 평소처럼 신문을 샀다. 신문 값은 지불했지만 나오는 길에 가게 주인이 안 볼 때 선반에서 초콜릿 바를 재빨리 꺼내 주머니 안에 슬쩍 집어넣었다. 이런 사소한 도둑질은 기묘하게도 생의 활력을 주었다. 그의 감각은 은화처럼 반짝거렸고 생생하게 빛났다. 그는 의기양양한 기분으로 자신의 차로 뛰어 돌아왔다. 그는 출근할 생각을 접어 버리고 그 대신 최대한 빠르게 차를 몰아서 요크셔에서 콘월까지 320마일을 여행했다. 이른 저녁 무렵 그는 따뜻한 바다 미풍을 맞으며 해변에 앉아 있는 자신을 발견했다. 로버트는 굉장히 행복했다.

해가 지고 어두워지고 추워졌지만 로버트는 밤새 해변에 머물렀고, 하늘의 나른 련에서 해가 떠오를 무렵 비로소 잠을 청했다. 그 해가 어제와 같은 해인가? 정말 확실한가? 이런 생각이 들었다. 그는 다음날 늦게 집에 돌아왔고 콘월까지 여행했다고 말하는 것 외엔 별다른 설명을 하지 않았다. 그는 심란해하는 아내를 달래면서 또다시 잠 못 이루는 밤을 보냈다. 그녀는 어제의 사건에 대하여 좀더 그럴 듯한 설명을 요구했다.

"로버트, 도대체 뭘 생각하고 있는 거예요?" 아내가 물었다.

그는 모든 것을 생각하고 있다고 말했고 마음속으로 몇 가지를 정리했다고 대꾸했다.

그 후 2주 동안 생활은 일상으로 되돌아갔다. 그 뒤 어느 금요일 밤, 일을 마치고 집으로 돌아오면서 로버트는 차 안의 라디오를 켜고 클래식 기타 연주자 줄리안 브림의 인터뷰 방송을 들었다. 어느 부분에서 인터뷰어가 브림에게 '일렉트릭 기타'에 대해서 어떻게 생각하느냐고 물었다. "일렉트릭 베이스는 훌륭합니다." 브림이 말했다. 하지만 그 외에는 별로라고 대답했다. 지미 헨드릭스를 연주자로서 어떻게 생각하는가? 로버트는 헨드릭스를 언급할 때 인터뷰어의 목소리에 약간 깔보는 어조가 있음을 감지했다. 하지만 로버트는 그런 좋은 질문이 나오기를 기대했었다. 그는 대답을 기다렸다. '날 실망시키지 말라고, 줄리안.' 그가 속으로 중얼거렸다. 하지만 실망할 것은 없었다. "그는 훌륭합니다." 브림이 대답했다. 인터뷰어는 그 말에 잠시 어리둥절했다. 로버트는 지난번 가게에서 초콜릿 바를 훔쳤을 때 느꼈던 것과 비슷한 또 다른 에너지의 폭발을 느꼈다.

그는 차를 돌려 황급히 시내로 향했고 악기점 앞 포장도로에 차를 세웠다. 가게는 문 닫기 5분 전이었고 직원들은 일일 정산을 하고 있었다. 그는 직원들에게 헨드릭스가 연주하는 기타인 펜더 스트라토캐스터를 사고 싶다고 말했다. 직원들은 그의 주문대로 기타를 내주었고, 로버트는 기타와 함께 앰프 및 헨드릭스 노래 전곡의 악보를 담은 책도 같이 샀다. 이것으로 거의 천 파운드 가까운 돈이 지불되었다.

"하지만 로버트," 그가 집으로 돌아오자 아내가 말했다. "당신은 기타를 전혀 연주할 줄 모르잖아요."

그는 앞으로 배우면 된다고 대꾸했다.

하지만 그날 밤 의기양양했던 기세가 갑자기 사라졌다. 그는 점차 허무 속으로 사라진다는 생각으로 고통 받았고 죽음이 가까이 다가온다는 아찔한 느낌으로 새벽까지 잠들지 못하고 뒤척거렸다. '오늘 밤, 내일, 죽음이 가까이 다가와 있어. 다가오고 있어. 다가오고 있다고.' 그는 거의 공황 상태였다. '다가오고 있어. 다가오고 있다고.' 다음날, 난데없이 그는 아내에게 결혼 생활이 끝났음을 선언하고 아내, 집, 자식들, 새로 구입한 기타를 내버리고 다시는 집에 돌아오지 않았다.

로버트는 콘월로 갔고, 바에서 일자리를 구한 뒤 머리를 기르고 햇볕에 그을리고 풍화된 외모로 돌변하여 사실상 다른 사람이 되어 살았다.

2년 뒤, 로버트는 북쪽 도시의 교외에 있는 낡은 원룸에 홀로 살면서, 콘월에서 살았던 일을 간신히 회상했다. 푸른 전등 갓,

비 내리던 밤, 호텔 주방의 빛나던 스테인리스 표면, 재키인지 제니인지 이름 모를 여자, 주먹다짐, 바다 등 꼭 남의 기억 같은 파편과 이미지들만 남아 있었고 그것들은 서로 연결되지 않았다. 어느 때이든 이 순간에서 저 순간으로 넘어갈 때 어느 한 생각을 계속 유지할 수가 없었다.

그는 구역질이 나는 것을 느꼈다. 무언가 그의 복부 깊숙한 곳에서 목구멍까지 꿈틀거리며 올라왔다. 욕실 거울에 비친 그의 얼굴은 무의미하게 보였고, 어떤 때는 얼굴 없는 사람인 양 얼굴이 비추어지지 않는 것 같았다. 그는 거울 앞에 서서 잠시 그 얼굴을 멍하니 쳐다보다가 세면대의 꼭지를 틀었다 잠그는 동작을 반복했고, 그런 다음 바닥에 쾅하고 쓰러졌다. 그의 사지는 경직되었고 곧 이어 터져 나온 오줌이 바지 아랫부분을 검게 물들였다. 그는 몇 분 간 격심한 경련을 일으켰다.

그것은 이번 주에 들어서만 세 번째 혹은 네 번째 발작이었다. 그 다음 발작은 슈퍼마켓 한복판에서 일어났고 그 뒤 병원으로 실려 갔다. 의사들은 로버트가 발작에서 회복되었음에도 불구하고 생기 없고 식별력 없는 상황에 주목했다. 의사들은 그의 머리를 스캐닝했고 뇌의 안와전두 영역에 큰 종양 덩어리가 있는 것을 발견했다. 병명은 수막종이었다. 뇌의 외피를 압박하는 양성 종양으로서 수년간 뇌 속에서 자라왔던 것이다. 그 종양은 로버트의 전두엽을 압박하여 왜곡시킴으로써 로버트를 전혀 다른 사람으로 만들어 놓았다. 외과의사들은 수술하여 종양을 제거했다. 그 뒤 로버트는 자주 간호사에게 물었다. "우리 아이들은 언제 옵니까?", "이제 집에 가도 되나요?"

강의는 충분히 잘 진행되는 것 같았다. 이런 기이한 신경과학 이야기들은 일반적으로 학생들의 열렬한 반응을 이끌어냈다. 나는 학생들에게 "로버트 이야기"는 실제 사례를 다소 각색한 것이라고 말했다. 가령 몇 가지 전기적 정보를 바꾸어 넣었다. 환자의 실제 이름은 로버트가 아니다. 하지만 임상적인 세부사항들은 본질적으로 실제 그대로이다. 로버트는 사소한 절도 행위, 해변 마을이나 다른 장소들로 끊임없이 여행하기 등 평소 그답지 않은 괴상한 행동을 한 후에 아주 충동적으로 가족을 버리고 집을 떠났다. 그는 연주할 수도 없는 기타 같은 고가 물건들과, 실제로 입을지 알 수 없는 값비싼 옷들을 사들이며 감당할 수 없을 정도로 많은 돈을 낭비했다.

그는 또한 지미 헨드릭스의 팬이었다. 이 위대한 뮤지션의 대형 포스터가 재활시설 입원실의 한쪽 벽에서 로버트를 응시하고 있었다. 최소한 헨드릭스는 그의 인생에서 지속적인 존재로 남아 있었다. 그가 거울 앞에 서서 자신의 얼굴을 들여다보며 멍하니 서 있었던 에피소드는 내가 각색하여 집어 넣은 것이다. 하지만 실제로 그랬을 수도 있다. 나는 거울 앞에서 자신이 하이드로 바뀌는 것을 바라보는 지킬의 이미지를 떠올렸다. 또는 영혼을 잃어버리고 자신의 얼굴을 아무리 거울에 비추어도 얼굴이 나오지 않는 드라큘라의 모습을 연상했다. 아무튼 그런 생각이 순간적으로 떠올라서 로버트가 거울 앞에 서 있는 장면을 사례 속에 집어 넣었다. 수술이 끝난 뒤 그는 정말로 가족의 품으로 되돌아가기를 바랐다. 하지만 가족은 이미 오래 전에 다른 곳으로 가버렸다. 로버트는 그 사실을 알지 못했다.

언제 그런 느린 종양이 그의 뇌 속에 뿌리를 내린 것일까? 얼마나 오랫동안 자라다가 전두엽을 압박하게 되었으며, 야비하게도 그의 인품을 아예 바꾸어 놓았는가? 그런 수막종은 자라는 데 수년이 걸리고 결국에는 머릿속 풍경의 확고한 특징이 된다. 두뇌는 어느 정도까지는 그 어떤 임상적 징후나 증상을 나타내지 않고서도 그런 덩어리를 수용할 수가 있다. 이는 성장 속도와 종양의 위치에 따라 다르다. 어떤 사람들은 생애의 절반 동안 그런 양성 종양을 뇌 속에 품고 살면서도 그 사실을 모른 채 나이들고 사망한다. 그런 사람들은 자신이 까닥 잘못되었다면 로버트처럼 돌변했을 수도 있었음을 결코 알지 못한다.

나는 과거에 뇌졸중 검사를 하러 병원에 온 70대 남자를 본 적이 있다. 그는 두정엽에 오렌지 크기만한 종양을 가지고 있었다. 그 종양은 뇌졸중과는 아무 관계가 없었고, 수십 년간 그곳에 있었으며, 그에게 아무런 문제도 일으키지 않았다. 종양은 그의 일부가 되었던 것이다.

어쩌면 로버트는 종양이 아니었더라도 아내와 아이들을 떠났을 수도 있다. 그는 인생이 너무 지겹고 지루하여 울적했을 수도 있다. 소위 중년의 위기. 종양이 그 과정을 재촉했을 수도 있고 심지어는 가방을 싸서 집을 떠난다는 충동적인 결정에 아무 영향을 주지 않았을 수도 있다. 우리는 이런 가능성을 완전히 배제할 수 없다. 하지만 나는 그렇게 생각하지 않는다. 사회적 판단 장애, 충동적 행동. 그리고 로버트의 인성 변화를 통해 발생한 나머지 모든 것들은 전두엽 손상의 일반적 결과인 것이다.

뇌졸중을 앓는 70대 남자와 다르게, 로버트의 종양은 그에게 문제를 유발시켰다. 그는 간질에 걸리게 됐다. 하지만 아니라고 가정해보자. 아무런 의학적 합병증이 없었고, 종양이 그저 거기에 있어 로버트 인격의 다이얼을 자극하고 괴롭히고 재설정했다고 가정해보자. 그의 행동이 병리학적이었다고 말할 수 있는 근거가 있을까? 아니다. 사람들은 그의 갑작스러운 가출을 중년의 위기라고 말했을 것이다.

강의를 끝내며 서둘렀음에도 불구하고(기차를 타야 했기에), 학생들로부터 몇 가지 질문이 터져 나왔다. 일부 질문은 기술적이었지만 대부분의 질문은 로버트의 삶에 관한 것이었다. 학생들은 그 이야기에 깊은 관심을 표명했다. 너무나 기이하니까 그런 반응은 당연했다.

"기독교적 견지에서 이 모든 사항을 고려해보신 적이 있습니까?" 내가 강의 노트를 수습하며 일어서려는데 맨 앞줄에 앉았던 얼굴 창백한 여학생이 물었다.

"아니오. 그런 적은 없습니다." 나는 재빨리 말했다. "그 문제는 다음 주에 더 논의하기로 하죠."

"결국 로버트는 어떻게 되었나요?"

"그는 깊은 우울증에 빠졌습니다."

그가 재활병원에서 퇴원하고 나서 두 번이나 자살 미수에 그쳤다가 세 번째 성공했다. 나는 그 사실을 여학생에게 알려주었다. 그 정보를 생각하면, 배경에서 헨드릭스가 "부두교 아이"를 부르는 상황에서 로버트가 목을 매었으리라는 쓸데없는 상상이 내 머릿속에 떠오른다. '부두교 아이, 만약 내가 이 세상에서 너를 더 이상 만날 수 없다면/난 다음 세상에서 널 만날 거야/너무 늦게 오지는 말라고…….' 하지만 자살은 그런 식으로 벌어지지 않았다.

내가 탈 기차는 30분 이상 연착되었고 나는 기차역 인근의 서점에서 시간을 보냈다. 그 얼굴 창백한 여학생에게 더 시간을 내주지 못한 것을 후회했다. 그녀는 진정으로 고민하는 사람처럼 보였다. 다음 강의 때 시간이 끝나면 그녀를 찾아내어 보상을 해주어야지. 이제 나는 기차를 탔다. 한 손에는 맥주, 다른 한 손에는 방금 산 문고본 책을 들었다. 책은 우주에 관한 것이었는데 나는 우주의 광대함에서 상상력을 얻고 싶었다. 과장된 산문(밤의 벨벳 망토…… 하늘의 우주적 심포니), 거대한 숫자들(4천억 은하)은 마음을 진정시키는 효과가 있었다.

우주학과 신경심리학은 황당무계함을 공통사항으로 갖고 있다. 우선 기본적 사실들이 상상할 수 없을 정도로 황당무계하다.

책을 읽으면서 이런 생각을 했다. 은하를 뒤틀고 기차를 레일 위에서 달리게 만드는 물리적 힘이 승객들을 움직이는 사회적·심리적 힘과 어떻게 연계되는 것일까. 말 안 듣는 아이와 녹초가 된 그의 어머니, 말없이 앉아 있는 늙은 부부, 그 부부 앞에 앉아 있는 젊은 여자. 그녀는 음란한 메시지의 티셔츠를 입은 젊은 남자가 옆에 앉자 그 짧은 순간에 가볍게 속눈썹을 흔들며 미소 지어 보였다. 이런 사람들을 움직이는 사회적 힘과, 천체를 움직이는 물리적 힘은 어떻게 연결이 되는 것일까. 잠시 그녀와 난 공모자 관계가 되었다. 나는 그녀의 마음속에 들어갔고 그녀 역시 나의 마음속에 들어왔다. 천체물리학자들이 행성들의 운동을 미리 예측한다고 하지만, 저 응시의 힘 혹은 미소의 무게를 어떻게 측정할 수 있을까?

나는 이러한 생각을 하면서 주위 사람들을 둘러보았다. 그들은 하나같이 복잡한 생물적 기관들이고 물리적 대상이었다. 나는 그들의 눈 뒤에서 어떤 생각이 오고가는지 상상해보려 했으나 그 뒤에서 어둠을 보았을 뿐이다. 이어 어두운 차창에서 빤히 쳐다보는 나의 얼굴을 보았다. 그 얼굴은 1인칭과 3인칭이 제대로 종합되지 않아 혼란에 빠져 있었다. 차창에 비친 내 얼굴은 기차에 타고 있는 다른 승객들의 얼굴과 비슷하게 닮아 있었다. 하지만 객관적 관찰이라는 3인칭의 관점에서 사람들의 생각을 짐작하려는 1인칭 관점으로 갑작스럽게 초점을 이동시킴으로 인해, 어쩔 수 없이 반사된 얼굴의 뒤쪽 그러니까 내 의식의 캡슐 속으로 되돌아오게 되었다. 나는 다른 사람들도 이와 비슷한 의식의 캡슐 속에서 살 거라는 환상(1인칭의 의식 캡슐이 3인칭의 의식 캡슐과 비슷할 것이라는 환상—옮긴이)을 받아들인다. 하지만 그들은 그런 캡슐 속에서 살지 않는다. 그들의 관점에서 보자면 나 또한 그런 3인칭의 캡슐 속에 존재하지 않는다.

나는 맥주를 한 병 더 샀다. 다시 차창에 비친 내 모습을 보았다. 껄껄 웃고 있었다. 내가 마침내 집에 도착했을 때, 나는 깊은 만족을 느꼈고 가족의 품에 깊숙이 파묻혔다. 안전하고, 변하지 않고, 공격받지 않고, 불멸하다는 느낌. 아마도 로버트도 한때 집에 돌아오면 이런 느낌을 느꼈으리라.

* * *

오늘 그 얼굴 창백한 여학생은 강의실에 나오지 않았다. 어쨌든 앞줄에는 없었다. 나는 강의실에 일찍 도착하여 학생들이 빈자리를 채우는 것을 지켜봤다. 줄이 차고 있었지만, 그녀는 오지 않았다. 일부 지각한 학생들이 5분, 혹은 10분 늦게 강의실에 들어왔지만 그녀는 그들 중에도 없었다.

지난주 그만둔 곳에서부터 강의를 다시 시작했고, 다양한 종류의 질병이 우리가 자신을 바라보는 방식에 간접적으로 영향을 줄 수 있지만 신경학적 질병은 때로 두뇌의 중심부를 바로 공격하여 사람을 본질적으로 왜곡시킨다는 점을 지적했다. 그것은 기생하는 말벌 유충이 내부로부터 살아 있는 모충들을 먹어버리는 것과 비슷하다. 질병은 자아의 하부구조, 즉 신경체계(장기적인 기억을 통제하거나 감정을 조정하며 의도를 생각하게 하며 신념을 형성하게 하는 체계)에 침입하여 그것을 손상시킬 수 있다. 나는 학생들에게 로버트의 천천히 자라난 종양이 어떻게 그의 세계관을 바꾸어 놓았는지 상기시켰다. 그는 평소와는 다르게 생각했고, 다르게 행동했으며, 주변 사람들을 다르게 보았다. 충동적으로 비싼 옷과 일렉트릭 기타들을 사고, 초콜릿 바를 훔치고, 해변 마을로 즉흥적인 여행을 떠나고, 결국 아내와 아이들을 버렸다. 과연 이런 로버트가 가족에 헌신하고, 생활비를 벌기 위해 열심히 일하고, 무언가를 훔치는 것은 언감생심이고, 모험을 싫어하고 몸싸움을 기피했던 예전의 로버트와 같은 사람인가? 아니라면, 언제 지킬 박사가 하이드 씨가 된 것인가? 결정적 변화가 나타난 어떤 사건 혹은 어떤 날이 있었나? 그것이 하나의 순간에서 비롯되었다고 말할 수 있을까? 우리도 때때로 무분별하거나 어리석은 행동을 하지 않는가? 얼마나 많은 것들이 합쳐져야 자아의 변화를 가져오게 되는가?

오랜 고생을 겪은 후 로버트의 되돌아가는 여정이 시작됐다. 종양은 제거되었고 그는 예전의 자신과 비슷한 사람으로 되돌아왔다. '비슷한 사람으로.' 그는 아내와 아이들을 그리워했다. 그들을 되찾기를 바랐다. 하지만 그는 정신이나 감정의 측면에서 되돌릴 수 없을 정도로 다른 사람이 되었다. 그의 정신력은 저하되었다. 그는 쉽게 잊어버렸고 매사에 집중할 수 없었다. 그는 바로 내일의 일도 미리 계획할 수 없었으며 미래를 멀리 내다보는 능력은 현저하게 줄어들었다. 그의 얼굴은 현실의 벽에 부딪쳐 찌그러졌고 그의 어깨는 과거의 부담으로 너무나 무거웠다. 과거는 그가 진정으로 소속된 곳이었다. 종양이 생기기 전, 황금 골짜기에서 생활했던 그 즐거웠던 때. 그는 과거에는 자신이 진정한 자아를 가지고 있었다고 생각했다.

그것은 막연히 과거의 삶을 그리워하는 소망의 상태가 아니었다. 때때로 그는 아무것도 변하지 않았다고 믿을 정도로 혼동을 일으켰다. 아내가 나를 데리러 올 것이다. 그녀는 분명 그렇게 할 것이다. 그녀가 여기 곧 나타날 것이다. 집으로 돌아가면 로버트와 아내는 함께 아이들을 학교에서 데려올 것이다. 부부는 아이들과 함께 집으로 갈 것이다. 과거는 라디오에서 흘러나오는 시그널 음악과 비슷했다. 독특한 가락이나 멜로디는 없지만,

그의 머리에 속에 딱 달라붙어 자꾸만 되풀이 되었다. 이어 그를 자살로 몰고 간 검은 골짜기들 중 하나인 우울증이 찾아왔다. 수술 후의 로버트가 예전의 자아와 무슨 관계가 있는가? 무엇이 그의 '진짜' 자아인가? 무엇이 그의 주체성인가?

그 순간 나의 강의가 요점 없이 헤매고 있다는 것을 깨달았다. 일부 학생들은 안절부절못하며 자기 자리에서 몸을 뒤척거렸다. 학생들은 자가 조립 가구 매뉴얼같이 강의 내용이 잘 짜여 있기를 바랐다. 다이어그램, 플로 차트, 큰 점, 참고 자료 등으로 꽉 찬 유인물과 웹 사이트 페이지들. 그런 것을 원했다. 사실과 의견의 레고 블록만 던져주고, 그것들을 정확히 맞추고 조립하는 방법을 말해주기를 바랐다. 그런 학생들의 기대와는 다르게 나는 생각나는 대로 말하여 강의를 혼란스럽게 만들었고 그게 학생들을 불안하게 했다.

"자아나 개인 주체성 같은 용어의 정확한 의미는 신경 쓰지 마세요." 내가 말했다. 상식적인 단어의 개념만으로도 지금은 충분했다. 사실, 나는 '개인 주체성'과 '자아'에 대해 이야기할 때 상식이 전문용어 못지않게 위력이 있다고 생각하지만, 이를 언급하지는 않았다. "여러분, 여러분의 자아에 대해서 생각해보세요. 여러분이 나는 이러이러한 사람이다, 라고 생각하는 것, 바로 그것이 여러분의 자아입니다. 이 강의실에 앉아 있고 자신의 뚜렷한 의식을 가지고 있는 존재, 바로 그것이 여러분을 옆에 앉아 있는 학생 혹은 어딘가에서 무언가 다른 일을 하고 있는 사람과 구별해줍니다. 그런 뚜렷한 생각이 있기 때문에 여러분은 시체屍體와 구분되는 겁니다."

시체? 이 말은 어디서 갑자기 나왔지? 그 순간 내 앞에 지난밤에 꾸었던 이상한 꿈의 이미지가 떠올랐다. 그 꿈속에서는 인턴 중 한 명인 마틸다가 등장했다. 꿈속에서 우리는 남자 시체의 상반신을 해부할 계획이었다. 이어 머리가 몸통으로부터 분리되었다. 매티(마틸다의 애칭), 나, 그리고 다른 남자들 몇 명이 있었는데 내가 아는 사람은 아니었다. 나는 속이 메스꺼운 것을 느꼈지만, 그것을 표시하지 않으려 애썼다. 마지못한 것이긴 했지만 매티가 두개골 톱으로 멋지게 해부를 시작했다.

어느 단계에서 나는 이것이 꿈인 것을 알았다. 왜냐하면 시체의 두개골을 톱질하는 동안에 뼈 타는 냄새가 났기 때문이다. 그것은 치과의사의 드릴이 치아에 구멍을 낼 때 나는 매캐한 냄새였다. 하지만 두개골 해부시엔 냄새가 나지 않는다. 심지어 소리도 나지 않는다. 곧 두개골의 정상 부분이 제거되고 우리는 뇌의 남은 부분을 들여다보았다. 그것은 뇌라기보다 녹은 촛농 덩어리 같았다. 난 매티의 혐오감을 느낄 수 있었다. '그녀는 구역질을 느낄지도 몰라.' 내가 생각했다. 그녀는 열린 머리와 밀랍 같은 뇌를 보며 실제로 구역질을 느꼈다. 하지만 영악하게도 그것을 잘 감추었다.

이 해부 작업은 나를 긴장하게 만들었다. 내 안의 일부가 무언가를 말하려 하는 것 같았다. 나의 이런 개인적인 생각들이 혐오감을 주기나 한 것처럼(그런 생각들이 내 머리 위에 오염된 안개처럼 맴돌고 있어서 학생들이 보기라도 한다는 것인가?), 강의실 뒤쪽에 앉아 있던 한 여성이 일어나 출구로 나가버렸다.

각성 중에 재생된 꿈은 영화의 한 장면처럼 저절로 돌아간다. 나는 단지 관찰할 뿐이다. 그 괴이한 이야기는 나라는 존재와는 무관했다. 나는 그것을 계획하거나 구성하지 않았다. 그것은 '내 꿈 안에서' 완전한 형체를 갖추고 나타났다. 만약 이렇게 뜬금없이 생각나기 전에, 어떤 사람이 이 꿈을 자신의 꿈인 것처럼 말했더라면, 난 소유권을 주장하지 못했을 것이다. 그 꿈은 신기하고 낯설게 보였을 것이다. 만약 아침을 먹는 동안에 누가 지난밤 꿈을 내게 물었더라면 난 아마도 기억해내지 못했을 것이다. 원래 꿈을 잘 기억하지 못하니까.

그 꿈의 장면은 의식 있고, 숙고하며, 신중한 '내'가 잠자고 있을 동안 펼쳐졌고 '내'가 각성 상태로 돌아왔을 때 내 두뇌의 어떤 비밀스러운 지역으로 물러나 있었다. 마치 소라게가 껍질 안으로 자기의 몸을 집어 넣는 것처럼. 그 꿈은 수면과 각성 사이의 과도기에서 살아남기 위해 시냅스적으로 암호화되었다. 그 꿈을 잊어버린 가상의 껍질(나라는 육체)은 나(자아)와 함께 대학의 강의실로 출근했다. 그리고 무의식적인 신호에 따라, 혹은 아무런 이유 없이 소라게(시냅스에 의해 암호화되었던 꿈)가 나타났고, 강의 중간에 그 꿈의 스토리가 갑자기 내 머릿속에 떠오른 것이다. 이런 일련의 과정은 나(통제하는 자아)와는 아무런 관련이 없다.

동요하던 학생들은 내가 뇌의 다이어그램 상에서 몇 가지 임상적 증후군을 전두엽 손상 부위와 연관시키자 진정이 되었다.

1. 피질하 타입(두뇌의 배외측 손상): 계획 수립과 문제 해결에 어려움을 보이고 판단력이 약화됨. 무언가를 지속하는 것이 결여되어 있거나 반대로 유용함이나 적당함의 정도를 넘어서는 행동을 고집함.('고집증')

2. 억제에서 벗어난 타입(안와전두 손상): 자극 위주의 행동. 내부에서 발생하는 행동들과, 외부의 대상과 사건으로 유발되는 행동들 사이에서 균형을 잃음. 쉽게 흐트러지는 경향이 있음. 사회적 통찰력이 빈약함.

3. 냉담한 타입(전중두 손상): 냉담함과 무관심, 솔선수범과 자발성 결여. 빈약한 회화 능력과 생각, 행동의 감퇴.

나는 학생들에게 로버트의 행동이 이 분류표들 중 어떤 것에 해당하는지 물었다. 그러면서 오늘 내 강의 스타일—갑자기 엉뚱한 소리를 하는 스타일—이 첫 번째나 두 번째 증후군의 요소를 보여줬을지도 모른다고 속으로 생각했다.

나는 강의의 결론으로 들어가 재빨리 주제를 살펴보았고 10분 일찍 강의를 끝냈다. 학생들은 질문을 하지 않았다. 그 얼굴 창백한 여학생은 강의실에 나오지 않았고, 그래서 내가 이런 모든 것을 기독교적 관점에서 고려했는지 묻지 않았다. 나는 그 학생이 여기 나와 주었더라면 좋았을 걸 하는 심정이었다.

이번 기차는 제때에 도착했다. 오후 일곱시였고 평소보다 더 어두웠다. 갑자기 나는 피곤함을 느꼈다. 아마도 감기가 오는 것 같았다. 내가 강의실을 떠나려고 할 때 학생들 중 한 명이 내 손에 불교에 관한 책을 안겨주었다. 책에는 인생의 좌표를 설정해주는 고통과 죽음에 관한 글이 들어 있었다. 하지만 책 읽을 기분이 아니었다. 같은 페이지를 무려 20분 동안이나 계속 들여다보고 있었다.

역에서 사람들이 기차에 오를 때, 나는 승강장에서 한 남자와 여자를 보았다. 그들은 열정적으로 포옹을 했고 작별인사를 하고 있었다. 나는 누군가가 한때 이별에 대해 말했던 것이 생각이 났다. 함께 있던 사람이 사라진 그 순간, 그 떠나간 사람은 함께 있을 때보다 더 강력하게 자신의 존재를 드러낸다. 부재는 없음이 아니라 이처럼 생생하게 느껴지는 현전現前이다. 남자가 기차에 올랐고, 여자는 승강장에 남았다. 남자는 눈시울이 붉어졌고 굉장히 동요했다. 나는 기차가 떠날 때 그의 여자 친구인지, 아내인지, 애인인지 모를 여자의 얼굴을 바라보았다. 얼굴은 쌀쌀할 정도로 침착했다. 그것은 입장도 퇴장도 거부하는 경직된 얼굴이었다. 그는 아마도 그녀를 다시 볼 수 없을 것이다.

여자와 헤어진 그 남자는 내 자리에서 복도 바로 건너편에 앉아 있었고 나는 불교 책을 그에게 건네줘야겠다는 우스꽝스러운 충동을 느꼈다. 나는 그 책을 옆에 밀쳐두고 대학에서 챙겨온 문서들에 시선을 돌렸다. 대학을 떠난 지 일 년이 넘었는데도 내겐 여전히 개인용 서류 분류함이 있었다. 학과 위원회 의사록이 서류더미 맨 위에 있었지만 그 밑에 내 눈을 잡아끄는 문서 쪽지가 하나 있었다. 학부 재학생의 자살에 대한 기록이었다. 그 학생은 졸업반 여학생이었다. 내가 아는 이름은 아니었다. 기차는 어느 시점에서 덜커덕거렸고, 짤깍짤깍 소리를 냈다. 내 속은 뒤틀렸다.

"자살한 여학생. 그녀는 어떻게 생겼지?"

나는 집으로 돌아왔다. 나는 궁금증을 이기지 못하여 오래된 주소록을 찾아냈고 내게 강의를 하라고 설득한 예전 대학 동료에게 전화를 걸었다. 그는 목소리가 어눌했다. 자정을 넘은 시간이었고 자다가 깬 듯했다.

"미안해." 내가 말했다. "많이 늦었지."

"괜찮아, 상관없어."

"그 자살한 여학생은 어떻게 생겼어?"

"잘 모르겠네. 생각이 나지 않아."

자살로 생을 마감하려면 엄청나게 침착해야 한다. 자살은 아마도 희망 없음과 절망의 쓴 열매일지도 모르지만 또한 의사결정 과정의 맨 마지막 부분이기도 하다. 자살을 하려면 '놓아버리기'가 있어야 한다. 죽음이라는 생각을 받아들이면 생각이 명료해지고 마음이 평온해진다. 자살 직전에 있는 사람들은 그 순간에 평상시보다 더 행복하거나 평온하게 보인다는 보고가 있다. 어디서 읽었는지 기억해낼 수는 없지만 자살에 대하여 이런 걸 읽은 적이 있다. 자살의 원인은 늘 명백하거나 예측 가능한 것은 아니며, 어떤 특정한 심리 상태에 있는 사람은 자살을 결행하기까지 많은 것을 필요로 하지 않는다. 오해된 사소한 말들, 별 뜻 없는 제스처가 원인이 될 수도 있다.

나는 지난 한 주 그 얼굴 창백한 여학생에 대해 많이 생각했지만 그녀의 신원을 끝까지 추적하지는 않았다. 병적인 관심 혹은 강박관념의 소유자처럼 보이고 싶지 않았다. 몇 가지 구실을 대면서 신중한 조사를 할 수도 있었다. 그렇게 했더라면 아주 정상적으로 보이면서 알아내고 싶은 것을 파악할 수도 있었다. 하지만 나 자신을 위해서 그렇게 하지 않았다. 그런 식으로 행동하는 '나 자신'이 보고 싶지 않았다. 그건 죄책감을 표시하는 것이니까. 난 죄책감을 느낄 만한 일을 하지 않았다. 그렇지만 인내심 많은 완벽한 강사처럼 행동하는 반反 사실적 시나리오를 여러 번 상상했다. 그 상상 속에서 "이 모든 것을 기독교적 관점에서 생각해보셨나요?"하고 그녀가 물으면 나는 대답한다. "질문을 좀 더 분명하게 해주세요." 그리고 우리는 5분, 10분, 20분 대화를 나누고, 시간이 아무리 걸려도 그녀의 관심사를 충분히 들어주고 신사적으로 사려 깊게, 그녀의 사기를 꺾지 않으면서 내 관점을 충분히 말해준다. 그런 뒤 나는 기차를 탄다. 어쨌든 기차는 30분 늦게 도착했으니까 충분히 시간이 있었다. 나는 기차의 연착에 대하여 이런 해석을 해본다. 얼굴 창백한 여학생의 질문을 해결해줘서 고맙다는 간단한 감사 표시로 신이 이런 선물(기차의 연착)을 보내준 것이 아닐까. 이것이 내가 자꾸만 상상해보는 사실과 다른 시나리오이다.

나는 오늘 황급히 강의실로 달려가면서 그 얼굴 창백한 여학생에 대해 생각했다. 기차가 늦게 도착하는 바람에 강의실까지 뛰어가야 했다. 강의실은 만원이었다. 학생들이 기다리고 있었다. 그녀 역시 기다리고 있었다. 그녀는 소형 카세트 녹음기를 가지고 앞줄에 앉아 있었다. 어디에 갔다 왔던 거지? 나는 그녀에게 묻고 싶었다. 학생은 어디에 있었지?

배링턴 씨의 곤경

🙙

전공의인 클라라가 전화를 해와 나에게 배링턴 씨를 와서 좀 봐달라고 했다. 외래환자 진료소로 가는 복도를 걸으면서 나는 대강의 그림을 그려보았다. 50대 중반, 밝은 회색의 양복, 젖은 푸른 눈, 밝은 갈색의 머리, 축축한 악수, 말을 더듬는 기색. 나는 그를 2주 전에 이미 본 적이 있었다. 방으로 들어서자 내 앞에는 같은 양복, 같은 눈을 가진 중년 남자가 앉아 있었다. 하지만 그 남자는 완전 대머리가 되어 있었다. 대머리는 형광등 불빛 아래 번들거렸다. 그는 눈에 눈물이 고여 있었고 흥건히 땀을 흘리고 있었다. 온 몸이 하나의 삭은 공처럼 보였고, 뼛속까지 땀에 젖어 있었다. 심한 발한發汗이 그의 대표적 증세였다.

클라라의 설명에 의하면, 진찰을 시작하는데 배링턴 씨가 금세 괴로워했고 더 이상 진찰을 받지 못할 것 같다고 말했다는 것이다. 그녀는 적어 놓은 노트를 읽는 것처럼 기계적으로 말했다. 나는 몇 가지 메모를 하는 척했지만 실은 이런 문장을 끼적거렸고 또 클라라에게도 질문의 눈빛을 던졌다. '그는 왜 갑자기 대머리가 되었을까?'

배링턴 씨는 나보다 앞서 달렸다. "당신은 제 머리가 왜 이렇게 되었는지 의아하신 거죠?"

그의 머리카락은 주말에 왕창 빠졌다. 대부분의 머리카락은 토요일 밤 그가 침대에 누워 잠을 청할 때 떨어져나갔다. 그의 머리를 베개 위에 올려놓자마자 머리카락이 떨어져 나와 시트를 덮었고 그의 땀 흘리는 피부에 달라붙었다. 그는 머리카락을 쓸어서 치우려고 했지만, 시트는 축축했고 아내를 깨울까봐 걱정이 되었다. 여러 번 그렇게 모은 머리카락을 처리하기 위해 화장실로 갔고, 매번 거울을 확인할 때마다 새로 생긴 맨살의 깨끗한 부분이 더 넓어졌지만 별로 당황하지는 않았다.

"걱정되지는 않았나요?" 내가 물었다.

"아뇨. 전혀."

아무튼 그는 이번 주 내내 머리카락을 몇 움큼씩 잃어 왔고 그래서 주말에 몽땅 빠져버렸을 때에도 그리 충격을 받지 않았다. 그는 끔찍한 긴장 속에서 살아왔고 이제 문제가 전면에 부상한 것 같다고 했다. 나는 그 의도하지 않은 말장난을 노트에 적었다.(문제가 부상하다, 문제가 머리에 발생하다의 두 가지 뜻—옮긴이) 언어는 그 자체로 생명이 있다. 여러 가지 문제들이 그의 마음을 괴롭혀 왔고 특히 이 문제가 골치 아프다는 말도 했다.

"그 문제에 대해서 말씀해주실 수 있겠습니까?" 내가 물었다. "가능하신가요?"

배링턴 씨는 양손으로 얼굴을 감싸고 흐느꼈다. 눈물을 훌쩍이다가 몸을 부르르 떨며 간신히 숨을 내쉬더니 양복 상의를 벗어도 되냐고 물었다. 그는 넥타이도 풀었다. 크림색 셔츠는 네 번째 버튼까지 땀으로 젖어 있었고 겨드랑이 밑에는 축축한 타원형의 젖은 자국이 나 있었다. 그는 마음의 평정을 되찾고 뭔가 말하려고 자신을 다잡았지만 준비가 덜 되었다.

"잠시 휴식을 취하세요." 내가 말했다. "신선한 공기를 좀 들이마시고 오면 좋을 겁니다. 그런 다음 다시 돌아와서 이야기를 나누면 됩니다. 당분간 테스트를 잊어버리세요."

배링턴 씨는 진찰실의 방바닥을 응시할 뿐이었다. 아니오, 말해야만 되겠습니다. 그가 말했다. 그 문제는 정말 배링턴 씨를 괴롭혔다. 하지만 그는 여전히 주저했다. 자신의 발을 계속 내려다보고 있었다. 그리고 클라라 쪽을 흘끗 쳐다보더니, "괜찮으시다면, 제 생각으로는 더 쉽게 이야기될 수 있을 것 같습니다. 만약……"이라고 말했다.

클라라는 금방 눈치 챘고, "나중에 뵙죠"라고 하면서 방 밖으로 나갔다. 배링턴 씨는 창밖의 교외 지역 너머 저 멀리 보이는 언덕을 쳐다보았다. 그의 젖어 있는 푸른 눈은 깜빡거리지 않았다. 그는 아름다운 경치에 감탄하고 있는 것이 아니었다. 그의 정신은 광대한 내면 공간의 어딘가에서 표류하고 있었다. 죄책감이라는 냉혹한 포식자의 먹이가 된 채. 나는 진찰이 끝나자 그의 흠뻑 젖은 손을 잡았다. 그는 굉장히 고마워했다. 나는 그의 고민을 들었고 조언했다. 밖에는 비가 내리기 시작했다.

임상적 판단. 클라라가 주전자를 채우고 있을 동안, 나는 배링턴 씨에 대해서 다시 생각해 보았다. 그의 팔이 양 옆에서 흔들리고 머리를 뒤로 젖히는 광경을 기억했다. 마치 아이가 한바탕 운 뒤 제 풀에 지쳐서 그러는 것처럼 동요하고 괴로워하는 신음 소리를 냈다. 이어 고백이 터져 나왔다. 아주 오래 전 단 한 차례 지저분한 혼외정사가 있었다는 것이었다. 그의 아내는 전혀 모르고 있고 그도 거의 잊었다고 한다.

"그런데 이제 와서 그게 당신의 양심을 괴롭힌다는 것입니까?" 하지만 그런 질문은 어울리지 않는 것이었다. 그것은 배링턴 씨로서는 피크닉 나갔다가 말벌에 쏘인 그런 우연한 일이 아니라, 심장을 마구 찌르는 고통이었다.

그 혼외정사를 너무나 고민한 나머지 머리카락이 다 빠져서 대머리가 되었다. 초자아의 돌격대원들은 그의 정신에 지독한 공격을 해오고 있었고, 아내에게 죄지은 행위를 바로잡으라고 명령했다. 하지만 그걸 고백하면 그의 아내는 굉장히 실망할 것이다. 그렇지 않은가? 그는 어떻게 해야 하나?

"어떻게 해야 할지 말해주세요." 그가 말했다. "제발요."

나는 이 딜레마가 그의 질병과 상당히 관련이 있다고 보았다. 배링턴 씨에 대한 임시적 진단은 다발성 뇌신경계 위축, 곧 퇴행성 질환이었다. 그것은 좋지 않은 예후를 수반했다. 아마도 그는 본격적 증세의 출현을 미리 대비하는 것일지도 몰랐다. 하지만 질병은 그의 뇌에 영향을 미치고 있었고, 털어놓아야 한다는 충동과 무엇을 해야 할지 결정하지 못하는 우유부단함은 충분히 신경과학의 검토 대상이었다.

한때 나는 머리를 다친 환자를 왕진 간 적이 있었다. 누군가가 그의 두개골 앞부분에 야구 방망이를 휘둘렀다. 한 해가 지났고 그는 예상했던 것처럼 회복이 잘 되고 있었다. 그는 현관문에서 나를 반기며 악수하기 위해 손을 내뻗는 순간, 현관 계단 위의 우유병을 보았다. 그 순간 악수는 잊어버리고 우유병을 잡으려고 허리를 굽혔다. 그는 병을 거의 잡았지만 다시 허리를 펴 내쪽을 보면서 악수해야지 하는 표정을 짓더니, 다시 방침을 바꿔 현관 계단으로 허리를 굽혔다. 이어 허리를 폈다. 그는 아무런 결정을 내리지 못하고 허리를 굽히고 펴는 동작을 반복했다. 안절부절 못하면서 이랬다저랬다 했다. 손상된 전두엽의 절단된 회로에서 두 가지의 명령이 동시에 내려오고 있었는데 그 명령 중 어느 하나를 이행하려고 안간힘을 다하고 있었다. 그 환자는 운동수행부전 증후군이었다. 결국 내가 우유병을 집어서 그에게 건네주었다. 그렇지 않았으면 우린 하루 종일 현관에 서 있어야 했을 것이다. 아마도 배링턴 씨의 곤경은 정신적 운동수행부전 증후군에서 나오는 것인지도 모르겠다.

클라라는 머그 잔에 차를 담아서 돌아왔다. 나는 배링턴 씨의 비밀을 지켜주는 쪽으로 마음을 굳혔다. 그는 자신의 알몸을 보여주었다. 당분간 클라라에게 그 혼외정사 이야기는 비밀로 해야겠다. 내가 배링턴 씨를 맡는다면 전혀 이야기하지 않아도 될 것이다. 그렇게 되면 클라라는 알려고 하지도 않겠지.

어둠에서 빛이 나온다

몰리누는 프로 축구팀 울버햄튼 원더러스의 홈구장이다. 여기서 축구 경기를 한번 보려면 아주 먼 길을 와야 한다. 집에서 200마일 이상 떨어져 있다. 나는 아직까지도 창백한 벽돌과 겨자색 철재로 만들어진 새로운 스타디움에 익숙해지지 않는다. 축구장에 도착했을 때 다른 어떤 곳에 와 있다는 느낌을 받았다. 옛 몰리누는 울퉁불퉁하고 어두웠으며, 연철과 거친 콘크리트, 더러운 냄새가 나는 구장이었다. 이제는 화장실마저 말쑥하고 불이 잘 들어온다. 한 축구팬은 소변을 보면서 다른 손으로 파이를 들고 있다.

나는 두 아들과 함께 예전에는 노스 뱅크 스탠드였던 스탠 쿨리스 스탠드로 걸어 올라가면서 "어둠에서 빛이 나온다"는 클럽의 좌우명을 기억해냈다. 앤필드의 스피온 캅이나 빌라 파크의

홀트 엔드의 기준으로 보면 노스 뱅크(관중석의 일부)는 작았다. 운동장의 다른 부분에서 보면 노스 뱅크는 둥글게 구부러지고 두건을 쓴 듯 보였고 특히 비오는 날 밤 야간 조명에서는 음산해 보이기까지 했다. 관중들의 소음은 맹수의 포효와 비슷했다. 소음은 서까래까지 치고 올라갔고 악마처럼 지붕을 두들겼다. 그 당시 노스 뱅크는 하나의 목소리를 내는 발성기관이었고 관중들은 흉악한 목구멍에서 김을 푹푹 내뿜는 거대한 혀였다.

그런데 테라스가 사라져버렸다. 소용돌이치는 살덩어리들은 더 이상 없었다. 노래 부르고 환성을 지르는 것은 더욱 드문 일이 됐고 보통 용두사미로 끝났다. 이제 우리는 플라스틱 좌석에 앉아서 확성장치를 통해 나오는 감성적인 노래를 듣고 있다. 경비원들은 만화에 나오는 동물처럼 옷을 입고 터치라인 근처를 배회하는데, 관중들을 자극할까 두려워 상대 팀 영역으로 들어가지 않는다.(외쳐대는 군중들의 목소리에는 적대감이 넘쳐흐른다. 이 경기는 울브스 팀과 웨스트 브롬위치 알비온 팀 사이의 경기이다. 치열한 더비 싸움이니까 그런 반응은 당연하다) 이어 제프 벡의 노래인 "하이-호 실버 라이닝"이 확성장치를 통해 흘러나왔다. 관중들은 아연 활기를 띠기 시작했다. 그건 울브스 단가團歌였다. 나는 그 노래를 따라 부르고 있는 자신을 발견했다. "…… 그리고 하이-호 울버햄튼!" 내 두 아들은 아빠 촌스럽다는 표정을 지으며 거북한 듯이 쳐다보았다. 나는 다음 노래도 따라 불렀지만, 즐기는 마음은 아까보다 덜했다. 세 번째가 되자 입을 다물어 버렸다. 나는 주위를 돌아다보면서 갑자기 의심에 사로잡혔다. 여기가 과연 몰리누인가? 여기에 앉아 있는 사람이 과연 내가 맞는가?

일전에 나는 학생들에게 비디오를 보여줬다. 진찰 장면을 찍은 비디오였다. 한 젊은 남자가 노인 환자를 마주보며 앉아 있다. 젊은 남자는 병력을 받아 적으며 질문을 하고, 노인 환자의 경험과 회상을 조사하고 있다. 노인 환자는 정신을 집중하면서 신중하게 생각한 뒤 대답하지만 그의 반응은 좀 이상했다. 환자의 완벽한 겉모습에도 불구하고(그는 자주 미소 지었고 질문에 집중했고 그 경우에 걸맞은 양복을 입었다), 회상과 회상들 사이에 긴 공백이 있었다.

그는 뇌 질환을 앓고 있었고 어떤 일이든 이틀을 넘게 기억하는 것이 불가능했다. 나는 그 비디오를 12년도 전에 만들었다. 나이 든 남자와 젊은 나는 익숙한 절차를 수행하고 있었다. 그는 이미 세상을 떠났고 시간이 경과하여 젊은 나는 체내의 모든 분자가 대체되어 중년 남자가 되었다. 어떤 의미에서, 그 젊은 시절 내 몸에 있었던 것은 하나도 남아 있지 않다. 이와 마찬가지로, 축구장의 테라스에서 구경하던 소년에게 있던 것은 아무 것도 내게 남아 있지 않다.

그러면, 무엇이 살아남았는가? 해가 바뀌고, 한 주가 흘러가고, 하루가 흘러가고, 1분에서 2분으로 흘러가는 것이 계속되는데 무엇이 그 소년, 젊은 남자, 지금의 나를 같은 사람으로 만들어주는가? 일부 철학자들은 의식적 회상을 강조했다. 사람의 연속성은 곧 기억의 연속성이라는 것이다. 만약 내가 비디오 속의 젊은 임상의의 생각과 경험을 떠올릴 수 있고 더 뒤로 소급하여 테라스의 소년의 생각과 경험을 떠올릴 수 있다면, 이 셋은 모두 같은 사람이다. 그걸 기억하는 건 어렵지 않다. 그 노인 환자를 면담하는 영상에 대한 기억이 선명하게 남아 있고 카메라 밖에 있던 환자의 아내 모습도 생각난다.

예전 스타디움에 대한 내 인상도 역시 생생히 남아 있다. 난 평소처럼 경기 한 시간 전에 도착한 내 자신을 기억할 수 있고 테라스 중간쯤 자리를 잡은 것도 생각난다. 내가 아주 어렸을 때에는 골문 바로 뒤의 관중석에 자리를 잡기도 했다. 관중석 주변의 오렌지색 자갈과 선정적인 푸른 빛깔의 풀, 담배 연기와 옥소(쇠고기나 생선을 야채와 함께 말려서 네모난 주사위 모양으로 만든 간식—옮긴이) 냄새도 기억한다. 울퉁불퉁한 스탠드 윤곽의 이미지를 기억하고 있으며, 그게 너무나 선명해서 그림을 그려 보일 수도 있다. 그것처럼 선명하지는 않지만, 특정 게임과 골 터지는 순간도 묘사할 수 있다. 나는 이런 것들을 나라는 특정한 관점에서 바라보았다. 나는 그곳에 있었고 그것은 나였다.

하지만 자아 곧 기억의 연속성이라는 추리에는 한 가지 문제가 있다. 건망증이라는 문제가 시비를 거는 것이다. 만약 이런 것들을 기억할 수 없다면 어떻게 되는가? 기억의 중단은 지금의 나를 어린 시절의 나로부터 분리시키는가? 내가 젊은 임상의에 대한 기억을 유지하고 있고 이번에는 그 임상의가 소년을 기억할 수 있다고 가정해보자.(반면에 지금의 나는 소년을 기억할 수 없다고 해보자) 그렇다면 젊은 남자와 나 자신은 같은 사람이고 그 청년과 소년은 같은 사람이지만, 소년과 현재의 나는 같은 사람이 아니라는 결론에 이르게 된다.

그리고 내가 진찰했던 노인 환자가 있다. 그는 최근의 기억에 문제가 있을 뿐, 먼 기억은 손상되지 않았다. 십중팔구 그는 며칠 뒤면 나와 함께 찍은 비디오 따위는 잊어버리겠지만, 그의 어린 시절을 추억하는 데는 아무 문제가 없다. 그렇다면 늙은 환자는 어린 시절의 자신과는 연속성이 있지만, 한 주 전의 자신과는 연속성이 없는 것인가?

자아에 대한 또 다른 관점은 지속적 자아에 대한 생각을 아예 포기하는 것이다. 사람의 자아는 말하자면 축구 클럽 같은 것이다. 여론에 의해 존재하고, 해산과 재건이 가능한 그런 클럽. 울버햄튼 원더러스는 1980년대에 두 번 해체를 한 적이 있다. 현재 뛰고 있는 소속 선수들은 내가 축구 경기를 보러오기 시작했을 때는 이 세상에 태어나지도 않았다. 전용 스타디움은 허물어졌다가 재건되었다. 과거의 클럽은 지금 그 어떤 것도 흔적이 없지만 울버햄튼 원더러스는 여전히 존재하고 있고, 지금 구장에 나와 있는 우리 부자父子는 여전히 울브스 팬이다.

나의 열 살 때를 회상하자니 내 가슴 속이 짠해진다. 나는 두 아들을 껴안고 싶은 충동을 느꼈지만 참았다. 녀석들은 너무 컸고 그렇게 해준다고 해서 내게 고마워하지도 않을 테니까. 우린 경기에 몰두했다. 우리 팀은 1-0으로 패했다. 울버햄튼의 홈구장에서 빠져나가는 길은 황량하고 느렸지만, 집으로 돌아오는 고속도로에 들어설 무렵에 우리의 기분은 다시 좋아졌다. 우린 지난 시즌에도 같은 경기를 보러 여기까지 온 적이 있었다. 경기 비디오는 클럽 웹사이트에서 판매가 된다고 광고를 하고 있었다. 나는 그것을 사기로 결정했다. 우리는 비디오를 틀면서 골문 뒤 스탠 쿨리스 스탠드 중간쯤에 앉아 있었던 우리의 모습을 찾아볼 것이다. 나는 항상 울브스가 3, 알비온이 1인 세계에서 우리 부자가 나이 먹지 않고 그대로 있는 광경을 바라볼 것이다. 그것은 아주 비좁은 우주이지만 그래도 눈으로 확인 가능한 우주이다.

텔레포테이션과 복제인간

복제인간 둘이 되느냐, 아니면 내가 죽느냐

∾

그는 약간 야성적인 인상의 남자였다. 그의 흰 가운은 커피 방울로 더럽혀져 있었으나 물 흘리는 것을 개의치 않고 우유병에서 물을 쭉쭉 들이켜고 있었다.

"데릭이라고 불러주세요." 그가 말했다.

내가 그를 찾아온 것은 이번으로 열세 번째이다. 하지만 그는 날 기억하지 못했다.

데릭은 옛날부터 여기 있었다. 그는 지금 텔레포테이션(teleportation : 염력으로 물체나 사람을 먼 곳으로 순간이동시키는 행위를 가리키는 심령과학의 용어─옮긴이) 부스의 기술자로 일하고 있지만, 예전에는 신기술의 형이상학과 윤리학에 자문해주기 위해 초빙되어 온 철학자였다. 그는 자신의 관심을 사로잡던 모든 문제가 해결되자 철학을 그만뒀고, 이제는 생계를 벌어들이기 위해 텔레포테이션의 버튼을 누르는 일을 했다. 사실 텔레포테이션의 형이상학적 의미는 이미지를 전송하는 텔레비전보다 더 난해한 것이 아니다. 앞으로 사람들은 텔레포테이션에 익숙해질 것이다. 데릭의 부스에 발을 들여놓으면, 당신은 다른 어딘가로 나오게 된다. 그곳이 길 건너 인도일 수도 있고 아니면 태양계 내의 다른 행성일 수도 있다.

텔레포테이션은 광속 이동이다. 전통적인 우주선으로는 몇 주 걸리는 화성 여행도 이제 몇 분이면 갈 수가 있다. 부스에 들어서면 당신이 의식하기도 전에 문이 열리고, 그러면 당신은 이미 목적지에 도착한 것이다. 빛의 칼날처럼 빠르게 화성의 평원에 도착! 거의 순간적인 이동이다. 그런데 지금도 많은 사람들이 텔레포테이션의 기본 원칙을 오해하고 있다. 이건 항상 있어 왔던 방법이었다. 얼마나 많은 사람들이 텔레비전 방송의 물리적 구조를 이해하는가? 그것을 전혀 모르면서도 멀리서 전송되어 오는 텔레비전의 화면을 즐기고 있지 않은가. 그러니까 메시지가 중요한 것이지, 수단이 중요한 건 아니라는 얘기다. 텔레포테이션 또한 마찬가지이다. 순간이동을 했으면 된 것이지, 그 원리가 무엇인지 따위는 파고들 필요가 없다.

일부 사람들이 상상하는 것과는 다르게, 텔레포테이션은 사람의 신체를 구성하는 원자들을 해체하여 도착 지점에서 그것들을 재구성하는 행위를 포함하지 않는다. 갑이라는 지점에서 을이라는 지점으로 순간이동하는 것은 원자들의 흐름이 아니라 데이터의 흐름이다. 데릭은 녹색 버튼을 누를 것이고 스캐너들은 사람 신체의 모든 원자에 대하여 정확한 좌표를 집어낼 것이다.(대략 원자들은 100억의 세제곱만큼 있다. 원자의 세부사항은 정말 복잡하다) 신체 정보는 암호화되어 갑측에서 송신기를 통하여 전송하고 그러면 을측은 그 정보를 수신기로 접수하여 해독한 다음 현지의 재료들을 사용하여 그 인적 정보의 원래 소유자를 재구성한다. 원자는 어디서나 똑같이 원자이니까 재구성에 아무런 문제도 없다. 나의 원자와 당신의 원자는 서로 특별할 것이 없다. 원자들은 신분 표시를 가지고 다니지 않으니까.

또 다른 세부사항이 있다. 일단 원자 좌표가 파악되면 신체는 파괴된다. 파괴 과정은 즉각적이어서 아무런 고통도 뒤따르지 않는다. 일종의 증발인데 전문가들은 이 과정을 "해산"이라고 부른다. 이는 정확히 데이터 전송의 시점에서 일어난다. 반드시 시간을 지켜야 한다. 해산의 실시와 타이밍은 '개인 신원身元 소위원회'의 지시에 따라 결정된다.

왜 이렇게 하는가? 관련 원자 정보가 수송 중이어서 복제인간이 아직 구성되지 않은 상태인데도 원래의 신체를 파괴해야 하는 이유는? 신체 재조립 지시가 명확하게 도착하는 것을 보장하기 위해 몇 분 정도 기다리는 것이 더 낫지 않나? 물론 그렇게 생각할 수도 있겠지만, 소위원회는 이 문제를 신중하게 고려하여 그런 결론을 내렸다.

소위원회는 상당한 갑론을박 끝에 심지어 짧은 기간 동안이라도 "비동시성 평행 존재"는 불허한다고 결론지었다. 법률상 생물학적 인간은 디지털화 인간(복제인간)보다 우선한다. 생체의 파괴는 오로지 디지털 복제인간이 "최종판"임이 확인될 때에만 허용된다. 사람의 복제 형태가 화성(혹은 다른 곳 어디든지)에 도착할 때까지 사람이 생물학적 형태를 유지하게 된다면 복제 형태는 원형에 비교해볼 때 "실존적으로 불균형을 이루게 된다." 데이터의 흐름이 태양계의 허공을 가로지를 때, 원형의 정신적인 삶은 계속 진화할 것이기 때문이다. 따라서 생물학적 인간의 파괴 이전에 복제인간을 재구성한다면 그 복제인간은 엄밀하게 말해서 원판의 복제라고 할 수 없다. 아주 유사하겠지만 정확하게 원본과 일치하지는 않는 것이다.

긴 이야기를 짧게 줄이자면, 원본과 다른 자료가 전송된 상황에서 원형을 파괴하는 것은 살인이라는 포고가 나왔다. 원본과 완벽하게 일치하는 자료를 보냈기 때문에 원래의 신체를 해산해도 아무 문제가 없는 것이다. 복제인간은 정확히 원본 그대로인 상태로 도착해야 하며, 모든 근육과 막의 마지막 분자와 마지막 원자에 이르기까지, 또 신경망의 마지막 미묘한 차이에 이르기까지 완벽하게 일치해야 한다.

나는 이제 열세 번째 여행에 나선다. 칸막이가 된 부스(방)로 들어가는 것은 여전히 내게 흥분되고 간질간질한 느낌을 주었다. 나는 결국 파괴될 운명이다. 존재의 중지는 간단하다. 하지만 그것은 진짜이다. 나의 신체 정보가 전송되는 동안 나는 죽어서 아무것도 남지 않고 어디에도 없게 될 것이며 내 몸의 모든 원자는 혼돈으로 되돌아갈 것이다. 그 생각에 내 심장은 가쁘게 뛰놀았다. 데릭의 부스로 들어서는 것은 일종의 신념적 도약이었다. 텔레포테이션과 복제인간 기술이 완벽하여 내가 도착지에서 부활할 것이라고 확신했다.

얼마 전 데릭은 부스의 입구 위에 이런 간판을 걸어두었다. '그 좋은 밤 속으로 부드럽게 들어가지 마시오.' 딜런 토머스의 시였다. 나는 부스의 문지방을 넘어서면서 그 시구를 쳐다보았다. 그래, 이 격렬한 가슴 설렘과 부드러움은 서로 어울릴 수 없는 것이지.

데릭의 미소 짓는 얼굴이 화면에 나타났다. "준비 됐지?"

나는 준비가 되었고 심호흡을 했다. 잠의 가장자리에 빠져드는 것처럼 미약한 근육 충격을 느꼈고, 일시적 암흑이 닥쳐왔다. 그게 전부였다. 여행의 끝이었다. 하지만 이번에는 부스의 문이 열리자 내가 단 1밀리미터도 움직이지 않았다는 것을 깨달았다.

"무슨 문제라도, 데릭?" 내가 물었다.

그는 웃지 않았다. "제길, 제길, 제길." 그가 중얼거렸다.

일종의 오작동이었다. '최소한 난 아직까지 신체 온전하게 살아 있군.' 하고 나는 생각했다. '내 원자들은 해산되어 대기의 혼돈 속으로 돌아가지 않았어.' 정말 위기일발이었다.(예비 복사 과정도 마찬가지로 실패했다) 나는 내심 크게 동요되었다. 임시적인 망각은 몰라도 영구적인 망각에 대해서는 아직 마음의 준비가 되어 있지 않았다. 그들은 부스 근처의 의료 시설로 나를 데려갔고 그곳에서 나는 신체 스캐너를 통과했다. 스캐너 기계를 작동하는 사람은 무뚝뚝한 얼굴로 엄지손가락을 들어 보이더니 나를 심리 검사실로 보냈다. 심리 검사? 내가 의아한 표정을 짓자 그가 어깨를 으쓱하며 잘 모르겠다는 시늉을 했다. '통상적인 절차일 거야' 하고 나는 생각했다.

나는 여성 심리학자를 기다리며 앉아 있는 동안 정신 위생 포스터를 읽었다. 그녀는 아까 잠시 나타나 자신을 간단히 소개하고는 자리를 뜬 바 있었다. 그녀는 좀 어리둥절한 표정이었다. 어디선가 높은 언성들이 오가는 것이 들렸다. 목소리 중 하나는 데릭이었다. 나는 그들이 말하는 내용을 대부분 놓쳤지만, 여성 심리학자의 것으로 추정되는 목소리는 이런 저런 일은 소위원회의 소관이라고 말했다. 데릭은 뭔가 이해할 수 없는 말을 했고 세 번째로 나온 남성적인 목소리는 이에 대꾸했다. "전혀 불가능해!" 이어 드잡이하는 소리. 다음으로 문이 벌컥 열렸고 데릭이 나왔다.

"심상치 않은 일이 벌어졌어." 그가 말했다. "난 당신이 알 권리가 있다고 생각해." 하지만 데릭은 거기까지 말할 수 있을 뿐이었다. 갑자기 들이닥친 세 명의 보안 요원들이 그의 멱살을 잡으며 끌고 갔다.

나는 심리학자들을 믿지 않는다. 그들은 흐음, 음 하는 감탄사를 말하며 고개를 끄덕이고, 관심 있는 척하는 표정을 짓고, 무조건 긍정적인 반응을 보이며, 완전 프로답게 감정이입하는 모습을 보여준다. 그렇게 하면 정해진 검사 시간은 지나가버리고 그들은 다음 환자를 맞이한다. 매일 그런 종류의 일을 하려면 낯짝이 두껍고 양심에 털이 나야만 가능하다. 하지만 이 여성 심리학자는 어리둥절해 했고, 그런 모습은 즉시 나를 느긋하게 만들었다. 그녀는 어떻게 심리학자 노릇을 해야 하는지 잘 모르는 듯했고 그래서 내가 그녀를 돕는 꼴이 되었다.

"당신은 이런 말을 하려는 거지요." 내가 말했다. "난 스캔이 되고 데이터가 발송되었지만, 발송 시점에 맞추어 내 몸이 증발하지 않았다는 것이지요? 내가 지금 여기서 이렇게 당신에게 말하고 있으니까." 그녀가 고개를 끄덕였다. "그리고 다른 쪽에서는 내가 여기 이렇게 머무르고 있는 동안 내 복제 형태가 구성되어 현지 임무를 수행하고 있다는 거죠?"

"맞아요."

"이런." 내가 말했다. "이런, 제길. 뭐가 잘못된 거야?"

사실, 나는 그들이 상상하는 것만큼 많이 놀라지는 않았다. 인간은 진화하면서 모든 종류의 상황에 대응할 수 있는 뇌의 적응 능력을 개발했다. 인간의 두뇌는 인간이 물리적인 위협에 직면했을 때 싸우거나 도망치게 하고, 오염으로부터 벗어나게 하고, 사람들과 친분을 맺게 하고, 결혼하여 번식하고, 패배를 달관하게 하는 따위의 일을 시킨다. 하지만 자기복제는 평원을 내달리며 살아온 호모 사피엔스의 혁명적 적응 방식이 아니었다. 이런 상황에 대응하기 위해서는 시간이 좀 걸렸다.

곧 나는 화성의 복제인간을 일종의 라이벌로 여기기 시작했고 나 대신 그가 무슨 짓을 저지르는지 궁금했다. 인간관계에서 유사성은 그 반대 개념인 차이점들 때문에 의미를 부여받는다. 차이점이 있기 때문에 유사성도 그 영향력을 발휘하게 된다. 달리 말해 화성의 복제인간이 나와 어떻게 유사하고, 또 다른지 궁금했다.

나는 먼저 화성의 복제인간이 이런 상황을 어떻게 생각하는지 알고 싶었다. 그가 의견을 표시했습니까? 이 질문에 심리학자의 얼굴이 엄숙해졌다. 그녀는 이제 상대방에게 공감하는 임상의사의 태도를 보이는 게 아니라 당의 지시에 충실한 당원의 태도를 보였다. 그녀는 이것이 예외적인 일이라고 말했다. '개인 신원 소위원회'는 이 문제를 결정하기 위해 이 순간 긴급회의 중이라고 했다. 이번에 일어난 일은 '인간 증식 법령'에 위반되는 것으로 심각한 사안이었다. 그녀는 내게 기본적 사실만 말해줄 수 있으며 미래의 진행에 대해서는 유감이지만 함께 의논하지 못한다고 말했다. 나는 현 단계에서 내 아내, 혹은 내 가족들, 친구들, 동료들을 포함해 누구와도 연락하는 것이 허용되지 않았다. 소위원회는 하루나 이틀 내로 성명을 전달할 것으로 예상되었고 그때까지 그들의 손님으로 머물러 있어야 했다. 도대체 소위원회가 긴급회의를 열어 결정하려는 문제는 무엇일까? 그녀는 말할 수 있는 자유가 없었다.

그들은 나를 가운데 뜰이 바라보이는 작은 방으로 데려갔다. 잔디의 중앙에 너도밤나무 한 그루가 자리 잡고 있었고 나무의 자줏빛 도는 갈색 잎은 오후의 아른아른한 햇살을 받아 반짝거리고 있었다. 나는 침대에 누워 천장을 응시했다. 점점 어두워졌다. 나는 아내와 아이들을 보고 싶었지만 바깥세상과 연락은 금지되었다. 내가 무사하다는 소식을 전해 가족들을 안심시키고 싶었다. 정상적인 상황이라면 지금쯤 가족에게 전화를 걸어주었을 것이다. 가족들이 굉장히 걱정할 텐데. 저 자들은 우리 가족에게 뭐라고 말했을까? 그러자 이런 무서운 생각이 대장간의 망치처럼 내 머리를 세게 후려쳤다. '저 자들이 이미 전화 통지를 했을 거야.'

나는 이상하게도 곧 잠이 들었다. 마치 약을 먹은 것처럼 무겁고 꿈 없는 잠이었다. 어쩌면 내게 강제로 약을 먹였는지도 모른다. 나는 한밤중에 침대 맡에 서 있는 키 큰 형체를 발견하고 놀라 깨어났다. 그 형체는 미동도 하지 않았고, 얼굴은 어둠 속에 가려져 보이지 않았다. 나는 먼저 말을 걸고 싶었다. 하지만 내가 하려던 말들은 두뇌의 졸린 회로를 따라 미끄러지더니 가뭇없이 사라져버렸다.

"들어봐." 그 형체가 말했다. "들어보라고. 난 당신이 알 권리가 있다고 생각해."

데릭이었다. 그는 서론은 생략하고 곧장 본론으로 들어갔다. 나를 증발시켜 파괴하는 문제와 관련하여, 소위원회는 다음과 같은 점을 곤혹스럽게 생각했다. 유감스러운 사건 전개로 인해, 이제 나와 복제인간을 평행 상태로 계속 존재시킴으로써 인간 증식 법령을 위반할 것인지, 아니면 이 늦은 단계에서나마 둘 중 하나를 증발시킬 것인지. 둘을 모두 살려줄 것인지, 아니면 그 중 하나만 존재하게 할 것인지. 그건 참으로 결정하기 어려운 문제라고 데릭은 말했다. 법률상 잉여 인간을 만드는 일은 중죄였고 살인과 마찬가지였다. 데릭이 알고 있는 바로는, 내 복제 형태는 상황을 즉시 통지 받지 않았고 따라서 불길한 일이 없었던 것처럼 행동하고 있었다. 데릭은 심지어 내 복제 형태가 작금의 상황을 통지받았는지도 확실하지 않다고 말했다. 이 사실은 소위원회가 둘 중 하나를 없애기로 결정하는 데 중대한 요소가 될 수도 있었다.

만약 복제인간과 내 아내와의 관계가 텔레비전 상에서 간단히 의사소통하는 정도로 발전했다면, 나보다는 복제인간을 살려둘 가능성이 높았다. 나의 신체 해산은 내가 바라는 선택이나 희망사항은 아니었다. 나를 살려 달라는 제안은 어쩌면 승인되지 않을 것이다. 그들은 그렇게 할 수 없다. 하지만 그 제안이 이미 제출되었으므로 위원회 절차라는 오래된 시계태엽 장치 같은 논리를 통과해야 한다. 그 과정에서 나의 제안은 아마도 부결될 것이다.

"죽고 싶지 않아." 데릭에게 내가 말했다.

"그렇다고 세상이 끝난 건 아니지." 그가 대답했다. 나는 그게 좀 괴상한 대답이라는 느낌이 들었다.

데릭은 방의 저쪽 구석에 있는 안락의자에 앉았고 여전히 어둠 속에 가려져 있었다. "도대체 차이가 뭔가?" 그가 말했다. "계획대로 일이 진행됐다고 가정해봐. 당신은 부스로 들어갔고, 스캐너는 정상 작동해서 당신의 신체는 무無가 되어 버리고, 화성에서 당신처럼 걸으면서 당신처럼 말하는 복제인간이 생겨났어. 그게 과거에도 있었던 일이고 항상 있어 왔던 일이지. 이번만 제외하고. 이번에는 신체 해산이 좀 지연된 것뿐이야."

"데릭, 차이점은 이런 거야. 내가 아직까지 여기 이렇게 살아 있어. 숙고할 수 있는 시간을 가지고 있으며, 열두 번이나 전에 화성에 갔다 왔고 그 후 별 탈 없이 살아왔어. 나는 무로 돌아가기를 원치 않아."

하지만 데릭의 말은 일리가 있었다. 이전 매번 화성으로 내가 순간이동했을 때마다 그 경험은 똑같았다. 나는 지구의 송수신기에 돌아올 때까지 그날에 있었던 사건들을 완벽하게 기억한채, 부스에서 걸어 나왔다. 익숙한 약간의 충격과 잠깐의 암흑을 경험했고 이어 화성으로 가서 그곳의 풍경을 살펴보았다. 화성에서 다시 지구로. 거기에는 완벽한 연속성이 있었다. 열두 번째엔 열한 번째를 기억했고, 열한 번째엔 열 번째를 기억했고 그이전도 마찬가지였다. 매번 그날 있었던 일만 아니라 어제, 지난주, 지난 달, 내가 느낄 수 있고 자의식이 있던 인생의 모든 시간을 회상할 수 있었다.

화성에 갔다가 지구에 도착하면 난 항상 아내에게 전화를 했고, 그녀에게 잘 있다는 말을 하고 벌써 그립다고 말하며 아이들의 안부도 확인했다. 그리고 난 일을 하러 갔다. 내가 잠들면 나의 꿈들이 내 몸을 데리고 허공을 가로질러 디지털 방식으로 여행을 했다. 꿈들은 진부함과 신비함의 혼합이라는 익숙한 구조를 지녔다. 나는 집, 일, 평범한 것을 꿈꿨다. 사라지거나 죽은 사람들을 만났고 논리와 시간에 구애되지 않고 어린 시절의 거리를 내달리고 날개가 달려 있어서 바다와 이상한 도시들 위로 가볍게 날아갔다. 나는 비밀스러운 꿈을 꿨다. 이 때문에 텔레포테이션으로부터 깊은 인상을 받았다. 완벽한 복제인간으로 몸과 의식이 재구성될 뿐만 아니라 무의식 역시 재구성되는 것이다.

늘 예리하게 관찰하는 '나'로부터 숨겨져 있던 무의식마저도 재구성되다니!

이제 내 복제 형태는 그런 꿈들을 꾸고 잠에 들기 전 내 아내에게 전화를 걸어 보고 싶다고 말하며 아이들의 안부를 확인하고 일을 하러 갈 것이다. 그는 그런 일들을 했지만 '나'는 아니었다. 우린 같지 않았다. 나는 다른 의식의 흐름을 타고 있었다. 하지만 만약 복제 형태를 더 이상 내가 아니라고 한다면 어떻게 이전 열두 번의 경우를 '나'라고 할 수 있을까? 완벽한 연속성의 경험이란 도대체 무엇인가? 그 연속성은 지난 열두 번의 죽음을 위장하여 생명이 계속 지속된다고 생각하는 환상에 불과한가?

내가 열두 번째 화성 여행을 한 지 딱 3주가 되었다. 지각할 수 있고, 자의식 있는 존재인 나는 죽었다가 다시 살아난 지 한 달이 채 되지 않았다. 10억의 세제곱 원자들의 혼돈으로부터 절묘하게 구성되고 인공적으로 중년 남자의 기억 저장소를 그대로 부여받고 태어난 지 한 달도 되지 않은 것이다. 사정이 이렇다면 나의 존재 자체도 결국 허구가 아닌가.

"문제는 말이야." 데릭이 말했다. "우리 대부분이 우리 본성에 대해 잘못된 믿음을 가지고 있다는 거지. 사람들은 개인의 신원에 대하여 명확한 답변을 기대해. '네, 같은 사람이에요.' 혹은 '아니오, 다른 사람이죠.' 따위의 대답을 바란다고. 근데 그게 굉장히 잘못된 생각이야. 또 다른 오해는 개인 주체성이 정말 중요하다고 여기는 생각이야."

나는 분노가 천천히 가슴으로부터 차올라와 얼굴과 주먹까지 퍼지는 것을 느꼈다.

"당신에겐 재미있겠지, 데릭." 내가 말했다. "개인 주체성의 중요성을 부정하고, 나아가 이 지구상에 사는 다른 사람들의 개념적 혼돈을 오만하게 평가하는 게 말이야. 하지만 내 입장이 되어봐. 나는 죽을지도 모른다는 분명한 가능성이 있어. 지금 내 관심사는 주말까지 이곳에 내가 있을 수 있는지, 아니면 당신이 무신경하게 말했듯이 '무로 돌아가는 것'인데 이건 정말 심각한 문제라고. 만약 내가 증발되어 버린다면, 당신은 나라는 사람이 지상에 존재하는가 혹은 존재하지 않는가 라는 질문에 별 어려움 없이 대답할 거야."

"저런." 그가 말했다. "그건 요점과는 아무 상관도 없어."

나는 침대 모서리에 앉아 있다가 지금은 벌떡 일어섰고 그를 향해 움직이고 있었다. 내 양쪽 주먹은 꽉 쥔 상태였다.

"데릭," 내가 말했다. "당신은 그만 가보는 게 좋겠어." 그러자 그는 내 마음을 달래려는 듯 손바닥을 들어 보이며 내 고뇌를 충분히 이해한다는 표시를 했다. 그는 날 도우러 왔다고 말했다. 사실, 그도 초창기에 지금의 나와 비슷한 경험을 했고 그때 이후 일종의 통찰력을 얻었다는 것이다. 그는 철학을 공부하고 텔레포테이션의 명백한 사실을 매일 접하게 되자, 자아의 본 모습을 명확하게 알게 되었으며, 일단 그런 자아의 존재를 받아들이면 그것이 죽음의 독침을 내쏘게 된다고 말했다. 하지만 이 죽음의 공포는 여러 가지 오해가 겹쳐져서 생긴 것이니만큼 해체될 수 있었다. 지능적으로.

그는 자신이 죽는 광경을 한 번 지켜본 적이 있다고 내게 말했다. 그것은 첫 번째 행성 간 텔레포테이션 중에 일어났다. 그의 첫 번째이자 유일한 화성 방문이었다. 그는 부스로 들어갔고 통상적 절차를 따랐다. 그리하여 순간적으로 이동하여 화성 기지의 환영소로 걸어 나왔다. 마치 바로 앞문을 열고 나온 것처럼. 그 당시 화성 도착은 커다란 행사였다. 그들은 축하해주기 위해 샴페인과 훈제 연어를 준비해 놓고 있었다. 처음엔 환영 파티에 참석한 그 누구도 지구에서의 오작동 따위를 신경 쓰지 않았다. 데이터의 스캔과 전송은 훌륭하게 처리되었다. 물론 데릭은 화성에서 샴페인에 흠뻑 젖어 있었다. 하지만 지구에서의 해산 단계가 원활하게 수행되지 못했다.

데릭은 화성에 도착했지만 동시에 떠나지 못했다. 지구에 남아 있던 원형이 완전 해산되는 데 실패했던 것이다. 순간이동 과정 중에 지구에 묶인 또 다른 데릭이 치명적인 부상을 입었는데 그것이 좋은 일인지 아니면 나쁜 일인지 알 수 없었다. 지구에 남아 있던 원형의 해산 과정은 이어졌다 끊겼다 반복하더니 그만 중단되어 버렸다. 그의 몸 전체가 깜빡거리면서 소멸할 것 같다가 다시 형태를 회복했고, 그 결과 심혈관계에 중대한 손상을 입었다. 그는 일주일 내로 사망할 운명이었다.

데릭 2는 당황하면서 즉시 지구로 되돌아왔다.

"나는 그를 위로하려고 했어." 그가 말했다. "그의 아내를 사랑한다고 말했고 그의 아이들을 돌보겠다고 했어. 나는 그가 쓰던 책을 마무리짓겠다고 했지. 그리고 물론 내 관점에서는 아무것도 바뀌지 않은 거야. 그들은 내 아내이자 아이들이었고, 책도 내가 쓰던 책이었고 그것을 끝내려는 것도 내 의도였으니까. 그래서 내가 말했지. '절망하지 마. 아무것도 변하지 않을 거야.' 하지만 그는 울었어. 그는 내가 모든 일을 그와 똑같이 처리할 수 있다는 것을 의심하지 않았고 그의 가족들이 사별의 고통을 겪지 않는다는 게 일종의 위로가 된다고 했지만 며칠 내로 의식을 영원히 잃게 된다는 사실은 너무 끔찍하다고 했지. 그렇게 의식을 상실하게 되는 것이 너무 무섭다고도 했어.

"그는 가족들과 함께 만든 영화를 생각했어. 그의 딸(내 딸이기도 하지)이 딸기가 담긴 바구니를 들고 부엌에 서 있는 장면을 말하더군. 딸애는 그때 세 살이었지. 창문을 통해 햇빛이 딸애의 얼굴로 흘러들었어. 그러자 딸애는 바구니 안에서 가장 큰 딸기를 꺼내 입안으로 밀어 넣으려 했지. 딸기는 너무 커서 손바닥으로 억지로 밀어 넣어야만 했어. 딸애가 씹으려고 안간힘을 쓸 때 뺨은 부풀어 올랐어. 딸애는 눈을 꼭 감고 과일을 맛보는 일에 완전

열중했지. 연주에 몰두한 바이올린 연주자처럼 몸을 옆으로 조금 흔들기까지 했지. '저게 정말 중요한 거지.' 죽어가던 그가 말했어. '의식적 경험 말이야. 저걸 내가 잃게 된단 말이야. 저 아름다운 미소, 딸기의 맛, 즐거운 추억들.' 그건 맞는 말이었어."

데릭이 말했다. "그의 의식은 어둠과 침묵을 넘어서 망각으로 떨어져 버리는 거지. 그는 무가 될 운명이었어."

"나는 그가 숨을 거둘 때 함께 있었지. 주변에는 아무도 없었어. 우리는 이 일이 가족의 가장 큰 관심사가 될 것이라는 것에 동의했고, 그들은 결코 복제인간(데릭 2)에 관해서는 알면 안됐지. 가족들을 괴롭힐 필요가 없잖아? 삶이 예전처럼 흘러가게 하는 거야. 나는 죽기 직전에 그가 내린 결심에 감탄했지. 그가 자랑스럽더군. 그는 마지막으로 자신이 사랑했던 사람들을 만나보길 간절히 원했지만 고통과 혼란만 일으킬 거라고 생각하고 포기했어. 그래서 죽음의 현장에는 나와 그만이 있었지. 나는 그의 손을 잡아주었어. 그리고 삶은 예전처럼 흘러갔지. 난 집으로 향했고 내 아내와 아이들을 안아준 뒤 결국 그가 쓰던 책을 마무리지었어."

"그래도 개인의 주체성이 정말 중요하다는 사실을 부정할 수는 없어." 내가 말했다. "당신의 예전 자아는 쓸쓸한 죽음을 맞이했어. 그의 의식은 전등처럼 꺼졌지. 그는 모든 것을 잃어버렸어. 아름다운 추억, 가족에 대한 사랑, 그가 결코 가지지 못한 미래에 대한 희망과 계획. 요컨대 인생 그 자체 말이야. 그런 것들이 주체성을 만드는 거야. 아무것도 그보다 중요하지 않아. 그어떤 것도 주체성보다 중요할 수가 없어."

데릭은 머리를 숙였고 팔꿈치를 무릎에 대고 얼굴을 양손으로 감쌌다. "그건 그렇기도 하고 또 그렇지 않기도 하지." 그가 말했다.

우린 여러 시간 이야기를 나누었다. 새벽의 회색빛이 안뜰의 사물들에게 형체를 부여할 때까지. 여명의 빛은 안뜰의 물체들을 마치 상상 속의 물체처럼 만들었다. 너도밤나무는 아직 희붐한 모습을 내보일 뿐이었다. 이게 나의 마지막 날이 될 것인가?

말은 데릭이 혼자서 거의 다 했다. 그는 틀림없이 이런 것들에 대해 수천 번은 생각해왔겠지만, 아직까지 목소리에는 긴급한 기색이 남아 있었다. 뭔가 중요한 사실을 계시해주기라도 하는 것처럼. 나는 철학자가 아니어서 때때로 그의 말을 이해하기 힘들었지만 요점은 알아들을 수 있었다.

그는 사람이라는 존재를 바라보는 데에는 두 가지 방법이 있다고 설명했다. 더 정확히 말하면 사람이 무엇인지, 인간의 지속적 존재란 무엇인지에 대하여 두 가지 이론이 있다고 했다. 첫번째 이론은 자아 이론이었다. 이것은 직관적이고 상식적인 관점이었고 일부 위대한 철학자들에 의해 지지를 받기도 했는데 그 중 가장 유명한 사람은 르네 데카르트였다. 내가 봐도 그 이론은 그럴 듯했다. 나는 아침에 일어나 직장을 가고 일이 잘 풀릴 때 기쁘고 그렇지 않을 때에는 낙담한다. 세계에 대한 확실한 믿음이 있고 다양한 의견과 선호사항을 표시한다. 과거에는 베토벤을 좋아했지만 지금은 모차르트를 선호한다. 치즈케이크보다 초콜릿을 더 좋아한다. 시골 길을 걷는 것을 즐긴다. 타인에게 친절히 대해야 한다는 견해를 가지고 있다. 나쁜 짓을 했을 때 기분이 좋지 않다. 나는 행동하고, 느끼고, 생각하고, 믿고, 나이를 먹고 다른 방식으로 변화한다. '나'는 시간이 흘러가는 중에서도 항상 모든 일의 중심에 있다.

이 '나'는 무엇인가? 우리는 우리의 행동, 생각, 경험에 대해 통상적으로 소유권을 주장한다. '내'가 그랬고, 그게 '내' 생각이다. '나'는 배고프고, '나'는 '내' 딸에게 생일 선물을 사주려고 한다. '나'는 경험을 경험하는 사람이고, 생각을 생각하는 사람이며, 행동을 행동하는 사람이다. 매일 감각과 생각 패턴이 쇄도하지만, '나'는 그것에 일관성을 부여하고 '내' 기억과 미래에 대한 '내' 계획에 그것들을 연결시킨다.

이런 식으로 생각하는 것이 자연스럽다. 우리는 사유와 행동을 일으키는 창시자이며 그 사유와 행동은 바로 우리의 소유이다. 자아 이론에 따르면 사람의 본질을 구성하고 시간의 흐름에서 그 본질을 존속시키는 것은 이 '나'이다. 하지만 자아란 과연 무엇인가? 데카르트는 자아는 순전하게 정신적인 것, 즉 영혼

혹은 영적인 물질이라고 믿었다. 하지만 경험의 바퀴를 돌리는
데 있어 자아가 일종의 중추 역할을 한다는 것은 누구나 아는 사
항이고 그것을 반드시 영혼과 결부시킬 필요는 없다.

이런 비정신적인 점에서 자아는 단지 '체험의 주체'이며, 매
순간, 매 상황에서 누군가의 의식을 통합시킨다. 나는 하늘이 밝
아지는 것을 보고, 너도밤나무 잎사귀가 햇살에 아른아른해지는
것을 보며 새들이 지저귀는 것을 듣는다. 이런 장면에 통합성을
부여하는 것은 무엇인가? 무엇이 이런 공통점 없는 경험들을 하
나의 맥락 속으로 취합하는가? 바로 내가 한다. 그것들은 지금
이 순간 '여기 있는' 사람인 '나'에 의해 체험된 경험이었다. 그
중추적 바퀴는 내 인생에 통합성을 부여하며 많은 세월 동안 잘
굴러가고 있다.

데릭이 말을 할 때 이런 생각들이 마음속에 떠올랐다. '내'가
그에 대한 것을 생각하고 있었다. "나는 자아 이론을 부정할 수
없을 것 같아." 내가 그에게 말했다.

데릭이 말하기를 잠시 멈추자 한동안 새 우는 소리만 들렸다.
그런 뒤 그는 두 번째 이론인 꾸러미 이론으로 넘어갔다. 그는
많은 예술적 스타일처럼(고딕, 바로크, 로코코 등) 꾸러미 이론은 비
평가들이 붙인 이름이라고 했다. 하지만 이름 자체는 아무래도
상관 없었다. 이 이론은 어떤 내면의 본질, 자아나 '나'에 의해
행동과 경험이 소유된다는 자아 이론을 부정한다. 행동과 경험

의 결과만이 있고, 그런 것들을 주관하는 주체(자아)는 없다고 본다. 각 인생은 꾸러미에 지나지 않는다. 사납게 생긴 개를 인지하는 것과 두려움의 감정과 도망치고 싶은 기분이 연결된 관계, 혹은 경험의 에피소드와 기억의 에피소드 사이에 유지되는 다른 연결 관계 등 다양한 인과관계로 묶인 정신적 상태와 외부적 사건들의 꾸러미이다. 그게 전부다. 어떤 주어진 상황에서 의식의 통합성에 기여하는 자아 따위는 없으며, 인생 전반을 통하여 경험의 황금 실을 일관되게 끌어당기는 주체라는 개념도 환상에 불과하다.

"그래서," 데릭이 말했다. "이 견지에서는 자아는 공허한 거짓말이며 심지어 꾸러미 이론가들은 사람의 존재도 부정할 수 있다고 말해."

"하지만 황당하군."

"그래." 그가 말했다. "그렇게 말한 사람이 당신이 처음은 아냐. 18세기 철학자 토머스 레이드(그는 '상식 철학자'로 알려졌지)도 비슷한 반대 주장을 폈어. '나는 생각이 아니다.' 레이드가 말했지. '난 행동도 느낌도 아니다. 나는 행동하고 느낀다고 생각하는 어떤 존재이다.' 그래, 물론 우리 모두는 그런 식으로 생각하는 게 편하지. 우리 자신뿐만 아니라 남들에 대해서도 그런 자아가 있다고 보아왔지. 마치 인생의 진로를 정하고 제어장치를 조종하는 자아의 어떤 중심핵이 실제로 있는 것처럼. '날 사건의 결과로 부르지 마.' 사람들은 말하겠지. '난 사람, 사람, 사람이라고!'" 데릭은 강조하기 위해 의자의 팔걸이 부분을 주먹으로 가볍게 두들겼다.

"좋아." 그가 말했다. "꾸러미 이론가들은 이것(내가 사람으로 존재함)을 객관적 사실로 받아들이지. 하지만 그들은 오직 문법의 요소(주어의 개념)로서 그것을 받아들여. 자아와 체험의 주체는 우리가 언어를 사용하는 특정한 방식일 뿐이야. 만약 문장의 주어로 그치는 게 아니라, 정신적인 사건과 뇌 기능의 연결고리 뒤에 뭔가 있으며, 관찰하고 통제하며, 모든 것을 하나의 꾸러미로 묶고 매일매일 의식의 형태를 유지하는 뭔가 있다고 한다면 어떻게 될까? 그렇다면 꾸러미 이론가들은 크게 잘못 생각한 거라고 할 수 있겠지. 하지만 그런 통제하는 자아가 어디에 있어? 어디를 둘러봐도 없어."

"난 당신의 말을 잘 따라가지 못하겠는데." 내가 말했다. "나의 뇌 안에서 진행되는 많은 과정들을 내가 자각하지 못한다는 것은 인정해. 사유와 인지를 생성하고, 말하는 패턴을 형성하며, 결정과 행동에 영향을 주는, 아주 빠르고 혹은 의식적으로 집어내기 미묘한 모든 종류의 숨겨진 작용들이 있다는 걸 인정해. 그런데 일단 그런 것들을 주목하기 시작할 때, 내가 아니라면 누가, 혹은 무엇이 그 경험을 한다는 거지?"

내가 생각과 행동의 창시자라는 느낌은 "문법의 요소" 그 이상의 의미를 갖는다고 나는 생각했다. 그러자 데릭은 "그래, 꾸러미 이론을 받아들이는 것은 실제로 어렵지"라고 대답했다. 그는 뇌의 과학적 이해와 사람들의 상식 사이에는 커다란 괴리가 있다고 말했다. 하지만 두뇌 과학의 관점에서 볼 때 자아 이론은 공허한 이론이라고 잘라 말했다.

신경과학자들은 다양한 심적 상태와 두뇌 활동의 관련 패턴을 제외하고는, 자아 혹은 에고에 해당하는 것을 두뇌 속에서 발견할 수 없다고 보고 있다. 신경과학의 견지에선, 꾸러미 이론이 명백한 진실이다. 하지만 자아 이론은 좀처럼 사라지지 않는다. 우리는 그 이론을 버릴 수 없다. 우리가 오랜 세월 존재의 연속성을 유지하는 것은 자아 때문이라는 믿음이 너무나 강하다. 자아 이론은 거의 자명한 진리라고 생각하는 것이다.

"그게 내가 지적하려던 거지." 데릭이 말했다. "대부분의 사람들이 자아에 대하여 거짓된 믿음을 가지고 있어."

데릭은 꾸러미 이론이 완전 새로운 사상은 아니라고 말했다. 단지 이해하기가 좀 어려울 뿐이라는 것이다. 이 이론의 뿌리는 기원전 6세기 싯다르타 고타마, 즉 "깨달은 자"인 부처의 가르침에까지 소급된다. 불교 교리인 아나타바다는 제법무아諸法無我를 설파한다. 영혼 혹은 자아는 명목상의 존재(실제의 존재가 아닌 것)일 뿐이고, 자아는 색수상행식* 등 여러 요소들의 꾸러미에 지나지 않는다는 것이다. 자아는 잠깐 동안 지나가는 인상들의 묶음에 불과하다는 얘기이다.

데릭은 불교 경전의 일부분을 암송했다. "마라여, 지각 있는 존재가 정말 존재한다고 보는가? 너는 거짓된 개념에 오도되었구나. 이 요소들의 꾸러미에는 자아가 없다. 그 안에는 지각 있는 존재가 없다. 나무의 부분들로 만들어진 꾸러미에 마차라는 이름을 붙이는 것처럼, 우리도 그 요소들의 꾸러미에 자아라는 가공의 이름을 주는 것이다."

"자," 그가 계속 말을 이어나갔다. "텔레포테이션이 소개됐을 때 많은 사람들은 심각하게 걱정을 했지. 그들은 순간이동을 가장 빠른 운송 수단이 아니라 죽음에 이르는 확실한 수단으로 본 거야. 맞아. 그 절차를 제대로 따르면 복제 형태는 모든 면에서 완벽하게 나오지. 똑같은 몸에 뇌, 그리고 마지막 원자와 정보의 미세한 양까지도 기억하는 완벽한 정신 활동의 패턴을 가지고 말이야. '하지만,' 사람들이 걱정하면서 말했지. '속지 말라고. 복제인간이 모든 면에서 당신을 닮을 수 있지만 그것은 당신 본인이 될 수는 없어. 그건 다른 누군가가 되는 거야. 그건 절대 당신 본인이 될 수 없어. 왜냐하면 당신의 신체와 뇌가 이미 파괴

---

* 색수상행식은 5온이라고도 하는데, 색(色)은 스스로 변화하고 또 다른 것을 장애하는 물체, 수(受)는 고통과 즐거움을 느끼는 마음의 작용, 상(想)은 외계의 사물을 마음 속에 받아들이고, 그것을 상상하여 보는 마음의 작용, 행(行)은 인연으로 생겨나서 시간적으로 변천하는 것, 식(識)은 의식하고 분별하는 행위를 가리킨다―옮긴이.

되기 때문에.'"

"그 사람들 말이 맞아." 내가 말했다. "지금 내가 겪는 곤란한 처지가 그걸 증명해주고 있잖아."

"아마도." 데릭이 말했다. "어떤 면에서는 그렇겠지. 하지만 일상생활에 정말로 영향을 주는 정도는 아니야. 내가 믿는 꾸러미 이론이 진실이라면 그런 주장은 헛소리야. 텔레포테이션이 이젠 흔한 일이 되었어. 그것은 검증되고 신뢰할 만한 운송 방식이고 아무도 그에 대해 불평을 말하지 않아. 사람들은 부스 안으로 들어가고 신체와 정신에 손상을 입지 않고 다른 쪽에서 나오는 거야. 그러면 인생은 예전처럼 흘러가는 거야. 당신은 이미 열 두 번이나 순간이동을 해왔고 여하튼 문제가 되었던 적은 없었어. 지금의 경우를 빼고는 말이야. 그리고 난 지금도, 심지어 소위원회가 당신이 증발되어야 한다고 결정을 내리더라도 당신의 생각처럼 그리 큰 문제라고 보지 않아."

"이렇게 설명해 볼게. 비록 텔레포테이션이 신체의 파괴와 완전히 새로운 자료를 사용하여 신체를 재구성하는 것이긴 하지만, 순간이동 여행이 인생의 여정을 떠나는 것만큼 위협적이거나 문제적인 것은 아니야. 무엇이 유지가 되느냐는 관점에서 보면 텔레포테이션이나 인생의 여정이나 중요한 사안은 정확히 같은데 그게 바로 정신적 연속성이야. 밤에 잠들 때 우리의 뇌가 가지고 있는 실제적이고 잠재적인 정신 상태의 꾸러미가 그 다음날 아침에 일어날 때 여전히 같은 꾸러미라면, 우리는 여전히 같은 사람인 거야. 당신은 그 심리적 연결고리가 그대로 유지되기 때문에 오늘에서 내일로 나아갈 수 있는 거야.

"화요일에 당신은 기억과 계획, 재능과 성향의 특정한 세트를 갖고 있었어. 이 흐름은 당신이 월요일에 가지고 있던 세트에서 온 것이고, 그 후 수요일, 목요일, 금요일에 가지고 갈 세트와 인과적으로 연결되어 있어. 만약 토요일에 화성으로 텔레포테이션을 한다면 당신의 복제 형태(복제인간)가 일상적 인과관계의 꾸러미를 통해 똑같은 정신 상태의 패턴을 가지고 나타나는 거야. 정신적인 삶의 연속성에 중단은 없는 거지. 당신과 복제 형태는 가장 깊은 단계에서 심리적 연속성을 유지하는 거야. 당신의 일상생활에서 발휘되는 정신적 메커니즘은 전혀 다를 바 없고, 우려될 만한 다른 종류의 연속성은 나타나지 않아. 의식의 꾸러미를 뒤지면서 통제하고 명령하는 자아를 찾아보려는 것은 부질없는 짓이야. 그런 자아는 없어. 오로지 의식의 꾸러미만 있을 뿐이야."

나는 이해하기 시작했지만 그건 내 상황에 도움이 되지 않았다. 나는 아직도 때 아닌 죽음의 가능성과 직면해야만 했다. 꾸러미 이론은 데릭이 믿는 것처럼 사실일지도 몰랐다. 그러면 내 정신은 복제된 형태 속에서 계속 살아갈 것이었고, 그건 내게 약간의 위안을 주었다. 내 복제 형태는 내 기억과 성향의 바탕에 맞추어 앞으로 나아가면서 내 계획과 의무를 충족시킬 것이다. 정신적 생활의 본질이라는 측면에서 살펴볼 때, 나와 복제인간의 관계는 상당히 친밀할 것이다. 오늘의 내가 어제의 나였던 사람 및 내일의 나일지 모르는 사람과 맺는 그러한 관계가 될 것이다. 하지만 동시에 분기分岐가 일어났다는 것 또한 명백했다.

내 복제 형태의 정신이 데릭이 스캐닝 과정을 시작하기 위해 녹색 버튼을 눌렀을 때 내가 갖고 있던 정신과 완벽한 연속성을 가지고 움직인다 하더라도 우리의 정신은 다른 경험들을 받아들이면서 그때부터 시시각각 갈라질 것이었다. 우리는 심지어 텔레포테이션 오작동을 복제인간이 통보받았는지 여부도 알지 못했다. 만약 통보받지 못했다면 그는 나처럼 유쾌하게 평소와 같이 행동할 것이다. 이전의 자아가 기계의 오작동으로 비참하게 번민하고 있음을 모른 채.

'복제인간이 과연 신경이나 쓸까?' 난 궁금해졌다. 나는 내가 (즉 그 복제인간이) 동정심을 느낄 것이라고 생각하고 싶었다. 하지만 복제인간이 자신의 어떤 괴상한 다른 형태가 축제의 유령처럼 나타나 현재 상태를 왜곡시키려 한다면 어떤 반응을 보일지 어떻게 알겠는가? 복제인간이 무서운 방해물이 될 가능성노 있었다.

나는 데릭에게 복제인간과 나는 한때 똑같은 존재였지만 그후 점점 달라지고 있는 중이라고 말했다. 우린 서로 다른 관점을 개발하고 있다. 우리는 꾸러미 이론가들이 말하는 제한된 언어-의존적 의미 내에서도 서로 다른 사람이 되었다. 그리고 내 관점에서 보아도 나는 너무 빠른 죽음의 가능성이 싫다. 복제인간과 함께 해야 하는 미래 생활의 상당한 어려움은 차치하고서라도 말이다.(밤이 천천히 흘러가는 동안, 나는 아내 생각을 많이 했고, 복제된 남편에 대응할 아내의 전략이 무엇일지 궁금했다)

"이해할 수 있어." 데릭이 말했다. " 자네가 죽고 싶지 않다는 것 말이야. 심지어 꾸러미 이론가들도 죽기를 바라지 않아. 꾸러미 이론의 진실은 대부분의 사람들이 매달리는 자아의 환상을 풀어주지 못해. 사람들은 거짓 믿음에 매달리지." 하지만 그는 꾸러미 이론의 진실을 수용하는 것이 해방시키는 효과를 준다고 말했다. 무엇보다도 죽음을 달리 보게 되는 가능성을 열어준다고 했다. 그는 자신이 직접 이 경우를 겪었다고 했다. 그 이론이 해방감과 위로를 줬다고 했다. 꾸러미 이론의 진실을 완전히 신봉하기 전에는 자기가 자기 내부에 갇혀 있는 것처럼 느꼈다고 했다. 그의 인생은 유리 터널처럼 보였다. 그는 해마다 그 터널 속을 더 빨리 통과하고 있었고 그 끝에는 암흑만이 기다리는 것 같았다고 말했다.

"이제 내 관점은 변했어. 유리 터널의 벽은 녹아 버렸지. 나는 탁 트인 야외에서 살고 있어." 이런 생각을 갖게 되자 그는 사람들과 더 가까워졌다. 자신의 삶보다는 다른 사람들의 삶에 대해

더 신경을 쓰게 되었다. 자신의 어쩔 수 없는 죽음에 대해서도 신경을 덜 쓰게 되었다. 그가 죽은 후에도 그의 정신적 사건과 경험은 계속될 것이라고 생각하게 되었다. 그리고 이런 것들은 기존에 존재했던 경험의 꾸러미들을 형성했던 경험-기억 혹은 의도-행동의 연결 관계와 결부되지 않았다. 그 자신에 대한 기억들, 그의 사고방식으로부터 영향을 받는 생각들과 간접적으로 연결될 뿐이었다.

"우리는 모두 흔적을 남기고 있어." 그가 말했다. "죽음이라는 간단한 사실은 이런 거야. 죽음은 나의 현재 정신적 사건들과 미래에 일어날 정신적 사건들 사이의 직접적인 관계는 깨트리겠지만, 다른 특정한 관계는 깨트리지 않아. 자아가 현재의 그림에서 사라지는 것, 그게 죽음이고 그게 전부야."

나는 이것이 나를 고양시키기보단 우울하게 한다고 생각했다. 그의 죽음관이 빈약한 인생관을 내보이는 것 같다고 말했다. 죽을 때 비로소 자아를 잃는다고 생각하는 사고방식이 살아 있으면서 자아를 부정하는 사고방식보다 한결 나아 보였다. 생중사生中死라니, 그런 부정은 니힐리즘이나 마찬가지였다. 자아를 부정하는 꾸러미 이론이 논리적으로는 맞는다고 해도 나는 그것을 믿을 수 없었다. 이성적으로, 나는 그의 주장을 따를 수 있고 신경 과학적 사실을 인정할 수 있지만 심리적으로 꾸러미 이론에 찬성할 수 없었다. 그것은 상식적인 세계관에 위배되는 것이었다.

데릭은 이런 반응을 보였다. 진실을 제대로 파악하기는 정말 어려운 일이다. 그를 니힐리즘이라는 용어로 비난하려 든다면 자아의 부정이라는 측면에 관해서만 그 비난(니힐리즘)을 받아들이겠다. 니힐리즘이라는 용어는 '무'를 의미하는 라틴어 니힐(nihil: nothing)에서 왔다. "자아가 무(no thing)임을 말해주는 완벽한 용어이지." 그 외에는 자신의 사상이 니힐리즘과는 무관하다고 말했다. 그는 꾸러미 이론의 진실을 수용하면서 삶의 가치를 진정으로 깨닫게 되었고 인생의 의미가 더욱 풍성해졌다고 말했다.

나는 분명 다른 사람들과 마찬가지로 꾸러미 이론을 너무 우울하고 불쾌한 이론이라고 생각했다. 데릭은 18세기에 이와 비슷한 꾸러미 이론을 제기했던 철학자 데이비드 흄은 그것 때문에 우울증에 빠졌는데 치료 방법은 자주 외출하여 친구들과 식사를 하고 함께 백개먼 게임을 하는 것이었다. 20세기의 철학자 토머스 네이절 또한 꾸러미 이론의 진실이 무엇이든 간에 그 이론을 인간의 정신으로는 소화하기가 불가능하다는 결론을 내렸다.

"데릭." 내가 말했다. "아마 당신도 외출을 더 많이 해야 할 것 같아. 스스로를 재발견해봐." 그는 의자에서 일어나 빙긋 웃었고 내게 다가와 등을 툭 쳤다.

"아마도 그래야겠지." 그가 말했다. "그렇지 않을 수도 있고." 그는 내게 행운을 빌고 떠나갔다.

나는 졸았고 아름다운 도시 베네치아의 산마르코 광장에 서 있는 꿈을 꾸었다. 종이 울리고 있었고 비둘기가 선회하며 날아들었다. 사람들은 없었다. 그때 성당 방향의 광장에서 젊은 남녀가 나타났다. 그들은 내 쪽으로 걸어왔다. 나는 여자가 젊은 시절의 내 아내라는 것을 알았다. 아마도 우리가 베네치아를 처음 방문했을 때의 모습인 것 같았다. 남자는 얼굴 없는 달걀귀신이었다. 이목구비와 구멍이 있어야 할 자리에는 매끈한 피부만이 있었다. 그들은 내게 인사하지 않았다.

나는 잠에서 깨어났고 문 밑으로 밀려들어온 흰 봉투를 보았다. 봉투는 오전 열한시에 '개인 신원 소위원회'에 출석하라는 안내장이었다. 시간을 보니 열시였다. 나는 샤워를 하고 빵, 치즈, 커피로 아침을 먹으면서 내 운명을 맞을 준비를 했다.

갈매기들

෨

"여기 혹이 만져지는데, 한번 만져봐요." 아내가 말했다.

일요일 오후. 나는 프로 축구 중계를 보고 있었고 아내가 내 손을 잡아 왼쪽 유방에 갖다 대는 동안에도 여전히 텔레비전에서 시선을 떼지 않았다. 축구 경기는 67분째에 들어가고 있었다. 거기에 덩어리가 만져졌다.

"어떤 느낌이야?" 우리는 화장실로 들어갔다. 아내는 허리까지 옷을 벗었다. 나는 산부인과 의사나 된 것처럼 아내의 유방을 촉진觸診했다. "뭐라고 생각해요?" 아내가 물었다.

"덩어리가 있는데. 혹이라기보다 덩어리 같아."

동네 의사는 처음엔 아무것도 아니라고 하다가 의심을 품었고 이어 유방 전문의에게 가보라고 했다. 케이트는 눈물을 흘리며 동네 병원에서 돌아왔다. 우리는 기분 전환이 필요했다. 차로 30

분 걸리는 해변으로 나갔고, 가는 길에 샌드위치를 사가지고 갔다. 아주 청명한 날이었고 그런 만큼 해변에는 갈매기들이 많았다. 파도는 낮았고 바다는 암청색이었다. 살아 있는 게 얼마나 아름다우냐는 느낌이 들었다. 하지만 산책을 마치고 선술집에 들렀을 때 이번에는 내가 울었다. 두 번째 오백 씨씨(맥주)가 다소 위안을 주었다.

목요일은 유방 전문의를 찾아가는 날이었다. 우리는 유방 전문 병원의 청회색 대기실에 앉아 있었다. 구석에 소리를 죽여 놓은 텔레비전이 돌아가고 있었다. TV에 자주 나오는 유명 주방장이 생일 케이크 굽는 방법을 열심히 설명했으나 아무도 귀 기울이지 않았다.

우리 차례가 되었다. 진찰실에 들어가니 외과의사는 윗도리를 드러낸 아내의 유방을 관찰하고 촉진하더니 푸른색 펜으로 뭐라고 차트 지에다 썼다. 그는 별로 말이 없었다. 예쁘게 생긴 간호사가 말을 다 했다.

다시 우리 차례. 그래요, X-레이 상에 뭔가 수상한 것이 보이는데요, 외과의사가 말했다. 그는 조직검사를 했다. 은빛 권총을 유방에다 대고 일곱 번이나 쏘았는데 그때마다 의사는 병을 들어 그 안에 들어온 구더기 같은 자그마한 살점을 확인했다. 그는 아직 확신이 서질 않는 모양이었다. 우리는 며칠 내에 검사 결과를 듣게 되어 있었다.

"선생님, 확신은 서지 않지만 뭔가 조짐이 좋지 않은가 보죠?"
내가 물었다.

"그렇습니다."

"암이라고 생각합니까?"

"예."

전문 간호사가 우리에게 따라붙었다. 그녀는 나쁜 소식의 화신처럼 보였다. 외과의사는 가버리고 검사실에는 우리 셋만 남았다. 케이트의 눈물이 내 어깨 위에 뜨겁게 쏟아졌다. 간호사는 조용히 앉아 있었다. 나는 아내에게 등을 돌리고 있었는데 어쩐지 무례한 느낌이 들었다.

'유방절제술'이라는 말은 지저분하게 끈적거리는 단어이다. 나는 그 단어가 의사의 입에서 흘러나오는 게 너무 싫었다. 우리는 다시 진찰실로 돌아왔다. 그는 외과수술, 화학요법, 방사선요법으로 이어지는 과정을 말하면서 반드시 이 순서대로 되는 것은 아니라고 덧붙였다. 우리는 곧바로 집으로 가지 않고 강변에 들러서 숲속을 산책했다. 내가 마지막으로 운 게 언제였는지 기억이 나지 않았다.

일주일 뒤, 병원에서는 나쁜 소식을 전하는 통상적 절차를 취하고 있었다. 그들은 심각하면서도 쾌활한 표정을 지어 보였다. 암에 걸린 환자를 대할 때 취하는 표준 절차였다. 하지만 우리는 이미 알고 있었다. 그래서 사전 잡담 같은 것은 거의 없었다. 외과의사는 안경을 고쳐 쓰며 눈을 깜빡거렸다.

"침습성에 관상 구조를 가진 악성 종양입니다." 의사가 미안하다는 듯한 어조로 말했다. 더 이상 알고 싶은 것이 있습니까? 그는 우리가 묻지 않으면 대답하지 않을 기세였다.

"조직 구조는 어떻습니까? 세포들이 잘 분화되어 있나요, 아니면 미분화 상태로 나쁜 경우입니까?"

"나쁜 경우에요. 3기입니다." 의사가 말했다.

의사는 치료 시나리오를 다시 말해 주었다. 3개월에 걸쳐 화약 요법을 네 차례 받고, 유방 절제술을 실시한 다음 방사선 치료에 들어간다는 것이었다. 하지만 그 순서는 잠정적이었다. 화학치료가 종양의 크기를 줄여주지 않으면 수술을 앞당겨 할 수도 있다는 얘기였다. 뼈와 간의 스캐닝도 앞으로 계획되어 있었다. 하지만 우리는 혈액 검사와 X-레이 검사는 당장 할 수 있다. 나는 '우리'라는 말을 계속 사용했다.

정말 기이했다. 최악의 뉴스를 들었는데도 약간의 안도감을 느끼다니. 나는 외과의사가 아내의 유방을 일부 절단하는 광경을 상상했다 그 절단한 부분을 쓰레기통에 던졌다가 소각장에서 태워 없애버리겠지. 하지만 계속 치료를 받을 수 있다는 생각은 위안을 주었다. 무슨 일이 닥쳐오든 다 감당해 낼 것이었다. 병원의 주 통로—카페와 가게들이 들어서서 공항 출국장같이 생긴 통로—를 따라서 햇빛 환한 밖으로 나오니 마음이 느긋해

지기까지 했다. 의사 생활을 하면서 그 통로를 오래 들락거렸건
만 그날은 색다른 느낌이 들었다.

이번에 우리는 강변에 가지 않았고 숲속을 산책하지도 않았
다. 우리는 슈퍼마켓으로 직행했다. 반바지에 티셔츠를 입은 낯
익은 남자가 볼보 차의 트렁크에다 쇼핑한 물건을 집어 넣고 있
었다. 그는 유명한 텔레비전 앵커이다. 나는 그에게 다가가서 우
리의 뉴스를 말해주고 싶었다. 집에 돌아와 우리는 맥주를 마시
고 카레라이스를 먹고 축구 중계를 보았다.

우리는 또 다른 외과의사에게 의뢰되었다. 그는 유방 성형 전
문의이다. 케이트는 침상의 가장 자리에 앉아 있었다. 외과의사
는 조금 떨어져서 자신의 턱을 쓰다듬으며 조각가의 눈으로 아
내의 유방을 쳐다보았다. 그는 허리를 숙여 암세포가 있는 유방
부분을 한번 만져본 후 다시 뒤로 물러서서 관찰했다. 그는 조그
마한 자를 꺼내서 재기 시작했다. 그는 선 채로 성형수술을 어떻
게 할 것인가 생각했다. 그래요, 유방 절제술은 하지 않고 국소
를 넓게 절제해도 될 것 같습니다. 그때 나도 모르게 반대의견을
개진하는 자가 되어 버렸다. 최근에 나온 〈뉴 잉글랜드 의학지〉
를 보니 다른 조건들이 같다면 협소한 국소 절제도 넓은 절제만
큼이나 효율적이라고 하던데요. 하지만 그건 성형 전문의가 동
의해 주어야 하는 사항이었다.

5개월 뒤 케이트는 화학요법을 다 받고 병원 침상에 누워 있

다. 한 달에 수술을 두 번이나 받고 온몸이 땀에 젖어 있다. 첫 번째 수술은 암 덩어리를 제거하는 것이었다. 두 번째 수술은 유방의 원래 형태를 되살리는 것이었다. 하지만 조각가의 세공 처리는 아직 받지 않은 상태이다. 아내는 커다란 담요에 둘둘 말려 있고 입원실 공기는 아주 무덥다. 피의 관류貫流를 돕기 위해서 일부러 덥게 해 놓은 것이다. 머리카락이 조금 자란 빡빡 머리는 달라이 라마 비슷하다. 훨씬 더 아름답기는 하지만.

* * *

재작년 늦은 여름 저녁. 프랑스의 한 해변 호텔의 테라스. 바다는 수은처럼 부드럽고 하늘은 아직 푸른색을 완전히 잃지 않았다. 별들이 나올 듯했지만 시간은 천천히 흘러갔다. 심지어 갈매기들도 서늘한 공기 중에 매달려 미동도 하지 않는 듯했고 거의 소리를 지르지 않았다. 이곳의 갈매기들은 부드럽게 속삭였다. 케이트와 나는 시원한 맥주를 마시면서 하루의 더위를 식히고 있는 중이었다. 우리의 피부는 햇빛에 충분히 그을렸고 우리의 사지는 너무 오래 수영을 해서 묵직했다. 그래도 우리는 느긋이 앉아서 어둠이 다가오는 것을 지켜보았다. 테이블 위의 양초는 켜지 않았다.

나는 두 테이블 건너편에 앉아 있는 남녀를 의식했다. 여자가 남자에게 뭐라고 말했고 남자는 "Non, merci(아니, 고마워)" 하고 말했다. 그리고는 잠잠해졌다.

마흔 살 가량 되어 보이는 그 남자는 팔짱을 긴 채 상체를 수그리고 앉아 있었는데 구속복拘束服을 입은 것처럼 갑갑한 모습이었다. 그의 얼굴은 팽팽하게 긴장된 기색이 역력했다. 그는 정신을 집중하는 데 어려움을 겪는 듯했다. 때때로 그의 입술이 비죽 튀어나오고 오른쪽 어깨가 앞으로 열렸다. 나는 찬찬히 지켜보았다. 그의 오른손은 제멋대로 놀고 있었다. 왼팔의 겨드랑이와 이두박근으로 눌러놓았지만 그 손은 속절없이 자꾸 빠져 나갔다.

웨이터가 난데없이 나타나서 뭔가를 제안했으나 여자가 손짓으로 그를 물리쳤다. 케이트는 그 광경에 등을 돌리고 있었기 때문에 전혀 보지 못했다.

테라스의 그 남녀는 내가 읽고 있던 밀란 쿤데라의 장편소설 『불멸』의 한 장면을 연상시켰다. 주인공 아그네스가 남편 폴의 옆에 누워 있다. 두 사람은 잠을 이루지 못하고 아그네스는 외계에서 온 자상한 방문자에 대하여 공상한다. 그 방문자는 아그네스에게 내생來生에 그녀가 지구로 돌아오지 않을 것이라고 말한다.

"그럼 폴은요?" 그녀가 방문자에게 묻는다. 폴도 돌아오지 않을 거라는 대답이 들려온다. 그때 낯선 방문자가 묻는다. 당신 둘은 내생에서 함께 있기를 바라는가, 아니면 다시는 만나지 않기를 원하는가? 그녀는 폴이 듣고 있는데 내생에 그와 함께 있기를 원하지 않는다고 말할 수 없다. 어떻게 그런 말을 할 수 있겠는가? 그건 그들 사이에 사랑이 없었다는 뜻이고 그들의 생활이 억지 사랑의 환상 위에서 운영되어 왔다고 말하는 거나 마찬가지였다. 이런 이유 때문에 그녀는 늘 다르게 대답하려는 뜻을 접었다. 자신의 의사와는 다르게 내생에서도 폴과 함께 있고 싶다고 낯선 방문자에게 말한다.

나는 같은 질문을 아내에게 던졌다. "가령, 외계에서 온 어떤 방문자가 지금 이 순간 우리 테이블로 온다고 상상해봐. 그가 당신에게 내생을 약속하면서 선택을 하라고 하는 거야. 내생에서 나와 함께 만나는 것을 선택할 수도 있고, 아니면 금생이 끝나는 순간 나와 헤어져서 영원히 만나지 않을 수도 있어."

남자의 오른손이 또다시 미끄러졌다. 그 손은 왼쪽 겨드랑이에서 빠져나와 바다 쪽을 향해 손바닥을 쭉 내밀었다. 남자의 표정은 변하지 않았고 그는 앞을 내다보고 있었다. 이제 단단히 밀착된 그의 두 무릎이 왼쪽으로 기울어졌다. 상체가 오른쪽으로 비틀어지기 때문이었다. 여자는 맥없는 오른손을 잡아서 자신의 두 손바닥 위에 올려놓았다. 이어 그 손을 남자의 가슴 쪽으로 올렸고 왼손으로 남자의 왼쪽 겨드랑이를 붙잡으며 오른손을 다시 겨드랑이와 이두박근 사이에 집어넣었다. 남자는 앞만 쳐다볼 뿐 아무 말이 없었다. 여자는 남자의 양팔이 다시 팔짱끼도록 매듭을 묶는 시늉을 했다. 남자는 아무런 반응도 없었고 여자는 다시 자기 자리로 돌아갔다.

케이트는 여전히 내 질문을 생각하고 있었다. 너무 오래 생각해서 이제 아내의 대답을 믿을 수 있을까 의심이 들었다. 그때 아내가 말했다. "난 혼자 가겠어요. 당신도 그렇지 않아요?" 아내는 아무리 상대방을 사랑한다고 해도 한 번의 일생이면 충분하지 않겠느냐고 말했다.

두 쌍의 부부가 테라스로 들어와 우리 테이블과 프랑스인 부부 테이블 사이에 앉았다. 나는 그날 오후 멀리서 그들을 지켜보았다. 처음에는 프랑스인 부부라고 생각했으나 한 여자가 잠수용 고무 옷을 잘 입지 못해 쩔쩔매면서 자기비하적인 발언을 하는 것을 보고서 영국인이라고 짐작했다. 내 짐작이 옳았다. 그들은 술을 한 잔 주문했고 이어 두 잔 세 잔 계속 주문했다. 그들은 양초를 켰고 촛불이 그들의 붉어진 얼굴을 밝혔고 이어 촛농이 주변의 빈병들 위로 떨어졌다.

프랑스인 부부는 그늘에 가려져 잘 보이지 않았다. 하지만 그 전에 남자의 오른손이 두 번, 세 번 왼팔 겨드랑이에서 미끄러지는 것을 보았고 그때마다 여자가 그 손을 원 위치시켰다. 여자가 팔짱을 끼는 자세를 취해주는 동안 그는 몸을 비틀거렸고, 곧 팔짱을 끼는 듯한 엉거주춤한 자세로 돌입했다. 그 자세는 언제든지 허물어질 수 있었다.

'헌팅턴 씨 질병이야' 하고 나는 생각했다. '세인트 비터스의

무도병舞蹈病이라고도 하지. 불쌍한 남편, 불쌍한 아내.'

제멋대로 춤추는 동작은 그 질병의 증상 중 절반일 뿐이다. 곧 치매와 정신병이 뒤따른다. 그 병은 무자비하고 환자는 인형처럼 멋대로 춤추는 동작을 하다가 죽음을 맞이한다. 환자의 운명은 수태될 때 이미 결정되어 있는 것이다. 악성 유전자가 수십 년 동안 잠복해 있다가 어느 날 불쑥 나타난다. 환자의 두뇌는 핵심부터 붕괴된다. 대뇌피질 깊숙한 곳, 기저 신경절의 오지에서 고장이 발생하여 행동과 의도는 때때로 일치되지 않는다. 하지만 저 프랑스인 부부는 최선을 다 하리라. 그 공포를 부인하고 그런 인형극을 뒤에서 조종하는 자에게 도전하리라. 그래서 부부는 이 여름날 저녁 테라스에 나와 부부만의 오붓한 한때를 즐기고 있는 것이다.

나는 아내의 대답을 곰곰 생각했다. '난 혼자 가겠어요. 당신도 그렇지 않아요?' 나는 맥주를 한 모금 홀짝거렸다.

"그래?" 내가 물었다. 영국인 부부들 중 누가 빈 병을 테이블 밑으로 쓰러트렸다. 병은 땅에 떨어졌고 온 사방에 파편이 튀었다. 프랑스인 부부는 사라지고 없었다.

"그래," 내가 말했다. "단 한 번의 일생이지."

"그럼요. 그러니 우리의 일생을 최대한 즐기는 게 좋아요." 아내가 말했다.

더 읽을 만한 책들

᳁

다음에 제시되는 책들은 이 책의 특정 챕터들과 관련되는 것도 있고 전반적 주제를 조명해주는 것도 있다. 또 어떤 책들은 이 책을 읽고 신경과학, 신경심리학, 마음의 철학에 대하여 더 알고자 하는 독자들을 위한 입문서로 추천되기도 했다.

요사이 몇 년 동안 신경심리학, 신경과학, 기타 학문과 관련된 대중 과학서적들이 많이 출간되었다. 또 새로 출간된 훌륭한 교과서들도 있다. 두뇌 과학의 일반적 입문서로서는 Ian Glynn의 *An Anatomy of Thought: the Origin and Machinery of the Mind* (Weidenfeld & Nicholson, 1999)가 가장 훌륭하다고 생각한다. Susan Greenfield의 *The Human Brain: A Guided Tour*(Phoenix, 1998)는 간결하면서도 유익한 개관을 제시한다. Angus Gallatly와 Oscar Zarate의 *Mind and Brain for Beginners*(Icon Books, 1998)는 재미있고 정보가 많은 만화책이다. 이 책의 한 챕터인 "모든 것이 투명하게 보

이는 남자"에서 인용한 Bruno Aldaris의 *Neuroscience for the Brainless*(Figment Books, 1994)는 절판이 되어 구하기가 쉽지 않다.

V. S. Ramachandran과 Sandra Blakeslee의 *Phantoms in the Brain : Human Nature and the Architecture of the Mind*(Fourth Estate, 1998)도 읽어볼 만한 책이다. 라마찬드란은 아주 창의적인 신경학 학자인데 그의 책은 환지증과 신체 스키마의 신경학적 기반에 대하여 많은 유익한 정보를 제공하고 있다. 이 책의 "유령나무"에서 다루어진 인상주의적인 내용을 보완해 줄 수 있는 책이다.

Todd E. Feinberg의 *Altered Egos : How the Brain Creates the Self* (Oxford University Press, 2001)는 사례와 이론분석이 잘 혼합되어 훌륭한 책이다. 이야기 꾸며내기에 대한 챕터가 있는데, 이 책의 "뇌 속에는 영혼이 있는가"에서 다루어진 이야기 꾸며내기를 좀더 자세히 다루고 있다. 눈알과 피라미드의 효용성에 대하여 페인버그와 나는 공통된 관심을 갖고 있다는 점이 흥미로웠다. 물론 그와 나는 그것을 아주 다른 목적으로 사용했다.

기본 교과서로는 다음 책들을 권한다. 다른 훌륭한 책들도 많이 있겠지만 이것들이 내가 잘 알고 있고 또 내용이 충실한 책들이기 때문에 권한다.

Gazzaniga, M. S., Ivry, R. B. and Mangun, G. R., *Cognitive Neuroscience : The Biology of Mind, Second Edition*(Norton & Co, 2002).

Kolb, B. and Whishaw, I. Q., *An Introduction to Brain and*

Behavior(Worth Publishers, 2001).

Rosenzweig, M. R., Breedlove, S. m. and Leiman, A. L., *Biological Psychology : An Introduction to Behavioral, Cognitive, and Clinical Neuroscience*, Third Edition(Sinauer Associates, Inc., 2002).

신경심리학에는 다양한 종류가 있다는 것을 알아두어야 한다. 한 접근방법은 '기능적 해부'를 강조하면서 심리기능의 뉴런 기반을 연구하는 데 관심을 기울인다. 이 분야에 종사하는 과학자들은 지도 작성자 비슷하다. 그들의 임무는 심리적 지형을 탐구하고, 심리적 사건과 두뇌의 구조 및 과정의 상호 관계를 파악하는 것이다. 이 접근방법은 국소 두뇌 손상의 심리적 결과를 검사하고 또 두뇌 스캐닝 기계를 사용하여 정상적 두뇌의 활동 패턴을 탐구한다. 위에 인용된 텍스트들은 이런 접근 방법을 대표하는 책들이다.

다른 탐구 방법—인지 신경심리학—은 두뇌의 세부적 기능에 대해서는 별 관심이 없다. 이 학문은 두뇌 체계와 정신생활이 서로 연결되어 있음을 인정하면서도 두뇌보다는 마음의 구조에 더 집중한다.

인지 신경심리학자들은 정상적 인지 기능 이론을 검사하고 개선하는 수단으로서, 손상된 두뇌의 활동을 연구한다. 그들은 인지 이론—단기 기억이나 언어 생산의 모델 등—을 먼저 정립하고 가설을 구성하여 뇌손상이 기억과 언어에 어떤 영향을 주는지 살펴본다. 환자의 행동이 예측과 일치하면 그들의 이론(모델)은 지지를 받게 된다. 또 검사 결과가 원래 모델과 일치하지 않으면 그 모델을 수정하거나 폐기한다. 중요한 것은 이론적 타당성이지 신경 장애의 정확한 성질이 아니다.

인지 신경심리학의 입문서로는 아래의 책들이 탁월하다.

Human Cognitive Neuropsychology: A Textbook with Readings (Psychology Press, 1996) by Andy Ellis and Andy Young.

Alan Perkins, Explorations in *Cognitive Neuropsychology* (Blackwell, 1996).

Brenda Rapp(ed), *The Handbook of Cognitive Neuropsychology* (Psychology Press, 2000).

생물적·심리적 접근은 상호 보완적이다. 해부학과 생리학은 이들에게 2차적 관심사이지만, 인지 신경심리학의 연구 결과는 두뇌의 구조와 기능을 이해하는 데 직접적인 관련이 있다. 심리적 기능이 뉴런 체계에 어떻게 나타나는지 알기 위해서는 뉴런 기능을 완벽하게 이해해야 한다.

현대의 임상 신경심리학은 두 가지 전통(생물학과 심리학)에 의존하고 있는데, 이는 David Andrewes의 *Neuropsychology: From Theory to Practice*(Psychology Press, 2001)에 잘 드러나 있다. J. G. Beaumont, P.M. Kenealy and J.C.Rogers(ed)의 *The Blackwell Dictionary of Neuropsychology*(Blackwell, 1996)도 유익하다. 이 책은 임상, 실험 신경심리학의 중요한 측면들에 대하여 아주 풍부한 정보

를 제공한다. 기고자들도 명성 높은 학자들이다.

신경장애의 정신의학적 측면에 관심이 많은 분들을 위해서는 W. A. Lishman, *Organic Psychiatry*(Third Edition, Blackwell Science, 1997)을 권한다. 전문가 용이지만, 관심 있는 일반 독자들도 이해할 수 있을 만큼 쉽게 풀이되어 있다.

인지 신경정신의학이라는 새로운 학문은 인지 신경심리학의 원칙과 방법을 신경의학 연구 분야에 적용하고 있다. Peter Halligan과 John Marshall의 *Method in Madness : Case Studies in Cognitive Neuropsychiatry*(Psychology Press, 1996)는 흥미로운 입문서이다. Andy Young과 Kate Leafhead의 코타르 증후군에 대한 논문("Betwixt Life and Death : Case Studies of the Cotard Delusion")은 이 책의 한 챕터인 "자꾸만 내가 죽은 사람처럼 느껴져"를 집필하는 데 영감을 주었다.

의식, 자아, 개인의 주체성이 내 책에 일관되는 주제이다. 내가 철학자들의 영역으로 뛰어든 것을 철학자들이 너무 순진하다거나 피상적이라고 생각하지 말기를 바란다. 나는 다음과 같은 책들로부터 영감을 얻었다. David Chambers, *The Conscious Mind : In Search of a Fundamental Theory* (Oxford University Press, 1996); Francis Crick, *The Astonishing Hypothesis*(Simon and Schuster, 1994); Daniel Dennet, *Consciousness Explained*(Penguin Books, 1993); Owen Flanagan, *The Problem of the Soul ; Two Visions of the Mind and How to Reconcile Them*(Basic Books, 2002); Gerald Edelman and Giulio Tonini, *Consciousness : How Matter Becomes*

Imagination(Penguin, 2001); Nicholas Humphrey, *A History of the Mind*(Chatto and Windus, 1992); Colin McGinn, *The Mysterious Flame: Conscious Mind in a Material World*(Basic Books, 1999); Thomas Nagel, *The View from Nowhere*(Oxford University Press, 1986); John Searle, *The Mystery of Consciousness*(Granta Books, 1997); Max Velmans, *Understanding Consciousness*(Routledge, 2000).

이상의 책에서 제시된 사상들(유물론, 이원론, 신경 진화론, 신비주의 등)을 요약하려면 아주 긴 챕터가 필요할 것이다. 나는 이 주제를 요약해 보겠다는 생각을 접었다. 우선 내가 그런 일에 적임자라는 생각이 들지 않았기 때문이다. 존 설의 책은 핵심 사항을 잘 요약하면서 자신의 생각을 추가하고 있다. 존 설과 대니얼 데닛의 언쟁도 구경할 만하다. 두 사람은 서로를 "지적 병리학의 사례"라고 비난하고 있다. 두 사람의 언쟁을 보고 있노라면 싸움이 벌어졌을 때 싸워라! 싸워라! 싸워라! 하고 소리치던 학창시절이 생각난다.

나는 존 설의 "생물적 자연론"을 이해하기 어려웠다. 하지만 의식의 문제와 관련해서 나의 일반적 좌표를 설정하는 것은 더욱 어려웠다. "이리로 오세요. 인어가 미소 지으며 내게 말했다"는 신비주의적 느낌이 강한 글이다. Owen Flanagan이 Colin McGinn을 추모하면서 Mysterian이라는 신조어를 만들었다. 그러니까 마음–신체의 문제는 해결 불가능이고 인간의 허약한 지능으로 그 문제를 해결하겠다는 건 언어도단이라는 얘기이다. 나는 콜린 맥진의 파괴적 입장에 매혹되는가 하면 동시에 대니얼 데닛의 설득력 있는 주장에도 마음이 끌린다.(데닛의 주장은 내 책의 전편에 스며들어 있다) 이게 나의 문제이다.

의식의 신경심리학적 분석과 관련해서는 Larry Weiskrantz의 *Consciousness Lost and Found: A Neuropsychological Exploration* (Oxford University Press, 1997)을 추천한다. 신경학자 Antonio Damasio의 저서는 의식, 자아, 관련 문제들에 대한 나의 생각에 많은 영향을 미쳤다. 특히 그의 다음 두 저서를 참조하기 바란다. *Descartes' Error: Emotion, Reason and the Human Brain*(Picador, 1995)와 *The Feeling of What Happens: Body, Emotion and the Making of Consciousness*(Heinemann, 1999). Joseph Ledoux, *Synaptic Self: How Our Brains Become Who We Are*(Macmillan, 2002) 도 자아의 신경생물학적 기반에 대한 이해를 높여준다. 만화를 좋아하는 사람들에게는 David Papineau and Howard Selina, *Introducing Consciousness*(Icon Books, 2000)을 권한다.

최근에 나온 논문집 *Consciousness and the Novel*(Secker and Warburg, 2002)에서 소설가이자 비평가인 David Lodge는 문학 속에 나타난 의식에 대하여 귀중한 통찰을 제공한다. 문학 작품은 과학과는 다르게 "개인적 체험의 구체성"을 묘사한다. 반면에 객관적이고 3인칭 관점을 가진 과학은 보편적으로 적용될 수 있는 일반적 설명을 제공한다. 주관적이고 독특한 체험은 과학의 기피 사항이다. 데이비드 로지는 이렇게 말했다. "서정시는 의식의 원초적 느낌을 전달하는 가장 성공적인 시도이다." "장편소설은 공간과 시간 속에서 움직이는 개인의 체험을 가장 잘 묘사한 것이다."

"텔레포테이션과 복제인간"은 철학자 Derek Parfit의 사상에 힘입은 바 많으며, 중심인물의 이름 데릭도 이 철학자 이름에서 따왔다. 내 글 속의 데릭이 한 말은 철학자 파핏의 사상을 그대로 옮겨놓은 것이지만, 두 데릭의 견해가 미묘하게 달라지는 부분도 있다. 개인 주체성에 관한 데릭 파핏의 사상을 알아보는 가장 좋은 방법은 그의 대작 *Reasons and Persons*(Oxford University Press, 1984)을 읽는 것이다. 하지만 앉은 자리에서 이 책을 다 읽을 것으로 기대하지는 말라. 파핏 사상의 개요는 다음 책에서 얻어 볼 수 있다. Jonathan Glover, *I: The Philosophy and Psychology of Personal Identity*(Penguin Books, 1991).

나는 개인 주체성에 관한 파핏의 강연을 들었다. *Reasons and Persons*가 출간될 무렵이었는데 장소는 옥스퍼드 대학 생리학과 사무실이었고 마음의 과학과 철학에 대한 일련의 세미나가 열리던 때였다. 당시 나는 그가 재미는 있지만 사소한 얘기를 하고 있거나, 아니면 아주 심오하면서도 황당한 이야기를 한다고 생각했다. 시간이 흘러갈수록 후자가 맞는다고 생각하게 되었다. 내 글 속의 데릭처럼 그의 인상은 약간 야성적인 데가 있었고, 강연 내내 우유통에서 물을 마셔댔다.

"유령나무 · 1"에서 참고한 과학 논문은 Andy Young과 기타 인사들이 공저하여 *Neuropsychologia*라는 저널에 발표된 것이었다.(P. Broks, A. W. Young, et al., "Face Processing impairments after encephalitis: amygdala damage and the recognition of fear", *Neuropsychologia* 36, pp. 59-70, 1998). "유령나무 · 2"에서는 사회

적 두뇌의 개념을 언급했다. 이것은 두뇌가 사회적 지각과 이해에 부응하는 시스템을 발전시켰다는 사상이다. 이 사상에 대한 중요 입문서로는 Leslie Brothers의 *Friday's Fingerprint: How Society Shapes the Human Brain*(Oxford University Press, 1997)가 있다. Simon Baron-Cohen은 *Mind-blindness*(MIT Press, 1995)에서 사회적 두뇌가 자폐증을 이해하는 데 도움이 된다는 주장을 폈다.

"태양의 칼"은 Italo Calvino의 *Mr Palomer*(Vintage, 1999), translated from the Italian by William Feaver를 참조했다. "내뱉은 침과 보드카"는 Paul Ekman의 *Telling Lies: Clues to Deceit in the Marketplace, Politics and Marriage*(Norton, 2001)을 참조했다. "로버트 루이스 스티븐슨의 꿈"은 *The Strange Case of Dr Jekyll and Mr Hyde*과 *Weir of Hermiston*(Oxford World's Classics, 1998)의 부록으로 붙어 있는 "A Chapter on Dream"에서 영감을 얻었다. Emma Letley의 해설은 아주 유익했고 펭귄 북스 클래식 판인 *Jekyll and Hyde*(Penguin, 2002)의 Robert Mighall의 해설도 큰 도움을 주었다. "모든 것이 투명하게 보이는 남자"는 카프카의 알레고리 소설 「변신」에서 영감을 받았으며 이 소설은 *The Complete Short Stories of Franz Kafka*(Vintage Classics, 1999)에 들어 있다. "수술실에서"는 Dennis Abse의 시 "In the Theatre(A True Incident)"에서 영감을 얻었으며, 이 시는 *Collected Poems, 1948–76*(Hutchinson, 1977)에 들어 있다. "아인슈타인 뇌 이야기"를 쓰던 중에 Michael Paterniti의 *Driving Mr Albert: A Trip Across America with Einstein's Brain*(Abacus, 2002)를 발견하게 되었다. 이 책은 아인슈타인의 두뇌를

뷰익 차 트렁크에 집어넣고 미국 전역을 돌아다닌 흥미진진한 모험 담이다. "갈매기들"에서는 Milan Kundera의 *Immortality*(Faber and Faber, 1991), translated from the Czech by Peter Kussi를 참조했다. "뇌 속에는 영혼이 있는가"에서는 토마스 울프의 에세이 "미안해요, 하지만 당신의 영혼은 금방 죽었어요"를 인용했는데 이 글은 *Hooking Up*(Jonathan Cape, 2000)에 들어 있다.

알렉산드르 R. 루리야의 *The Working Brain*(Penguin, 1973)은 절판이 되어 구입하기 어렵고 게다가 읽기도 어렵다. 학부 시절 이 책을 처음 읽고 어렵다는 생각을 했다. 따라서 이 책을 입문서로 추천할 생각은 없다. 하지만 나의 임상실습에 상당한 영향을 미쳤으므로 이 책을 거론하고 싶다. 내 책에서 여러 번 언급한 루리야는 신경심리학의 거인이었고 그가 죽기 4년 전에 발간된 *The Working Brain*은 그의 평생의 연구를 요약한 것으로서, 두뇌 기능의 조직에 대하여 일반적 이론을 제시한다. 이것은 루리야와 그 동료들이 40년간을 연구한 결정이다. 지각, 언어, 기억, 생각, 행동에 대한 두뇌 기반에 대하여 기존에 나와 있는 고전적 주장들을 광범위하게 망라하고 있다. 신경심리학에 대하여 깊은 관심을 갖고 있는 사람은 루리야의 책을 꼭 읽어야 한다. 두뇌 과학에 대하여 폭넓은 비전을 가졌을 뿐만 아니라, 두뇌 기능의 연구에 다양한 학문들을 동원해야 한다고 주장했다. 두뇌를 깊이 이해하려면 다른 두뇌들과의 관계도 살펴야 한다고 보았다. 신경심리학은 생물학과 심리학의 차원뿐만 아니라 사회학의 차원도 갖고 있다는 얘기다. 그는 이렇게 썼다. "과학의 눈은 단 하나의 사물을 탐구하지 않는다. 다른 사물 혹은 사건과 절연된 사물만 살펴보아서는 안 된다. 과학의 진정한 목적은 한 사물이 다른 사물 혹은 사건들과 어떻게 관련을 맺는지 살피고 이해하는 것이다."

루리야는 뇌손상으로 인해 세상을 살아나가기가 어렵게 된 개인들—환자들—에 대해서도 깊은 이해심을 갖고 있었다. 신경심리학에 관한 한, 그는 "낭만적 과학"의 지지자였다. 개인 환자에 대한 면밀한 관찰에 더하여 보다 체계적이고 고전적인 신경장애에 대한 이해를 강조했다. 이것이 모든 임상의사의 목표가 되어야 한다고 역설했다. 보편 속에서 개체를 잃지 말아야 하고, 개체 때문에 보편을 놓치지 말아야 한다는 것이다.

루리야의 과학 전기 *The Making of Mind: A Personal Account of Soviet Psychology*(Harvard Unversity Press, 1986)는 개인, 정치, 과학이 흥미롭게 뒤섞인 재미있는 책이다. 하지만 그는 방대한 사례 연구의 대가로 높이 평가된다. 그런 종류의 책으로는 *The Man with a Shattered World*(Penguin, 1975)와 *The Mind of a Mnemonist* (Harvard Unversity Press, 1986) 이 있다.

이 장르의 또 다른 대가는 올리버 색스이다. 내 책을 쓰는 동안 일부러 색스의 책을 멀리했다. 그의 영향력은 아주 강력했다. 특히 *The Man Who Mistook his Wife for a Hat*(Picador, 1986)과 *An Anthropologist on Mars*(Picador, 1995)를 추천한다. 온정과 통찰이 빛나는 이들 사례집은 알렉산드르 R. 루리야의 정신을 그대로 구현하고 있다. 색스는 루리야로부터 강한 영향을 받았다고 고백했다. 색스는 루리야와 마찬가지로 "고전적"이면서 "낭만적"인 이해 방식을 동시에 구사해야 한다고 믿었다.

1980년대 중반에, 나는 어떤 이유로 인해 임상심리학에 환멸을 느끼게 되었다. 나는 교수직을 대타로 생각하고 있었지만 교수 임용의 보장도 없이 단기간의 대학원 연구를 계속해야 하는 불확실한 전망이 별로 달갑지 않았다. 그렇게 보따리 장수를 하다보면 신경심리학을 더욱 확실하게 포기할지도 몰랐다. 그러던 중 제약 회사인 머크 샤프 돔(MSD)로부터 전화를 받았다. 〈포춘〉지에 의하면 미국의 가장 존경받는 회사라고 하는데, 나는 이 회사의 기념 머그잔을 아직도 가지고 있다. 전화를 해온 사람은 수전 이버슨이었고, 그녀는 당시 MSD의 행동약리학 소장을 맡고 있었다. 그 회사에서 임상 연구소를 설립할 예정인데 혹시 흥미 있느냐고 그녀가 물었다. 나는 심리약리학에 대해서는 아는 바가 없다고 대답했다. "걱정하지 말아요. 당신은 곧 다 파악하게 될 거예요." 그녀가 말했다. 그건 아주 좋은 조언이었다. 나는 신경심리학에 대해서 더 많이 알고 싶지만 너무 어려운 학문이 아닐까 걱정하는 사람들에게 같은 조언을 해주고 싶다. "걱정하지 말아요. 당신은 곧 다 파악하게 될 거예요."

감사의 말

൬

이 책의 핵심 지위를 차지하는 내 환자들에게 고마움을 표시하고 싶다. 나는 교과서보다는 그들로부터 신경심리학의 인간적 차원을 더 많이 알게 되었다. 내가 이 책으로 그들에게 뭔가 보답이 되었으면 하는 심정이다.

이 책은 나의 편집인이며 발행인인 토비 먼디의 열렬한 성원이 없었더라면 집필되지 못했을 것이다. 이 프로젝트는 처음부터 토비의 아이디어였고 그는 변함없는 성원으로 책이 출간될 때까지 뒤를 보살펴주었다. 무엇보다도 그의 인내심에 감사드린다. 아틀란틱 북스의 편집자인 보니 치앙과 그 전에 같은 출판사에서 근무했던 앨리스 헌트에게도 감사한다. 이 책의 최종 원고를 모두 읽고 유익한 비평을 해주어 일부 개선하게 해준 이안 핀다에게도 고마운 마음을 표시한다. 〈프로스펙트〉지의 내 친구들도 잊을 수가 없다. 특히 데이비드 고드하트와 알렉스 링크레이터는 이 멋진 잡지에 매달 칼럼을 쓰는 기회를 내게 주었다.

나는 지난 수년 동안 나를 열렬히 성원해온 내 가족에게 감사한다. 특히 나의 아내 손자와 두 아들 대니얼과 조나단에게 이 책을 바친다. 이들은 전보다 더 소중한 존재가 되었다.

추천사
자아를 다시 생각하게 만드는 신선한 충격

김종길*

⌘

 인간의 뇌에 번지수를 매기고 각 번지수에서 어떤 기능을 하
는지에 대한 심층적 연구가 EEG, PET, fMRI, MEG 등 전문적
인 진단 기구에 의하여 진행되고 있다. 감각피질 등에서 총합된
정보는 전두엽으로 전해지고 그곳에서 판단을 하여 운동피질에
명령을 하달하고 몸은 반응한다. 1935년 포르투갈의 신경외과
의사인 에가스 모니스Egas Moniz는 전두엽 절제 수술을 시행하
여 노벨의학상(1949)을 수상한다. 정신분열증이라는 불치의 광
폭한 질환을 너무나 극적으로 조용하게 전환시키는 업적이야말

*가톨릭의대 졸업. 의학박사. 부산 메리놀병원 정신과과장, 한림의대 교수.
현 김종길신경정신과의원 원장. 가톨릭 · 고신 · 동아 · 인제의대 외래교수,
대한신경정신의학회 회장(2010)

로 당시로는 그럴만한 가치가 있었을지 모른다. 그러나 조물주가 전두엽이라는 장치를 일없이 만들었을까. 결코 아니었다. 수술을 받은 사람은 인간이되 인간이 아닌 존재로 변했다. 전두엽이 손상되면 관리하기 좋은 대상은 되어도 정서의 둔마鈍痲로 사랑할 수 없는 존재가 된다. 의학이 발전되면서 전두엽이 정서와 판단력을 관장하는 매우 중요한 기관이라는 사실이 밝혀졌고 수술의 희생자는 비극적 역사로 남겨졌다. 이제는 아무도 그런 수술을 하지 않을 것이라고 생각한다면 오산이다. 치료에 불응하는 강박증 환자에게 아직도 유사한 수술을 하고 있는 장면을 독일의 정신과에서 나는 목격하였다. 그래도 의학은 쉬지 않고 발전하는 생명체 같아서 고뇌하며 변모하고 있다.

　뇌의 기능에 손상이 왔을 때 현실적으로 얼마나 심한 손실인지를 평가하는 전산화된 기능검사가 임상에서 시행되고 있다. 이런 과정에서 이 평가와 진단을 전담하는 학문이 바로 신경심리학이다. 국내에서는 이런 임상적 평가를 정신과 의사와 임상심리사가 합동으로 평가하고 있으나 장차 미국처럼 보다 세분화된 전문가의 양성과 제도적 발전이 필요할 것으로 전망된다. 그런 의미에서 앞으로 뇌손상 환자의 평가와 연구는 정신과의사, 신경외과의사, 신경내과의사, 임상 신경심리가 모두가 참여하는 임상적 팀으로의 접근이 바람직할 것이다.

이 책은 임상에서 활동하는 신경심리가의 체험 사례가 소개되고 자신이 겪는 갈등에 그치지 않고 치료자로써의 내면적 상상의 세계까지 확장되어 사실적이면서도 몽환적인 기술력, 문학적 재능을 발휘하여 서술하고 있다. 책의 전반부를 읽으면서 나는 생뚱맞은 의문이 들었다. 혹이나 전생이 있다면 저자는 전생에 불교도였다가 환생한 서양인임에 틀림없다는 생각이다. 저자는 머리의 어떤 부분에 손상을 입은 환자를 관찰하고 진단하는 과정에만 머무르지 않고 자신이 그의 몸이 되어서 경험을 터득하는 탐구를 한다. 때문에 독자에게는 더 실감나는 이야기를 전달하고 있다.

저자는 매우 이례적인 인생 체험을 하고 있는 사람들의 사례들을 열거하고 있다. 어떤 이는 공개된 장소에서 수음행위를 한다. 나는 실제로 이런 사례를 본 일은 없으나 이에 대해서는 전문의 시험 준비 과정에 공부하였다. 아무렇지도 않게 욕설을 퍼붓고 금방 본 사람을 알아보지 못하는 사람들, 결정을 내릴 수 없는 사람들, 뇌에 병이 생기면 누구나 그런 이상한 짓을 할 수 있다는 사실에 독자들은 경이로움을 느낄 것이다. 저자의 서술 기법은 매우 특이하여 실용적이면서도 신선하고 독창적 기법으로 감동을 안긴다. 나는 30년이 넘는 신경정신과 의사로 활동하면서 저자와 유사한 상상을 해 본 일도 있지만 이토록 흥미로운 서술은 꿈꾸지 못했다. 허지만 뇌기능에 대한 흥미로운 혁신적 저술들이 나올 날을 고대하였다. 이 책은 그런 기대를 상당히 충족시켜 주고 있다. 저자의 인간적이고 매우 진술한 태도가 마음에 든다. 저자는 신비주의자로 보이기도 하고 매우 실용주의적 과학자로도 보이지만 둘 다 아니면서 동시에 그런 느낌이다.

　사례들에 대한 전통적인 신경장애에 접근하는 임상실제의 기법과 그 추적과정을 기술하면서 동시에 그 가운데 현대의학이 시행되는 과정에서 의사와 환자, 인간이 갖는 개인적 한계 상황에서 겪는 감정들의 교류를 매우 시니컬하면서도 환상적으로 다루고 있다. 슬프고도 흥미로운 임상 사례를 읽어 나가는 동안 그는 독자를 현실에 매어두지 않는다. 솔직한 자기 고백과 그의 몽상적 판타지 속으로 끌어들인다. 그러면서 전통 철학이 제기하는 문제들과 SF 소설 같은 환상의 상상력을 첨가시킨다. 그래서 그 속에는 불교적 철학과 그것을 증명해 내는 신경심리학적 소견들이 요리된다. 서양적 기법으로 동양적 재료를 요리한다고 할까. 그러면서 버나드 쇼와 대화를 나누는 듯한 『멋진 신세계』의 복제인간들이 나타나서 싯다르타가 깨달아서 전수하는 이야기들을 대화 속에서 증명해 보인다. 복사 전송된 복제인간의 착상은 매우 흥미롭다. 그러면서 귀신과 산 자의 대화를 통해서 무거운 인생의 고민을 털어 놓는다. 존재의 가치, '복제된 내가, 복사 원본의 살아 있는 나'와 대화하면서 존재와 죽음에 직면하는 심리 묘사는 압권이다. 영혼도 자아도 없음을 설파하는 주제가 너무나 신선하다. 금강경의 한 구절, "응무소주 이생기심應無所住 以生起心"이 절로 떠오른다.

독자에 따라서는 뭔 소리를 하는지 궁금해 하는 의문 속에서 책을 던질 충동을 느낄 수도 있지만 그럴 때 저자는 임상 사례를 슬쩍 들이밀어 참게 만든다. 독자는 이것이 상상이 아닌 실제임을 느끼고 다시 빠져 들어간다. 인간은 누구나 "호두껍질 속에 갇혀 있어도 나 자신을 무한한 왕자로 생각할 수 있는 사람"(햄릿)이 아닐까 최면에 걸린다. 저자는 나름대로의 세계를 독창적이고 신선한 방법으로 구상하였다. 소설가의 운명을 가진 사람이 신경심리학의 길을 가게 된 느낌이다. 그의 심리세계는 지구촌에 국한하지 않고 한 사람의 자아는 상호, 우주적 존재의 관계 속에 존재한다고 주장한다. 논리적 자아론에 매이지 않고 '꾸러미 이론'으로 불교적 사고를 반영한다. 그런 점이 서양인에게는 특히 새로울 것이며 우리에게는 신경심리학 사례를 통한 설득으로 보다 쉽게 다가올 것이다. 그래서 '무아의 경지'나 신체이탈 같은 심령의 세계까지도 걸림 없이 받아들여지는 게 아닐까 생각된다.

건강인은 언제나 잠재적 장애인이다. 특히 뇌를 다치면 어떤 색다른 경험들이 다가오는지 궁금해 하지 않을 수 없다. 그런 점에서 미래의 상상적 고뇌에 도움이 될 수도 있다. 이 책은 신경심리학이라는 새로운 분야의 의학적 기여를 맛보게 하고 앞으로 그 기대와 기여에 한 획을 그어주는 역할을 할 것으로 기대한다.

옮긴이 **이종인**

1954년 서울에서 태어난 이종인은 고려대 영문과를 졸업하고 한국 브리태니커 편집국
장, 성균관대 전문 번역가 양성 과정 교수를 역임했다. 현재 전문 번역가로 활동 중이
다. 옮긴 책으로『루스 베네딕트』,『문화의 패턴』,『정상회담』,『촘스키, 사상의 향연』,
『폴 오스터의 뉴욕 통신』,『고전 읽기의 즐거움』,『폰더씨의 위대한 하루』,『성서의 역
사』,『자서전』(프랭크 로이드 라이트),『축복받은 집』,『비블리오테라피』,『만약에』,『영
어의 탄생』등이 있고, 지은 책으로는『번역은 글쓰기다』,『전문번역가로 가는 길』,『번
역은 내 운명』(공저),『지하철 헌화가』등이 있다.

사일런트 랜드

2009년 7월 30일 초판 1쇄 발행
2009년 8월 15일 초판 2쇄 발행

지은이 | 폴 브룩스
옮긴이 | 이종인

펴낸이 | 전명희
펴낸곳 | 연암서가
등록 | 2007년 10월 8일(제396-2007-00107호)
주소 | 경기도 고양시 일산동구 장항동 591-15 2층
전화 | 031-907-3010
팩스 | 031-932-8785
이메일 | yeonamseoga@naver.com

ISBN 978-89-960434-9-2 03180
값 13,000원